Bergsport Sommer

Kurt Winkler / Hans-Peter Brehm / Jürg Haltmeier

Bergsport Sommer

1. Auflage
Technik, Taktik, Sicherheit
SAC-Verlag

In Zusammenarbeit mit:

I. Haftungsausschluss

1. Inhalt

Bergsteigen ist gefährlich und kann zu Körperverletzungen oder Tod führen. Die Angaben in diesem Lehrbuch unterliegen einem starken Wandel der Zeit. Dieses Lehrbuch soll die Risiken im Alpinismus möglichst umfassend aufzeigen, kann jedoch nicht davor schützen. Es entbindet daher in keiner Weise von der Selbstverantwortung jedes Benützers, wozu unter anderem das Erlernen der notwendigen Techniken unter fachkundiger Aufsicht sowie die Einhaltung aller Angaben der Bergsportartikelhersteller gehören.

Die Autoren übernehmen keinerlei Gewähr für die Aktualität, Korrektheit, Vollständigkeit oder Qualität der bereitgestellten Informationen. Haftungsansprüche gegen die Autoren, welche sich auf Schäden materieller oder ideeller Art beziehen, die durch die Nutzung oder Nichtnutzung der im Lehrbuch enthaltenen Informationen bzw. durch die Nutzung fehlerhafter und unvollständiger Informationen verursacht wurden, sind grundsätzlich ausgeschlossen, sofern seitens der Autoren kein nachweislich vorsätzliches oder grob fahrlässiges Verschulden vorliegt.

Die Autoren behalten es sich ausdrücklich vor, Teile des Lehrbuches ohne gesonderte Ankündigung zu verändern, zu ergänzen oder zu löschen.

2. Verweise, Links

Sofern in diesem Lehrbuch auf fremde Werke oder Internetseiten («Links») verwiesen wird, übernehmen die Autoren keine Verantwortung für deren Inhalte.

II. Urheberrecht

Der ganze oder teilweise Abdruck und die elektronische oder mechanische Vervielfältigung gleich welcher Art sind nicht erlaubt. Abdruckgenehmigungen für Abbildungen und Text erteilt: SAC-Verlag, Postfach, 3000 Bern 23, verlag.edition@sac-cas.ch.

© 2006 SAC-Verlag
Rechte: Alle Rechte beim Schweizer Alpen-Club SAC
Kartenausschnitte reproduziert mit Bewilligung von
swisstopo (BA 057 556)
Layout: werbewerkstatt.ch, Bern
Illustrationen: villard.biz, Münchenbuchsee
Druck: Schlaefli & Maurer AG, Interlaken
Einband: Schumacher AG, Schmitten (FR)
Printed in Switzerland
ISBN 3-85902-247-4

Inhaltsverzeichnis

Zum Geleit	7
Vorwort	9
Einführung	11
Grundwissen	13
Natur und Umwelt	14
Wetter	29
Orientierung	40
Gefahren im Gebirge	52
Ausrüstung	65
Bekleidung	66
Tourenausrüstung	69
Notfallausrüstung	79
Planen & Entscheiden	81
Tourenplanung	82
Entscheidungsfindung	94
Gruppenbergsteigen	105
Führen	106
Gruppen im Gebirge	108
Bergsteigen mit Kindern	112
Berg- und Alpinwandern	115
Klettersteig	123
Seiltechnik	131
Das Seil	132
Knoten	139
Anseilen	144
Sichern	150
Abseilen	163

Felsklettern	173
Besser klettern	174
Bouldern	197
Halle und Klettergarten	199
Verankerungen im Fels	208
Mehrseillängen-Routen	214
Kniffs und Tricks für harte Routen	221
Hochtouren	227
Technik in Schnee und Eis	228
Verankerungen in Schnee und Eis	235
Gletschertouren	241
Kombinierte Touren	244
Rettung	265
Erste Hilfe	266
Biwak	273
Evakuieren	274
Kameradenrettung im Fels	275
Spaltenrettung	282
Organisierte Rettung	290
Anhang	293
Literatur	294
Bildnachweis	296
Checklisten	297
Adressen und Linksammlung	299
Stichworte	301
Autoren	304

Zum Geleit

Bergsteigen lässt sich nicht durch das Lesen eines Buches erlernen. Wer diesen Sport verantwortungsvoll ausüben will, benötigt sowohl breite Basiskenntnisse – unter fachkundiger Anleitung angeeignet – als auch jahrelange Erfahrung. Doch wer erinnert sich schon an all das, was er einmal gelernt hat? Beispielsweise daran, wie der Selbstaufstieg aus einer Gletscherspalte angegangen werden muss? Oder wie man einen Flaschenzug installiert? Und welche der vielen zu sehenden Varianten von Seilhandhabungen auf Hochtouren ist nun korrekt? Antworten zu diesen und vielen weiteren Fragen finden sich im vorliegenden Lehrbuch.

Der Schweizer Alpen-Club SAC als nationaler Bergsportverband ist der wichtigste Alpinausbilder der Schweiz. Über 150 Ausbildungskurse stehen jährlich in seinem Angebot. Die Palette reicht dabei von Basis- und Aufbaukursen für alle Altersgruppen bis hin zu anspruchsvollen Tourenleiterkursen, und dies quer durch alle Disziplinen des Bergsports.

Mit der Publikation der Lehrbücher «Bergsport Sommer» und «Bergsport Winter» unterstreicht der SAC seine Leaderposition in der Alpinausbildung der Schweiz. Dabei ist es erstmals gelungen, die wichtigsten in der Alpinausbildung tätigen Verbände und Institutionen zu einem Projekt zusammenzuführen. Wir danken den entsprechenden Verantwortlichen bestens für ihr Engagement rund um diese Lehrbücher.

Der Autor Kurt Winkler und die Co-Autoren Hans-Peter Brehm und Jürg Haltmeier haben mit dem Aufarbeiten des aktuellen Wissensstandes ein Schweizer Standardwerk geschaffen. Dabei ist es ihnen gelungen, sich auf das Wichtigste zu beschränken. Ihnen sei für diese grosse Arbeit ganz herzlich gedankt.

Entscheidenden Anteil am Gelingen dieser Lehrbücher hat aber Bruno Hasler, Fachleiter Ausbildung SAC. Als Projektleiter hat er sich mit grossem Engagement und hoher fachlicher Kompetenz für dieses Werk eingesetzt. Dafür sprechen wir ihm unseren grossen Dank aus.

Die Lehrbücher «Bergsport Sommer» und «Bergsport Winter» sind sowohl Ausbildungsmittel als auch Nachschlagwerke. Sie richten sich an all jene, die sich im Bergsport aus- oder weiterbilden möchten. Die Lehrbücher werden als Kursunterlagen in den SAC-Ausbildungskursen und hoffentlich auch in vielen anderen Kursen eingesetzt.

Wir sind überzeugt, dass wir mit diesem Werk einen weiteren Beitrag zur Sicherheit in der Ausübung der verschiedenen Bergsportarten – und damit zum grösseren Genuss – leisten können.

Im Sommer 2006

Sursee
SAC Kommission Bergsport
und Jugend
Daniel Bieri

Meyrin / Genf

Verlagskommission SAC
Hans Bräm

Vorwort
der Verfasser

Wir sind überzeugt, dass «Bergsport Sommer» ein ebenso grosses und positives Echo findet wie sein Ende 2005 erschienenes Pendant «Bergsport Winter». Zusammen enthalten diese beiden Bücher das Wissenswerte zu sämtlichen Bergsportarten.

Ziel dieses Buches ist nicht, alle möglichen, sondern die notwendigen Techniken zu vermitteln.
Damit müssen Anfänger weniger lernen und Gelegenheitsbergsteiger sich weniger einprägen. Es bleibt mehr Zeit, das wirklich Notwendige zu schulen. Als Ausbilder sind wir heute auf allen Stufen mit einer grossen Variantenvielfalt an Techniken konfrontiert. Kursteilnehmer, die jedes Mal eine andere Variante lernen, kombinieren diese oft zu wenig vorteilhaften Lösungen. Standardisierte Verfahren mit einem breiten Anwendungsbereich sind sicherer als ständiges Improvisieren. Es ist ein Ziel des Buches, durch die Definition einer gesamtschweizerischen Lehrmeinung die Sicherheit im Bergsteigen zu erhöhen.

Wann ist eine Variante genügend sicher, wann engt sie zu stark ein? Was ist gefährlich, was umständlich? Wir haben versucht, diesbezüglich ein Gleichgewicht zu finden. Die beschriebenen Techniken wurden sorgfältig evaluiert. Wir sind überzeugt davon, dass diese praktisch durchführbar und bis hin zu schwierigsten Touren geeignet sind.

Ein so umfassendes Buch mit einer Lehrmeinung lässt sich nicht alleine schreiben. Wir bedanken uns bei allen Mitwirkenden, namentlich:
- Bruno Hasler, Projektleiter des SAC, ohne dessen Engagement das Buch nie entstanden wäre.
- Florian Strauss, Paul Nigg, Daniel Bieri, Martin Gurtner und Stephan Harvey, Mitglieder des Kernteams, die uns mit Rat und Tat beistanden.

- Die unterstützenden Verbände: Jugend+Sport (J+S), Schweizer Bergführerverband (SBV), Verband Bergsportschulen Schweiz (v.b.s.), Naturfreunde Schweiz (NFS), Armee, Alpine Rettung Schweiz (ARS), Swiss Ski.
- Die Experten, die uns bei den Spezialkapiteln unterstützten: Hans Jacomet, leitender Arzt Rega (Erste Hilfe); Jürg Meyer, Umweltbeauftragter SAC (Natur und Umwelt); Ueli Mosimann, Unfallexperte SAC (Gefahren im Gebirge); Bernhard Streicher, Psychologe, Lehrstuhl für Sozialpsychologie Universität München (Entscheidungsfindung) sowie Ralf Rickli, Meteotest.
- Den Firmen Mammut Sports Group AG und Black Diamond Equipment Ltd. für die materielle Unterstützung.
- Dem SAC mit Verlagsleiter Hans Ott für die notwendigen Mittel zur Realisation dieses umfassenden und schönen Lehrbuchs.

Im Sommer 2006   Kurt Winkler, Autor
                  Hans-Peter Brehm, Co-Autor
                  Jürg Haltmeier, Co-Autor

Einführung

Die Lehrbücher «Bergsport Sommer» und «Bergsport Winter» sind einzeln lesbar und sollen ein möglichst sicheres und effizientes Bergsteigen vermitteln. Zusammen ergeben sie eine umfassende Lehrschrift über alle Bereiche des Bergsteigens. Sie richten sich an Anfänger, Fortgeschrittene und Tourenleiter.

Klassierungen

[i] Hinweis auf zusätzliche Informationsquelle.

Die kleinen Tipps und Tricks, die nicht unbedingt notwendig sind, aber gerade deshalb den Profi vom Amateur unterscheiden.

⇨ Wichtige Zusatzinformation, unbedingt beachten.

Gefahr! Bei Missachtung besteht akute Lebensgefahr.

Zusatzinformation für Fortgeschrittene und Tourenleiter.

Didaktischer Hinweis.

Im Gebirge setzen wir uns unweigerlich einem gewissen Risiko aus. Dieses Lehrbuch hilft, dieses auf ein vertretbares Mass zu reduzieren. Ein Lehrbuch allein genügt jedoch nicht, denn Bergsteigen erfordert neben Wissen und Technik auch Übung und Erfahrung. Eine fundierte Ausbildung unter fachkundiger Aufsicht ist unerlässlich.

Wir haben versucht, nur Varianten zu beschreiben, die fehlertolerant, universell einsetzbar, möglichst einfach anzuwenden und sicher sind. Dabei haben wir die Variantenvielfalt bewusst reduziert,

damit sich Anfänger, Gelegenheitsbergsteiger und Ausbilder auf das Notwendige beschränken können.
Nicht alle anderen Varianten sind falsch oder gefährlich – wir mussten uns oft zwischen gleichwertigen Möglichkeiten entscheiden. Es gehört zur Freiheit und Eigenverantwortung jedes Bergsteigers, auch andere Techniken anzuwenden, wenn er von deren Richtigkeit überzeugt ist.

Mit «Bergsport Sommer» und «Bergsport Winter» wird erstmals die Bildung einer gesamtschweizerischen Lehrmeinung angestrebt. Herausgeber ist der Schweizer Alpen-Club SAC, mit seinen über 100'000 Mitgliedern der führende Bergsportverein der Schweiz. Die Bücher werden von allen namhaften Bergsportverbänden und – Institutionen unterstützt:
- Jugend und Sport (J+S)
- Schweizerisches Institut für Schnee- und Lawinenforschung (SLF)
- Schweizer Bergführerverband (SBV)
- Verband Bergsportschulen Schweiz (v.b.s.)
- Naturfreunde Schweiz (NFS)
- Schweizer Armee
- Alpine Rettung Schweiz (ARS)
- Swiss Ski

Grundwissen

Natur und Umwelt	14
Wetter	29
Orientierung	40
Gefahren im Gebirge	52

Natur und Umwelt

Experte: Jürg Meyer, Umweltbeauftragter SAC

Die Alpen

Ein junges, noch aktives Gebirge

Die Alpen sind ein Teil des geologisch jungen Gebirgssystems, das sich von Europa bis nach Asien erstreckt. Entstanden sind sie in den letzten rund 100 Millionen Jahren durch die Kollision der afrikanischen mit der eurasischen Erdplatte. Die afrikanische Platte rückt noch heute mit etwa 2 cm pro Jahr gegen Norden vor, und die Zentralalpen heben sich jährlich um rund einen Millimeter – es knirscht also immer noch im Alpengebäude. Davon zeugen Erdbeben und Bergstürze.

Alpen als Sportgerät

Für Bergsteiger und Kletterer bilden die Alpen das «*Sportgerät*». Die Felswände, Grate, Skihänge, Gletscher und Eiswände sind eine fantastische «Freiluftarena». Damit wir uns sicher darin bewegen, müssen wir sie möglichst gut kennen.

Alpen als Naturraum

Die Alpen sind aber weit mehr als ein Sportgerät. Sie sind als *Naturraum* unsere «emotionale Heimat», Quelle von Herausforderung, Bewunderung und von Glücksgefühlen. Die reichhaltige alpine Natur und die grossartigen Landschaften machen den Bergsport so faszinierend.

Wie alle Gebirge zeichnen sich die Alpen durch besonders vielfältige Landschaften, Tier- und Pflanzenarten aus. Eine Vielfalt, die geschützt und erhalten werden muss. Denn Natur und Landschaft stehen in den Alpen unter hohem Druck: Erschliessung mit Strassen, Siedlungen, Bahnen, aber auch mit Hütten, Wegen, Klettersteigen; Eingriffe in den Wasserhaushalt; touristische oder militärische Nutzung; Lärm von Strassenverkehr, Helikoptern, Sportfliegern und Touristen.

Gebirge sind empfindliche Lebensräume, die stark auf verschiedenste Umweltfaktoren reagieren – etwa auf Klimaveränderungen. Deswegen müssen wir uns als Bergsteiger auch um diese ökologische Dimensionen kümmern und unseren Bergsport danach ausrichten.

Alpen als Lebens- und Wirtschaftsraum für Menschen

Die Alpen sind seit Jahrtausenden auch Lebensraum von Menschen, welche die alpine Wildnis bis zur alpinen Stufe zu einer faszinierenden Kulturlandschaft umgestaltet haben. Sie sind heute das weltweit am intensivsten genutzte, dichtest besiedelte und best erschlossene Gebirge. Auch dieser Kulturraum ist bedroht: In den Tallagen findet eine rapide Verstädterung statt, in den Seitentälern bricht die traditionelle Berglandwirtschaft im Zuge der Globalisierung zusammen, im Tourismus herrscht gnadenloser Konkurrenzkampf. Wir als Bergsteiger können mit unserem Verhalten vor Ort und als politische Bürger diese Entwicklungen mit beeinflussen.

Lebenswelt Alpen

Höhenstufen

Auf einem Hüttenanstieg, etwa von den Weinbergen des Wallis hinauf unter die Eisgipfel der Viertausender, durchqueren wir sämtliche Klimagürtel vom Mittelmeer bis ans Nordkap, eine Reise von gut 3000 km, und dies in wenigen Stunden! Diese

Höhenstufen sind über die ganzen Alpen hinweg ähnlich, jedoch variiert ihre Höhenlage quer zu den Alpen. So liegt etwa die Waldgrenze in den Berner Voralpen auf rund 1800 m, im inneralpinen Trockental Wallis steigt sie bis rund 2400 m an.

Nival und	Schnee, Eis, Fels und Geröll; fast überall Permafrost.
Subnival	Polsterpflanzen und Flechten; einzelne Blütenpflanzen und
ab ca. 2700 m	Vögel bis über 4000 m; primitive Lebensformen auf
	Schnee und Eis.
Alpin	Magere, artenreiche, alpine Rasen sowie Alpweiden
bis ca. 2700 m	(unten Rinder, höher oben Schafe). Zwergstrauchgürtel
	im unteren Bereich.

Subalpin
bis Waldgrenze,
ca. 2000 m
Bergnadelwald: Fichte auf Alpennordseite. Lärche, Fichte und Arve inneralpin und im Süden. Inneralpin auch Föhren. Rückzugsgebiet vieler Tiere, v.a. im Winter.

Montan
bis ca. 1500 m
Kulturland (Milchwirtschaft) und Buchen-Tannen-Mischwälder. Zone mit den höchsten Niederschlagsmengen.

Collin
bis ca. 600 m
Talböden der grossen Alpentäler und Mittelland mit Kulturland (Anbau und Milchwirtschaft). Wälder dominiert von Buchen und Eichen.

Blumen der alpinen und nivalen Stufe

Oberhalb von 3000 m finden wir noch über 200 verschiedene Blütenpflanzen! Den Rekord hält ein zweiblütiger Steinbrech auf 4450 m am Dom. Ein Überleben auf den alpinen und nivalen Stufen, mit einer sommerlichen Vegetationszeit von nur wenigen Wochen und mittleren Jahrestemperaturen unter 0 °C erfordert von den Pflanzen trickreiche Anpassungen. Die wichtigsten davon sind:
- Zwergwuchs, Bodenkriechen, Polsterbildung, vergrössertes Wurzelsystem.
- Behaarung von Blättern, Fett- oder Lederblätter, Blätter mit UV-Schutz.
- Auffällige Blütenfarben und Blütendüfte.
- Effizientere Photosynthese, mehrjähriger Vegetationszyklus.
- Frostschutzmittel im Pflanzensaft.

Geschützte Pflanzen

Zahlreiche Alpenpflanzen sind geschützt – Informationen dazu finden wir z.B. auf Postern in Berghütten. Grundsätzlich ist es besser, vom Pflücken abzusehen.

Zwergwuchs, Polsterbildung, ledrige Blätter, bunte Blüten, lange Wurzeln: Der Schweizer Mannsschild ist gut gerüstet für den Überlebenskampf der alpinen Stufe.

Grundwissen

Flechten

Es gibt rund 1'500 Flechtenarten in der Schweiz, vielen begegnen wir auf den Bergtouren an Felsen oder Bäumen. Als Bergsteiger fürchten wir die Flechten bei Nässe, weil sie den Fels gefährlich rutschig machen. Dies betrifft vor allem kristalline Gesteine wie Granit und Gneis (siehe S. 19), wo die gelb-bunte Landkartenflechte und schwarz-blättrige Umbilicaria häufig vorkommen.

Flechten sind pflanzenartige Geschöpfe, in denen je eine Pilz- und eine Algenart in einer «Hungersymbiose» zusammen leben und sich gegenseitig Aufgaben teilen:

- Der Pilz bildet die eigentliche Pflanze und löst mit Säuren Mineralstoffe aus dem Haftgrund.
- Die in Form von mikroskopischen Fäden im Pilzkörper eingelagerten Algen produzieren durch Photosynthese Kohlenhydrate als Energie-Lebenselixier für beide.

Durch diese Ergänzung können Flechten auch an extremen Standorten in Gebirgen und Wüsten überleben, bei denen weder Pilz noch Alge allein eine Chance hätten. Landkartenflechten wachsen ohne Humus auf nacktem Fels und ertragen Temperaturen von +70 bis -50 °C! Sie wachsen mit einigen cm pro 100 Jahre extrem langsam: grössere Flechtenkörper können viele tausend Jahre alt sein!

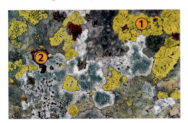

① Landkartenflechte und ② schwarze Umbilicaria Blattflechte.

Besondere Lebensräume und Schutzgebiete

Die Höhenzonen führen zusammen mit der grossen Vielfalt an Landschaften und kleinräumigen Geländereliefs zu zahlreichen, besonderen Lebensräumen. Die wichtigsten sind: Moorlandschaften und Moore, Flussauen, Gletschervorfelder und alpine Flussauen, Trockenwiesen und -weiden. Ein Teil dieser Lebensräume ist in nationalen und kantonalen Inventaren erfasst und geschützt, wobei der Schutz teilweise auch ein Wege-Gebot für Bergwanderer umfasst – das wir selbstverständlich respektieren.

Es gibt noch weitere Schutzgebiete: Nationalpark, BLN-Schutzgebiete, Weltnaturerbe, Wild-, Vogel- und Naturschutzgebiete und weitere Schutzgebiete für bestimmte Tierarten. Bis auf die Wildschutzgebiete, die häufig im Winter mit Einschränkungen der Begehung verbunden sind, beeinflussen die Schutzgebiete das Bergsteigen nur selten.

⇨ Bei Erschliessungen (neue Klettergebiete, Klettersteige, Wege) oder bei der Planung von Grossanlässen die Schutzgebiete berücksichtigen!

Alpines Hochmoor – wunderschöner und geschützter Lebensraum.

Fels

In den Alpen finden wir viele verschiedene Gesteine. Zum Klettern sind die vier nachfolgend beschriebenen Gesteinsgruppen von Bedeutung, die grosse Teile der Alpen prägen.

Die Alpen bestehen aus übereinander geschobenen Gesteinsdecken, die überdies noch verfaltet und zerbrochen wurden. Das Bild zeigt die Herkunft der Gesteinsdecken am Walliser Weisshorn.

Kalk

Am Meeresgrund gebildetes Ablagerungsgestein (Sediment). Hauptbestandteil ist Calciumkarbonat (Calcit, $CaCO_3$) aus Schalen- und Skelettresten mariner Organismen. Kalk kann verschiedene Farben haben, verwittert aber meistens grau. Dort, wo nie Wasser herankommt (Überhänge), bleibt die Oberfläche meistens gelblich-weiss. Kalk ist wasserlöslich und kann verkarsten (Höhlenbildung). Beim Dolomit ist ein Teil des Calciums durch Magnesium ersetzt.

Klettern
- Die Schichtung und vielfältige Feinstrukturen erlauben auch steile Klettereien.
- Felsqualität von völlig kompakt bis zu brüchig, je nach Kalktyp, Schichtung, Bruchmuster usw.
- Kaum störender Flechtenbewuchs.
- Schutt meistens relativ fein und rutschig, ideal für rasche Abstiege.

Wendenstockkette mit kompakten Wänden aus horizontal geschichtetem Hochgebirgskalk.

Granit

Tiefengestein (Plutonit), entstanden durch langsame Kristallisation in 5–50 km Erdtiefe aus heisser Gesteinsschmelze (Magma). Granite können kilometergrosse Gesteinskörper bilden. Sie bestehen aus Quarz, zwei Feldspatarten und Glimmer. Im frischen Bruch sind sie meistens hellgrau, an der Oberfläche haben sie oft eine rot- bis graubraune Verwitterungskruste.
Die alpinen Granite sind vor rund 300 Millionen Jahren entstanden (Beispiele Aargranit vom Tödigebiet bis zum Bietschhorn, Mont Blanc-Granit). Nur der Bergeller-Granit entstand während der Alpenbildung und ist mit 30 Millionen Jahren «jung».

Klettern
- Oft Reibungskletterei auf geneigten Platten, besonders auf von den eiszeitlichen Gletschern geschliffenen Wänden (z.B. Grimselgebiet).
- Im steileren Fels sind normalerweise nur die logischen Linien kletterbar: Risse, Verschneidungen und Kanten. Zum Erklettern steiler Wände fehlt häufig die notwendige Feinstruktur.
- Fels oft kompakt, aber eventuell grosse lose Blöcke.
- Geröll oft sehr grobblockig und mühsam zu begehen.
- Häufig mit schwarzen Blatt- und grüngelben Landkartenflechten überwachsen.

Die wilden Berge des «jungen» Bergeller-Granits.

Gneis

In der tieferen Erdkruste bei hohem Druck und hoher Temperatur (500–700 °C) entstandenes, metamorphes Gestein mit Schieferungsflächen aus glimmerreichen Lagen. Gneise spalten sich in Platten von cm- bis dm-Breite. Viele Gneise der Alpen sind bei der Alpenbildung aus älteren Graniten entstanden. Solche «granitische Gneise» bestehen aus denselben Mineralien wie der Granit, den einzigen Unterschied bildet die Schieferung – wobei oft fliessende Übergänge zwischen Granit und Gneis bestehen. Granitische Gneise sind in den Berner und Walliser Hochalpen und im ganzen Tessin häufig.

Gneisberge der Walliser Hochalpen.

Klettern
- Fels oft kompakt und zum Klettern geeignet. Manchmal verblockt.
- Mittelstark ausgeprägte Feinstruktur.
- Unterschiedliche Kletterei, je nachdem, wie die Schieferungsflächen liegen.
- Flechtenbewuchs wie beim Granit.
- Geröll mittel- bis grobblockig, im Abstieg oft mühsam.

Schiefer

Sammelbegriff für schwächer metamorphe, glimmerreiche Gesteine, die «schiefrig» brechen, also in mm bis cm-dicke Platten. Ausgangsprodukt für Schiefer sind häufig Sedimentgesteine (Tone, Mergel), aber auch Granite und Gneise können verschiefert werden.
Schiefer kommen in den ganzen Alpen vor, gehäuft in den Bündner Alpen. Berge aus feinen Schiefern bilden meist keine eigentlichen Wände, sondern feinbrüchige Flanken.

Klettern
- Fels oft blättrig-brüchig und nur selten zum Klettern geeignet.
- Sehr unterschiedlich, ob Kletterei auf Schieferungsflächen oder «Stirnseite» verläuft: Plattenkletterei versus athletische Griffkletterei. Wenig Reibung auf den Schieferungsflächen.
- Schutt häufig fein, mühsam im Aufstieg, leichter im Abstieg.

Wasenhorn beim Simplonpass – ein brüchiger Schieferberg.

Gletscher und Eis

In hohen Lagen fällt mehr Schnee als abschmilzt. Der Schnee wandelt sich im Laufe der Jahre in kompaktes Gletschereis um, das infolge der Schwerkraft langsam zu Tal fliesst, um dort im Bereich der Gletscherzunge abzuschmelzen. Alle grossen Alpengletscher sind temperierte Talgletscher, die am Boden 0 °C «warm» und damit nicht am Untergrund angefroren sind. Sie fliessen mit einigen wenigen bis rund 200 Metern (Aletschgletscher) pro Jahr zu Tal.

Tschiervagletscher GR, ein alpiner Talgletscher.

① Eiswand

Der Hang ist so steil, dass kaum Neuschnee liegen bleibt oder gleich wieder als Lawine abgleitet. Das Eis ist an der Felswand angefroren und bleibt praktisch am Ort.

② Bergschrund

Spalte am Übergang vom angefrorenen Eis der Eisflanke zum fliessenden Gletscher. Vor allem gegen den Herbst hin oft schwierig zu überschreiten.

③ Firngrenze

Im Laufe des Sommers apert der Gletscher bis zur Firngrenze hinauf aus. Diese entspricht etwa der Gleichgewichtslinie: Darüber liegt das Nährgebiet des Gletschers, wo mehr Schnee fällt als abschmilzt. Darunter liegt das Zehrgebiet, wo das Eis abschmilzt.

④ Gletscherspalten

Spalten sind Zugrisse im Eis. Sie entstehen quer zur Zugrichtung, vorwiegend an folgenden Orten:
a) dort, wo der Gletscher steiler wird und das Eis schneller fliesst (Querspalten). Bei grossen und steilen Geländekanten entstehen Eisabbrüche (Séraczonen), die schwierig oder kaum begehbar sind.
b) dort, wo der Gletscher an konvexen Formen (Buckeln) zerbricht (Längs- und Kreuzspalten);
c) im Randbereich, wo die Geschwindigkeit des Gletschers stark abnimmt (Randspalten, die schräg aufwärts zur Gletschermitte hin verlaufen).

Gletscherspalten werden kaum tiefer als 30–40 m. Für eine sichere Begehung müssen wir den allgemeinen Verlauf der wichtigsten Spaltentypen auf dem Gletscher kennen.

⑤ Moränen

Moränen sind Gesteinsablagerungen des Gletschers. Wir unterscheiden:
a) Seitenmoräne: seitlich des Gletschers abgelagerter Schutt. Die grossen Seitenmoränen der Alpen (siehe Abb. Seite 25) zeigen den Gletscherhöchststand um 1850, den Endhöhepunkt der «kleinen Eiszeit» (16.–19. Jahrhundert). Nicht bewachsene Moränen sind steil (über 40°) und steinschlaggefährlich.
b) Stirnmoräne.
c) Mittelmoräne beim Zusammenfluss zweier Gletscherarme.

⑥ Gletscherstirn und Gletschertor

Das Gletscherende, die «Gletscherstirn», ist bei wachsenden Gletschern stark aufgewölbt, bei sich zurückziehenden Gletschern deutlich flacher. Aus dem Gletschertor fliesst im Sommer der Gletscherbach. Das abgeriebene Gesteinsmehl verleiht dem Wasser seine grün-bläuliche Farbe («Gletschermilch»).

Im Innern des Gletschertors. Die blaue Wellenlänge des Sonnenlichtes durchdringt das Eis am weitesten und verleiht ihm seine Farbe.

⑦ Wasser auf dem Gletscher

In spaltenfreien Zonen fliesst das Schmelzwasser oberflächlich ab. Im Laufe des Sommers bilden sich zunehmend tiefere, mäandrierende Bachläufe. Am Beginn der nächsten Spaltenzone fällt das Wasser in tiefen Strudellöchern («Gletschermühlen») ins Innere des Gletschers.

⑧ Steine auf dem Gletscher

Steine und Sandkörner sind dunkler als das umgebende Eis. Daher werden sie von der Sonne stärker erwärmt und schmelzen sich ins Eis hinein. Bei Einzelsteinen entsteht infolge des bogenförmigen Sonnenlaufs eine charakteristische Lochform: gegen Süden gerade, gegen Norden bogenförmig («Mittagsloch»).

Die täglichen Temperaturschwankungen dringen nur ca. 10 cm in den Fels ein, darunter herrscht Tag und Nacht eine Durchschnittstemperatur. Grössere Steine, Stein- und Sandhaufen isolieren somit das darunter liegende Eis vor der Sonnenstrahlung, und sie schützen vor Regen und Wind. Das Eis schmilzt rund herum stärker ab, so dass sich unter den schützenden Steinen erhöhte Formen wie *Gletschertische, Stein- und Sandhaufen* bilden. Auch *Mittelmoränen* sind nur 1–2 m dicke Schuttablagerungen auf dem Gletschereis. Wir beachten bei der Begehung, dass unmittelbar unter der Oberfläche Eis liegt.

Gletscherschliff

Im Gletscher eingefrorene Sandkörner und Steine schleifen über den Untergrund und polieren die Felsen zu Gletscherschliff. Dieser ist sehr glatt und schon bei geringer Neigung schwierig zu erklettern (z.B. Handegg). Langfristig führt dieser Gletscherabrieb zur Bildung von breiten, U-förmigen Trogtälern, im Unterschied zu den vom Wasser gebildeten, engen V-Tälern.

Permafrost

Permafrost ist Boden bzw. Fels, der das ganze Jahr gefroren ist – abgesehen von einer höchstens wenige Meter tiefen sommerlichen Auftauschicht. In nordseitigen Flanken tritt er ab ca. 2500 m auf, sonnseitig erst höher. In der Schweiz liegen rund 5 % der Landesfläche im Permafrost – doppelt soviel wie gletscherbedeckt ist! Permafrost hält die Felsen vieler Flanken und Wände zusammen. Wenn er auftaut, drohen Steinschlag und Felsstürze.

Rückgang der Gletscher

Gletscher sind sensible Klima-Indikatoren. Auch nach der letzten Eiszeit (vor rund 10'000 Jahren) kam es noch zu grösseren Schwankungen der Vereisung. Von der Römerzeit bis ins Mittelalter waren die Gletscher kleiner als heute, danach erreichten sie um 1850 einen Höchststand (Ende der kleinen Eiszeit). Aus dieser Zeit stammen die gut sichtbaren Moränen.

Der Morteratschgletscher um 1911 und um 2002. Die heutige Zunge liegt gut 2 km weiter hinten!

Heute schmelzen die Gletscher sehr rasch ab, was zumindest teilweise auf die vom Menschen verursachte, globale Erderwärmung zurückzuführen ist. Gründe dafür sind die Treibhausgase und insbesondere unser hoher CO_2-Ausstoss. Die heutigen Klimaszenarien weisen auf eine in den letzten 10'000 Jahren nie da gewesene massive Erwärmung hin.

Der starke Rückgang der Gletscher und des hochalpinen Eises hat Auswirkungen auf die Hochtouren. Bereits sind viele klassische (Eis-) Aufstiege kaum mehr begehbar:
- Vermehrt aperes Eis, was steilere Passagen anspruchsvoller macht.
- Übergänge Fels-Gletscher werden generell schwieriger und gefährlicher.
- Viele Eisflanken und -wände verlieren ihr Eis und werden zu unbegehbaren, steinschlägigen Schuttwänden.

- Auch in kombinierten und felsigen Flanken nimmt die Steinschlag- und Felssturzgefahr zu (Auftauen des Permafrostes).
- Zugänge von den Gletschern zu Hütten, die am Rande der 1850er-Moränen liegen, werden weiter, steiler und heikler.
- Schwierigere Wasserversorgung hochalpiner Hütten.

Bergsport und Umwelt

In drei Bereichen können wir die Umweltbilanz des Bergsports substanziell verbessern: *Anreise, Materialien* und *Hüttenaufenthalt*.

Anreise

Die meist langen Anreisen machen den Bergsport zu einer wenig ökologischen Aktivität. Punkto durchschnittlicher jährlicher Reisedistanz liegt der Bergsport unter 50 anderen Sportarten mit rund 2'800 km/Jahr an dritter Stelle, hinter Auto- und Motorradsport! Dazu kommen in letzter Zeit vermehrt Auslandtrips per Flugzeug für Sportklettern, Treckings und Expeditionen. Wir können die Ökobilanz des Bergsports vor allem mit unserem Mobilitätsverhalten beeinflussen:
- Möglichst kurze Anreise. Faustregel: nicht mehr als 1 Stunde Anfahrt pro Tourentag.
- Wenn möglich öffentliche Verkehrsmittel benutzen, damit sind die CO_2-Emissionen im Durchschnitt 12 mal geringer.
- Erfolgt die Anreise trotzdem mit dem PW: Gemeinsam in gut gefüllten Autos anreisen.

 Tourenplanung mit ö.V: siehe www.alpenonline.ch

Ausrüstung

Bergsport ist materialintensiv. Batterien und Goretex-Fabrikate sind Sondermüll. Achte beim Kauf auf Langlebigkeit und beim Entsorgen auf korrektes Einhalten der Vorschriften.
Berücksichtige beim Einkauf des Proviants auch die Ökologie (z.B. Herstellungsort, Verpackung) und Nutze die Möglichkeit des Einkaufs in den abgelegeneren Alpentälern.

In der Hütte

Hütten stehen in sehr sensiblen Lebensräumen, und wir müssen unsere Verantwortung gegenüber der wunderbaren Hochgebirgswildnis wahrnehmen. Unser Beitrag dazu – vor allem bei der Selbstversorgung in kleineren Hütten:
- Jeglichen Abfall zurücknehmen.
- Wasser mit Deckel zum Kochen bringen spart 40% der Energie.
- Sorgsamer Umgang mit Wasser, kein Speiseöl ins Abwasser!

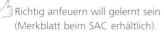
Richtig anfeuern will gelernt sein (Merkblatt beim SAC erhältlich).

Richtig anfeuern und Deckel drauf spart Energie!

Bergtouren «Ökoknigge»

Eigentlich braucht es nur zwei Wörter für ein umweltbewusstes und naturschonendes Verhalten in den Bergen: *Respekt und Achtsamkeit.* Wir sind nur zu Gast in der Natur! Konkret heisst das:
- Lass nichts zurück (auch keine Schlingenreste, Zigarettenstummel usw.) – und nimm auch mal Abfall von andern mit. Dein Vorbild wird nachgeahmt.
- Halte dich für Zu- und Abstiege wenn immer möglich an die offiziellen Routen und Wege. Abkürzungen fördern die Erosion an Bergwegen, und Schutthalden-Pflanzen sind besonders empfindlich. Schliesse alle Weidegatter.
- Halte bestehende Einschränkungen ein, ganz besonders bei Wintertouren und in Klettergebieten.
- Beobachte Tiere aus gebührender Distanz und lass ihnen genügend Zeit, um langsam weg zu gehen.
- Pflanzen atmen lieber Alpenluft als in Rucksack oder Blumenwasser zu welken. Geschützte Arten sind sowieso tabu.
- Bin ich Grossist oder Einzelverbraucher? Stell dir diese Frage, *bevor* du Beeren oder Pilze sammelst, nicht danach.
- Wildes Campieren ist etwas vom Schönsten – bist du sicher, dass es hier gestattet ist? Pinkeln und Geschirr waschen in gebühren der Distanz von Gewässern, Fäkalien vergraben oder unter grossen Stein.

- Den Hund nicht unbeaufsichtigt herumstreunen lassen. Im Zweifelsfall gehören Hunde an die Leine.
- Meide im Klettergarten die Fluhköpfe, weil diese besonders artenreich und empfindlich sind: Zugang zu den Routen nur von unten und nicht nach oben aussteigen, sondern abseilen.

[i] Für die Alpentiere ist vor allem die Winterzeit kritisch. Informationen siehe «Bergsport Winter».

Naturerlebnis und Leiterverantwortung

Halte ab und zu inne, schaue hin, staune! Wahrnehmen und Sehen können geschult und verbessert werden. Ein Feldstecher und eine kleine Lupe eröffnen dir ganz neue Erlebniswelten.
Als Leiter bist du Vorbild und Autorität gleichzeitig. Achte auf umweltschonendes Verhalten deiner Teilnehmer. Wage es nötigenfalls mit Autorität gegen ein Fehlverhalten einzuschreiten. Öffne deinen Teilnehmern die Augen für die Schönheit und den Wert der Natur und bereichere so das Erlebnis der Tour.

Wetter

Woher kommt das Wetter?

Die Alpen im Westwindgürtel

Das Temperatur- und Druckgefälle zwischen Tropen und Pol treibt den Westwind an. Quer zum Wind liegende Gebirge (Rocky Mountains, Grönland) zwingen den Westwind auf eine Slalomspur. Diese erhält zusätzlichen Schwung durch die thermischen Gegensätze zwischen kanadischer Arktis und Nordatlantik sowie zwischen Sibirien und dem Nordpazifik.
Bedingt durch den Slalom der Westwindzone, trifft die Luft bevorzugt aus Südwest bis Nordwest auf die Alpen. Reine Nord- und Südlagen sind selten.

Hoch- und Tiefdruckgebiete

Der Luftdruck ist ein Mass dafür, wie viel Luft sich über uns befindet. Änderungen des Luftdrucks bedeuten, dass Luft in unser Gebiet zufliesst oder dieses verlässt. Im Hochdruckgebiet sinkt die Luft ab. Sie erwärmt sich dabei, kann mehr Wasserdampf aufnehmen und trocknet die Wolken somit ab.
Die Luft fliesst vom Hoch- ins Tiefdruckgebiet. Auf ihrem Weg wird sie durch die Erdrotation abgelenkt, so dass sie eine gekrümmte Bahn beschreibt. Auf der nördlichen Hemisphäre gilt:
- Die Luft verlässt das Hoch im Uhrzeigersinn.
- Die Luft erreicht das Tief im Gegenuhrzeigersinn.
- In Tälern folgt die Luft der Talachse. Die Windrichtung kann dabei bis zu 180 Grad von jener im Gipfelniveau abweichen.

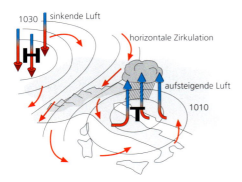

Steigt die Luft auf (z.B. in Fronten, Quellwolken, Tiefdruckgebieten oder wegen der Topographie), kühlt sie sich ab und sie kann nicht mehr so viel Wasserdampf aufnehmen. Es bilden sich Wolken und evtl. Niederschlag (siehe «Bildung von Quellwolken» auf S. 35).

Fronten

«Fronten» sind Übergänge von Luftmassen unterschiedlicher Temperatur. Sie bringen Wolken und Niederschlag.

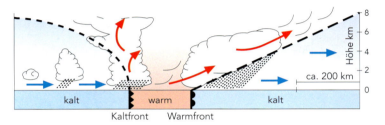

Kaltfronten bringen häufig einen schnellen Wetterwechsel und an ihrer Vorderseite verbreitet Gewitter, besonders im Sommer. Sie werden vom Wetterbericht meistens mit hoher Genauigkeit angekündigt.

Warmfronten kündigen sich mit Zirren, dann immer dichterer und tieferer Bewölkung an. Der Wetterwechsel erfolgt langsamer.

Wetterelemente

Temperatur

Die Temperatur im Gipfelbereich wird vom Wetterbericht sehr genau vorhergesagt.
- Die Schneefallgrenze liegt 200 bis 500 m unter der Nullgradgrenze, je intensiver der Niederschlag, desto weiter darunter.
- Bei klarem Himmel kühlt die nächtliche Abstrahlung die Schneeoberfläche aus. Nasser Schnee gefriert dabei bis ca. 1'300 Meter unter die Nullgradgrenze tragfähig.

Wind

Wind führt nicht nur zu Schneeverfrachtungen, sondern zusammen mit tiefen Temperaturen auch leicht zu Erfrierungen. Der Windchill gibt an, wie kalt sich eine Kombination aus Wind und Temperatur auf trockener, ungeschützter Haut anfühlt.

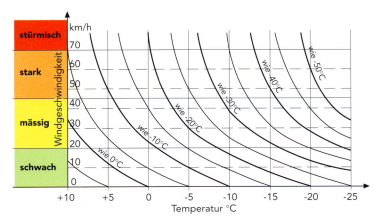

[i] Nasse Haut kühlt schneller aus, von winddichten Kleidern geschützte langsamer.

Bei schönem Wetter verursachen die Sonneneinstrahlung und die nächtliche Abstrahlung folgende Winde:

Talwind   Tagsüber erwärmt die Sonne die Luft über dunklen Südhängen besonders stark, so dass sie dort aufsteigt. Aus dem Tal fliesst Luft nach.

Bergwind   In der Nacht kühlt die Luft in Bodennähe stärker ab als in der freien Atmosphäre, mehrere Meter über dem Gelände. Die an den Berghängen abgekühlte Luft sinkt ihrer höheren Dichte wegen ins Tal ab. Sie verdrängt dort die wärmere Luft, die sich wenige Meter über dem Talboden weniger abgekühlt hat.

Luftdruck

Wichtiger als der absolute Luftdruck ist seine Veränderung. Am Höhenmesser abgelesene Änderungen von mindestens 20 m zeigen eine Tendenz, ab ca. 50 m weisen sie eindeutig auf einen Wetterwechsel hin.

Änderung des Luftdrucks		*wahrscheinliche Wetterentwicklung*
Druck fällt	• langsam und stetig	länger andauernde Wetterverschlechterung
	• kurz und schnell	Wetterverschlechterung von kurzer Dauer, z.B. Gewitter
Druck steigt	• langsam und stetig	grundlegende Wetterverbesserung
	• kurz und schnell	Auf einen raschen Druckanstieg (verursacht durch einfliessende Kaltluft) folgen häufig Druckfall und Wetterwechsel, oft im Rhythmus von 12 bis 24 Stunden.

⇨ Zeigt der Höhenmesser höher, obwohl wir unseren Standort nicht verändert haben, so ist der Luftdruck gefallen (siehe S. 42).

Bewölkung

Nebst der Angabe, welcher Anteil des Himmels von Wolken bedeckt ist, interessiert uns Bergsteiger auch die Höhe der Wolkenbasis. Wir entnehmen sie dem Flugwetterbericht.

Für (praktisch) vollständig wolkenverhangenen Himmel verwenden die Meteorologen zwei Wörter: «stark bewölkt», wenn Niederschläge fallen; «bedeckt», wenn es trocken bleibt.

Niederschlag

Die Niederschlagsmenge ist weniger genau vorhersagbar als die anderen Wetterelemente und auch lokal oft stark unterschiedlich.
- Niederschlagsmenge im Gelände abschätzen: 1 mm Regen entspricht etwa 1 cm Schnee.
- «Ergiebige Niederschläge» bedeuten pro Tag mindestens 30 mm auf der Alpennordseite bzw. 70 mm auf der Alpensüdseite.

Wetterbericht

[i] Bezugsmöglichkeiten verschiedener Wetterberichte siehe S. 299.

Gebietseinteilung

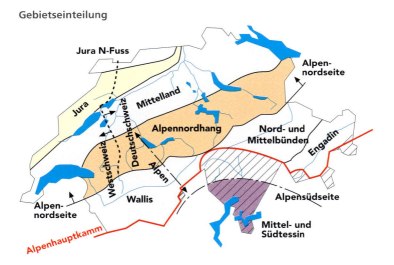

Wie zuverlässig ist der Wetterbericht?

Am genausten ist die Prognose des Bodendrucks, am schlechtesten jene der Niederschlagsmenge. Die Trefferquote der kurzfristigen Prognose übertrifft jene der mittelfristigen Vorhersage deutlich, weshalb wir möglichst kurzfristig und mit dem aktuellsten Wetterbericht entscheiden sollten. Zeitungswetterberichte sind oft veraltet, meistens sehr pauschal und nicht aufs Gebirge abgestimmt.

Nur selten geben uns die Meteorologen die erwartete Trefferwahrscheinlichkeit an. Trotzdem lässt sie sich abschätzen:
- Wetterbericht verfolgen. Hat er in den letzten Tagen gut gestimmt und schon Tage im Voraus jeweils richtig gelegen, so ist die Chance gross, dass er auch jetzt wieder stimmt. Wurde die Prognose dauernd korrigiert, ist die Trefferwahrscheinlichkeit geringer.
- Erwartete Genauigkeit und andere, mögliche Szenarien bei der persönlichen Wetterberatung erfragen (Tel. siehe S. 299).

In den Bergen der Ostschweiz und Graubündens erreicht uns eine Wetterverschlechterung oft etwas später als angekündigt, sie bleibt aber meistens auch etwas länger liegen.

Typische Wetterlagen

Hochdruckwetter

Liegen wir im Einflussbereich eines Hochdruckgebiets, haben wir schönes Wetter. Nur im Winter liegt oft Nebel oder Hochnebel über den Niederungen.

Föhn

Föhn entsteht, wenn Luft quer zu den Alpen herangeführt und an diesen gestaut wird. Ist die zugeführte Luft feucht, kühlt sie sich beim Aufstieg an den Alpen mit 0,5 °C pro 100 Höhenmeter ab. Weil kalte Luft weniger Wasserdampf aufnehmen kann als warme, fällt Niederschlag. Auf der Rückseite des Gebirges sinkt die Luft wieder ab. Als trockene Luft erwärmt sie sich um 1 °C pro 100 Höhenmeter, und die Wolken lösen sich auf. In den Alpen unterscheiden wir zwei Föhnlagen:
- NW-Staulagen bringen dem Alpennordhang oft bedeutende Niederschläge. Auf der Alpensüdseite und im Engadin herrscht mit Nordföhn schönes, aber windiges Wetter.
- Bei Südstaulagen fallen intensive Niederschläge im Tessin, während es besonders im Norden und Osten der Schweiz mit Südföhn schön und warm ist.

➪ Föhn bedeutet auf den hohen Bergen und am Alpenhauptkamm stürmisches Schlechtwetter. Erst im Tal wird der Föhn warm.

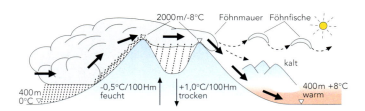

Westwindwetter

Bei dieser häufigen Wetterlage folgen sich oft Warm- und Kaltfronten in kurzen Abständen und sorgen für wechselhaftes Wetter mit Niederschlag und Temperaturwechseln. Besonders im Mont Blanc-Gebiet, den Waadtländer und Freiburger Alpen können grössere Niederschlagsmengen fallen. In den übrigen Gebirgsregionen sind die Niederschlagsmengen meistens kleiner als bei Staulagen.

Bise

Bise ist ein Nord-Ostwind der entsteht, wenn der Druck über Deutschland höher ist als im Genferseegebiet. Sie führt im Sommer meistens zu schönem Wetter, im Winter oft zu einer Höheninversion mit Nebelgrenze auf etwa 1'500 bis 2'000 m.

Flache Druckverteilung

Geringe Druckunterschiede über Europa bedeuten veränderliches Wetter und im Sommer Gewittergefahr. Tendenziell ist das Wetter in der ersten Tageshälfte besser als in der zweiten. Die genaue Verteilung von Sonne und Niederschlag oder Gewittern ist kaum vorhersagbar.

➪ Bei flacher Druckverteilung Touren auswählen, bei denen wir uns schnell vor einem Gewitter in Sicherheit bringen können.

Bildung von Quellwolken

- Die Luft erwärmt sich an sonnigen Berghängen oder z.B. über dunklen Wäldern und steigt auf (warme Luft hat eine geringere Dichte als kalte, sie ist «leichter»).
- Durch den geringeren Druck in der Höhe kühlt sie sich ab. Weil kalte Luft weniger Wasser aufnehmen kann, erhöht sich ihre relative Luftfeuchtigkeit, bis die Sättigungsgrenze erreicht ist (100% Luftfeuchtigkeit, Wolkenuntergrenze).
- Die Luft steigt weiter auf, die überschüssige Feuchtigkeit kondensiert jetzt zu Wassertropfen oder kristallisiert zu Eispartikeln, und es bildet sich eine Wolke.
- Beim Kondensieren oder Kristallisieren des Wasserdampfs wird Wärme frei. Die aufsteigende Luft erwärmt sich und steigt in der Wolke weiter auf. Die

Wolke wächst so lange weiter, wie vom Boden genügend warme, feuchte Luft nachfliesst. Die Kondensationswärme reicht zum Wachstum der Wolke aus; die anfängliche Thermik ist nicht mehr nötig.
- Nach oben hin wird die Wolke begrenzt durch eine Inversionsschicht, also eine Höhenzone mit wärmerer und damit «leichterer» Luft. Bei stabilem Hochdruckwetter liegt diese in mittlerer Höhe, auf ca. 4'000 bis 5'000 m ü.M. Bei «instabiler» Atmosphäre fehlt diese Inversion und die Wolke wird erst durch die Tropopause, einer immer existierenden Inversion in ca. 10 km Höhe, gestoppt. In diesem Fall sind Wärmegewitter möglich.

[i] Die anderen Wolken entstehen ähnlich. Ursache des anfänglichen Aufsteigens der Luft ist aber nicht eine Erwärmung, sondern der Luftzufluss in ein Tiefdruckgebiet, die Vorwärtsbewegung einer Front oder der Aufprall der Luft auf ein Gebirge.

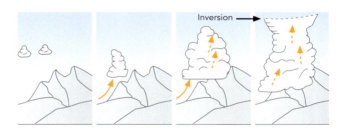

Gewitter

Gewitterwolken

Gewitter können zwei Ursachen haben:
- Wärmegewitter entstehen bei flacher Druckverteilung und instabiler Atmosphäre. Dabei wachsen die Quellwolken in der zweiten Tageshälfte von Sommertagen zu Gewitterwolken heran. Am nächsten Morgen herrscht oft wieder schönes Wetter.
- Frontgewitter bilden sich an der Stirnseite von Kaltfronten. Sie bedürfen keiner Thermik und sind zu jeder Jahres- und Tageszeit möglich. Sie werden vom Wetterbericht mit hoher Genauigkeit vorausgesagt und sind mit einem Wettersturz verbunden.

Der Aufwind im Innern einer Gewitterwolke wird so stark, dass auch Graupel- und Hagelkörner herumgewirbelt werden und es zu Ladungstrennungen in der Wolke kommt. Unterhalb der Wolke strömt kalte Luft aus. Vor dem Gewitter kommt es deshalb oft zu heftigen Windstössen (Fallböen).

Blitz und Donner

Gewitterwolken sind elektrisch geladen und können sich in Blitzen entladen. Die Blitze verlaufen zwischen den Wolken oder von einer Wolke auf die Erde. Der Stromstoss ist dabei so heftig, dass sich die Luft auf bis zu 30'000 °C erwärmt. Bei dieser Temperatur wird die Luft ionisiert und damit sichtbar. Zudem dehnt sie sich explosionsartig aus, was wir als Donner hören.

Den Blitz sehen wir mit Lichtgeschwindigkeit, der Donner folgt mit Schallgeschwindigkeit (330 m/s) hinterher. Vergehen 3 Sekunden bis wir den Donner hören, war der Blitz 1 km weit entfernt.

Andere Erscheinungen

Wetterleuchten
Die Blitze sind mehr als ca. 10 km entfernt, so dass wir den Donner nicht hören. Vorsicht, die Gewitterzellen bewegen sich, am häufigsten in Richtung E oder NE.

Surren
Fliesst Strom durch einen (metallischen) Körper, so kann dieser zu schwingen beginnen. Diese Schwingungen hören wir als Surren.

Elmsfeuer
Während oder kurz vor einem Gewitter kann die Luft so stark elektrisch geladen sein, dass zwischen ihr und exponierten Gegenständen Strom fliesst. Die Luft wird ionisiert, und es entstehen mehrere cm lange, bläulich flackernde Funken.

Surren und Elmsfeuer sind Alarmzeichen, es besteht unmittelbare Blitzschlaggefahr ➔ So schnell wie möglich sichereren Ort aufsuchen, siehe «Verhalten bei Gewitter» auf S. 58.

Wetterzeichen

Eine Wetteränderung kündigt sich meistens an. Um nicht überrascht zu werden, achten wir unterwegs auf folgende Anzeichen:

Cumulonimbus (Gewitterwolke). Frontgewitter bewegen sich fort, am häufigsten nach Osten. Wärmegewitter sind meist relativ ortsfest.

Zirren und dahinter liegende Wolkenwand: eine Kaltfront ist im Anzug – höchste Zeit zur Umkehr.

Zirrostratus-Bewölkung: eine Warmfront ist im Anzug. Allmählich trübt es immer mehr ein.

Halo um Sonne oder Mond: feuchte Höhenluft. Langsame Wetterverschlechterung.

Purpurfarbenes Abendrot: schlechtes Wetter zieht nach Osten ab, klare Nacht. Purpurfarbenes Morgenrot: Wetterverschlechterung aus Westen.

Kondensstreifen von Flugzeugen lösen sich rasch auf: trockene Höhenluft, stabiles Wetter.

Kondensstreifen bleiben lange am
Himmel: feuchte Höhenluft, langsame
Wetterverschlechterung möglich.

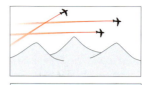

Besser werdende Fernsicht:
trockenere Luft, Wetterstabilisierung.
Schlechter werdende Fernsicht:
feuchtere Luft, mögliche
Wetterverschlechterung.

(Hoch)Nebel über den Niederungen:
gutes Zeichen, sofern
- Obergrenze nicht ansteigt;
- der Nebel sich nicht zu ungewohnter Tageszeit auflöst.

Starkes Auffrischen des Windes in der
Höhe, z.B. rascher Wolkenaufzug aus SW:
Wetterverschlechterung.

Anzeige des auf gleicher Höhe belassenen
Höhenmessers steigt: Druck fällt ➙
Wetterverschlechterung.
Anzeige des auf gleicher Höhe belassenen
Höhenmessers sinkt: Druck steigt ➙
- langsamer, steter Anstieg: Wetterverbesserung.
- einem raschen Druckanstieg folgen oft Druckfall und Wetterwechsel.

⇨ Keine Regel ohne Ausnahme, auch nicht beim Wetter!

Orientierung

Auch wenn wir keinen besonderen Orientierungssinn besitzen, können wir unsere Orientierungsfähigkeit doch weit entwickeln.
- Zuerst müssen wir uns das Gelände und unsere Route vorstellen können. Dazu beobachten wir das Gelände, verwenden die Landeskarte oder benutzen unsere Erinnerung.
- Unterwegs müssen wir Distanzen, Richtungen, Neigungen, Höhendifferenzen usw. abschätzen können.
- Mit offenen Sinnen vernehmen wir immer wieder nützliche Informationen, z.B. woher der Wind weht, wo ein Bach rauscht, wo der Schnee von der Sonne eine Harschkruste hat usw.

Bei Nebel im verschneiten Gelände können wir uns ohne technische Hilfsmittel kaum orientieren. Dort sollten wir stets Karte, Kompass, Höhenmesser und evtl. ein GPS mitführen und beherrschen.

Karte

Für die ganze Schweiz existieren hervorragende Landeskarten, die von der Landestopografie alle sechs Jahre nachgeführt werden.
- Mit den Landeskarten im Massstab 1:50'000 können wir einen Überblick über die Tourenregion gewinnen.
- Für den genauen Routenverlauf, die Tourenplanung und zur Orientierung im Gelände sind Landeskarten im Massstab 1:25'000 und zusätzlich meistens SAC-Clubführer oder Kletterführer erforderlich.

Karten bei der Tourenplanung immer mit Norden nach oben vor sich halten, sonst erschwert die ungewohnte Schattierung das Erkennen der Topografie. Unterwegs die Karte so halten, dass sie mit dem Gelände übereinstimmt.

Digitale Landeskarten

SwissMap25 bzw. 50, die digitalen Landeskarten 1:25'000 bzw. 1:50'000 der Schweiz, bieten für die Tourenvorbereitung interessante Möglichkeiten wie die Ermittlung von Streckenlänge oder Höhenprofil, und sie erlauben eine nahtlose Darstellung über die Blattgrenzen hinaus.

Für unterwegs verwenden wir aber nach wie vor Landeskarten auf widerstandsfähigem Papier.

|i| Karten für das GPS und Bestimmung von Wegpunkten siehe S. 50.

Karte lesen

Karte lesen ist die wichtigste Fähigkeit zur Orientierung im Gebirge. Es gilt, sich anhand der Landeskarte ein zutreffendes Bild des Geländes zu machen. Zum Erwerben dieser Fertigkeit vergleichen wir bei guter Sicht die Karte mit dem Gelände.

|i| Informationen zum Karten lesen siehe *Gurtner, 1998*.

Koordinaten

Mit zwei 6-stelligen Koordinatenzahlen können wir jeden Ort in der Schweiz genau bestimmen. Das Koordinatennetz ist auf allen Schweizer Landeskarten aufgedruckt.

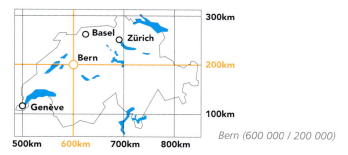

Bern (600 000 / 200 000)

Koordinatenmesser
- Punkt auf der Karte mit kleinem Kreis markieren.
- Ecke des Koordinatenmessers auf markierten Punkt legen und den Messer parallel zu den Koordinatenlinien drehen (Schriften auf Karte und Koordinatenmesser schauen in die gleiche Richtung).
- Koordinaten ablesen: zuerst x-Achse (grössere Zahl), dann y-Achse (kleinere Zahl).

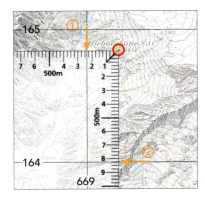

Koordinaten der Hütte:
669 240 / 164 830

 Durch Schätzen überprüfen, ob die gemessenen Koordinaten stimmen können.

Karten im Ausland

Die oftmals geringere Kartenqualität hat Konsequenzen:
- Bei schlechter Sicht ist in uns unbekanntem Gelände noch mehr Vorsicht geboten.
- Fehlt das Koordinatennetz, so sind sowohl die Tourenplanung mit dem Kompass als auch der Einsatz des GPS wesentlich erschwert.
- Das Papier ist meistens wenig widerstandsfähig.

 Transparente, wasserdichte Kartenhülle verwenden.

Höhenmesser

Mit zunehmender Höhe nimmt der Luftdruck ab. Der Höhenmesser bestimmt aus einer Druckmessung unsere aktuelle Höhe. Die Höhenmesser sind geeicht für die Standard-Atmosphäre (auf Meereshöhe 1013 hPa[1] und 15 °C; Temperaturabnahme von 0,65 °C/100 Höhenmeter). Die realen Bedingungen weichen davon ab:
- Der Luftdruck ändert auch mit der Wetterlage. Von einem Hochdruckgebiet mit 1030 hPa (bezogen auf Meereshöhe) zu einem Tief mit 980 hPa nimmt der Druck gleich viel ab, wie wenn wir 400 m aufsteigen.

[1] 1 hPa (Hektopascal) = 1 mbar (Millibar) = 100 N/m^2

Grundwissen   43

- Die Temperaturabnahme mit der Höhe variiert zwischen 0,5 und 1 °C/100 Höhenmeter.
- Kältere Luft hat eine höhere Dichte als warme. Im Winter und in Polnähe zeigt der Höhenmesser daher einen grösseren Höhenunterschied, als wir tatsächlich zurückgelegt haben, im Sommer und in Äquatornähe einen kleineren. Der Fehler beträgt ca. 3,6‰ pro °C Abweichung von der Standardtemperatur.

Zur Kompensation dieser Störeinflüsse kalibrieren wir den Höhenmesser regelmässig an Punkten mit bekannter Höhe (z.B. in der Hütte, bei einer Weggabelung, auf dem Gipfel usw.).

Die Temperaturkompensation in guten Höhenmessern bedeutet nur, dass unabhängig von der Gerätetemperatur immer derselbe Wert angezeigt wird. Die kleineren Dichteunterschiede der warmen Luft werden nicht kompensiert.

Die Skalenteilung ist feiner als die Richtigkeit der Messung. Sie ist kein Qualitätsmerkmal des Höhenmessers.

Elektronische Höhenmesser zeigen an, wie viele Höhenmeter wir pro Minute aufsteigen. 5 m/Minute entspricht 300 m/Stunde und ist für eine Gruppe oft ein vernünftiges Tempo.

Höhenmesser als Barometer

Belassen wir den Höhenmesser am selben Ort (z.B. über Nacht in der Hütte), so dient er als Barometer. Bei steigender Höhenangabe fällt der Luftdruck. Wir müssen mit einer Wetterverschlechterung rechnen (siehe S. 32 und 39).

Kompass

Prinzip

Die Kompassnadel zeigt zum magnetischen Nordpol der Erde. Dieser stimmt nur ungefähr mit dem geografischen Nordpol überein; es ergeben sich folgende Abweichungen:

Deklination

Die Abweichung zwischen magnetischer und geografischer Nordrichtung lässt sich am Kompass einstellen. Sie ändert mit dem Ort und der Zeit, ist in der

Schweiz momentan aber vernachlässigbar klein. In anderen Gegenden (z.B. Nordamerika) müssen wir sie unbedingt berücksichtigen. Die Deklination ist normalerweise auf den Landeskarten angegeben.

⇨ Auch Hochspannungsleitungen, eiserne Gegenstände und elektronische Geräte lenken die Kompassnadel ab. Minimaler Abstand zum Handy ca. 20 cm.

Inklination
Die vertikale Ablenkung der Magnetnadel (in die Erde hinein) wird ausgeglichen durch eine asymmetrische Lagerung der Magnetnadel. Unsere Kompasse sind im Allgemeinen nur auf der nördlichen Hemisphäre brauchbar.

⇨ Nur wenn wir den Kompass horizontal halten, zeigt die Nadel nach Norden.

Azimut

Das Azimut, den Winkel zwischen (geografisch) Nord und unserer Marschrichtung, bestimmen wir wie folgt:
1. Hintere Kompassecke auf den Startpunkt legen und den Kompass drehen, bis das Ziel auf der Kompasskante liegt.
2. Kompass festhalten und die Dose drehen, bis N der Dose mit N auf der Karte übereinstimmt.
3. Bei der Markierung den Winkel ablesen.

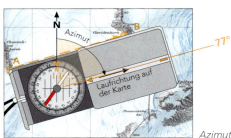

Azimut von A nach B

Ein gemessenes Azimut gilt nicht für jeden anderen Kompass, denn es existieren verschiedene Kreisteilungen:

360	° Grad	übliche Winkelteilung
400	g Gon	in der Vermessung üblich
6400	‰ Artilleriepromille	Winkelteilung der Armeekompasse

Die Kompassnadel benötigen wir nur im Gelände. Bei der Arbeit auf der Karte benutzen wir sie nicht.

⇨ Das Azimut auf der Karte schätzen und mit dem gemessenen Wert vergleichen. Damit schützen wir uns vor 180 °-Fehlern

Gehen nach dem Kompass

- An der Dose des Kompasses das Azimut einstellen (entweder die zuvor bestimmte Zahl oder direkt auf der Karte die ersten zwei Schritte zur Messung des Azimuts ausführen).
- Schnur gegen sich halten (evtl. über Kopf nehmen) und sich mit dem Kompass drehen, bis die rote Nadel (N) zwischen den bei den Nordmarken liegt.
- Das Visier des Kompasses zeigt die Marschrichtung.

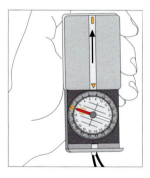

Möglichkeiten zum Einhalten der Marschrichtung:
- Wenn noch etwas Sicht besteht: In Marschrichtung gelegenen Fixpunkt anpeilen und zu diesem gehen.
- Den Kompass vor sich halten und möglichst genau der Pfeilrichtung folgen.
- Der Navigierende geht ca. 30 m hintendrein und weist den Vordersten von hinten in die Richtung ein.

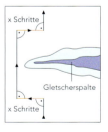

Beim Umgehen von Hindernissen messen wir die Distanz in Schritten.

Tourenvorbereitung mit Kompass

Wir wählen kurze Teilstrecken und klar erkennbare Objekte als Zielpunkte. Ideal sind Punkte mit Auffanglinien, z.B. der Fuss eines Felssporns. Damit wir den Zielpunkt nicht verpassen, zielen wir nicht direkt darauf, sondern leicht zur Auffanglinie hin.

Bei genügender Hangneigung können wir notfalls auch eine Höhenlinie als
Referenzpunkt wählen. Allerdings leidet dabei die Genauigkeit der Navigation.

*Damit wir den Zielpunkt (B) sicher
nicht verpassen, zielen wir leicht
links zur Auffanglinie hin.*

 Den Kompass rechtzeitig zu Hilfe nehmen, solange wir unseren Standort noch
kennen.

GPS

Das GPS (Global Positioning System) basiert auf 28 die Erde umkreisenden
Satelliten. Die von den Satelliten gesendeten Signale durchdringen Wolken,
nicht aber feste Gegenstände wie Berge, Gebäude, Menschen oder Wälder.
Unser GPS-Gerät empfängt diese Signale und berechnet daraus unseren
Standort, und zwar umso genauer, je mehr Satelliten wir empfangen können.
- Mindestens vier Satelliten sind nötig.
- Die Lage wird im Allgemeinen auf ca. 10 m genau bestimmt, also so genau,

Grundwissen 47

wie wir Karte lesen können. Der Höhenfehler ist meistens etwa doppelt so gross.
- Das Gerät zeigt die geschätzte Messgenauigkeit in Meter an.

⇒ Nur mit exaktem Arbeiten können wir die Genauigkeit von Karte und GPS nutzen.

ℹ️ Für die Flugsicherung wird das GPS-System durch Satelliten erweitert, die Korrekturdaten aussenden. Die neusten GPS-Geräte können diese Korrekturdaten «WAAS, EGNOS» auswerten und erreichen dabei Genauigkeiten von typischerweise 2 m (bei gutem Empfang).

Gerätetypen

In die Uhr integrierte GPS-Geräte dienen vor allem der Standortbestimmung. Danach benutzen wir wieder Kompass und Höhenmesser.
Zur Navigation eignen sich GPS-Handgeräte mit integriertem Kompass. Ein eingebauter barometrischer Höhenmesser erlaubt eine Standortbestimmung bereits mit drei Satelliten.

Funktionen des GPS

Aktueller Standort
Das GPS bestimmt fortlaufend unsere Standortkoordinaten.
- Diese Koordinaten lassen sich als «Wegpunkte» abspeichern.
- Mit dem Koordinatenmesser kann der Standort auf die Landeskarte übertragen werden (siehe S. 41).

Zielpunkt
Wir markieren den Zielpunkt auf der Karte, messen seine Koordinaten und geben sie im GPS ein. Das GPS bestimmt laufend unseren aktuellen Standort und zeigt uns Richtung und Distanz zum angepeilten Zielpunkt an.

👍 Im Unterschied zum Kompass gelangen wir auch zum Ziel, wenn wir nicht ganz genau dem Pfeil folgen. So können wir Hindernisse problemlos umgehen.

⇒ Für eine zuverlässige Richtungsanzeige muss das GPS mit einem Kompass ausgerüstet sein.

Routen

Aus mehreren Punkten können wir eine Route zusammenstellen. Folgen wir dieser, so führt uns das GPS der Reihe nach von einem Punkt zum nächsten. Schalten wir es erst unterwegs ein, so führt es uns zum nächstfolgenden Punkt. Anwendungen:

- Rückweg finden: Auf dem Hinweg an Richtungswechseln, Schneebrücken über Gletscherspalten usw. Wegpunkte aufnehmen, diese auf dem Gipfel zu einer Route zusammenfügen und in umgekehrter Richtung folgen.
- GPS-Route bei der Tourenvorbereitung eingeben. Bei schlechter Sicht schalten wir das GPS ein und folgen der Route (siehe Abschnitt «Tourenvorbereitung mit GPS»).

Routen dürfen nicht zum Startpunkt zurück führen. Bei Überschreitungen besser zwei Routen erstellen: eine bis auf den Gipfel, eine zweite von dort ins Tal.

Zurück finden («Track Back»)

Ist das GPS eingeschaltet, speichert es laufend Punkte ab. Wir können uns diese Punkte auf der «Kartenseite» anzeigen lassen und ihnen in umgekehrter Richtung, also zurück zum Ausgangspunkt, folgen.

⇨ Das «Track Back» benötigt viel Batterie (GPS immer eingeschaltet und an der Kälte) und ist problematisch bei Stellen mit schlechtem Empfang (Koordinatenfehler).

Koordinaten

Das Koordinatennetz muss im GPS eingestellt werden.

Swiss Grid, CH 1903	Koordinatensystem der Schweizer Landeskarten.
UTM, WGS-84	Weltweit gültiges Koordinatennetz, auf vielen (neueren) ausländischen Karten aufgedruckt. [i] siehe *Schirmer 2004*.
Kein Koordinatennetz	Auf ältern ausländischen Karten fehlt oft das Koordinatennetz, was den Einsatz des GPS wesentlich erschwert. [i] siehe *Scheichenzuber 2004*.

Standorthöhe

Unabhängig von Luftdruck und Temperatur bestimmt das GPS die Höhe fast so genau wie die Lage. Nur bei ungenügenden Satellitensignalen verwendet das GPS den eingebauten barometrischen Höhenmesser. Diesen müssen wir vorgängig kalibrieren:
- An einem Punkt mit bekannter Höhe (z.B. in der Hütte), wie einen normalen Höhenmesser.
- Mit der vom GPS berechneten Höhe: an einem beliebigen Punkt unterwegs, an dem wir genügend Satelliten empfangen (Genauigkeit ca. 10 m).
- «Autokalibrierung»: In diesem Modus kalibriert das GPS-Gerät den Höhenmesser anhand der GPS-Daten, sobald genügend Satelliten empfangen werden. Vorsicht: Kalibrierung erfolgt nur, wenn sich berechnete und barometrische Höhe um weniger als 100 m unterscheiden (Garmin).

Tourenvorbereitung mit GPS

Zuerst planen wir die Tour gemäss Abschnitt «Tourenplanung». Dann zeichnen wir die erforderlichen Zielpunkte auf der Landeskarte ein, nummerieren sie und verbinden sie mit einem Bleistiftstrich.
- Zielpunkte bei Richtungsänderungen setzen.
- Dort, wo wir die Route exakt einhalten müssen, wählen wir die Punkte näher beieinander als dort, wo die grobe Richtung genügt.
- Zielpunkte an Orten mit gutem Empfang setzen (nicht im Wald, eher in offenem Gelände).
- Auch mit GPS können wir uns oft am Gelände orientieren (Grat, Felswand usw.).

⇨ Ohne PC beträgt der Zeitaufwand ca. 3 Minuten pro Punkt ➞ Nur so viele Punkte setzen, wie nötig.

GPS Punkte können wir beliebig setzen, auch ohne Auffanglinie. Damit können wir Spaltenzonen umgehen.

Zusammenstellen der Route
- Koordinaten der einzelnen Punkte messen und auf einem Blatt notieren.
- Koordinaten in GPS eingeben.
- Punkte zu Route zusammen fügen.
- Plausibilitätskontrolle: Vom GPS die Distanz zwischen den einzelnen Punkten der Route anzeigen lassen und auf der Karte nachmessen.

> Bei schlechter Sicht peilen wir mit dem GPS «blind» den nächsten Punkt an – auch dann, wenn wir ihn falsch eingegeben haben. Fehler in der Routenplanung, beim Messen oder Eintippen der Koordinaten können daher fatale Folgen haben.

Schnittstelle zu PC

Der PC erleichtert das Eingeben von Zielpunkten und Routen. Dazu benötigen wir ein Verbindungskabel und entsprechende Software:
- Es gibt Software, mit der wir auch gescannte Karten verwenden können (www.fugawi.de, GPSman).
- Mit SwissMap25 bzw. 50, den digitalen Landeskarten 1:25'000 bzw. 1:50'000 der Schweiz, übertragen wir einzelne Punkte direkt aufs GPS (www.landestopographie.ch).

Der PC ermöglicht, unsere eigene Datenbank zu erstellen und Routen mit unseren Freunden zu tauschen. Die GPS-Routen zu vielen Touren können wir auch kaufen oder vom Internet herunterladen (z.B. www.gps-tracks.com).

> Bevor wir einer Route folgen, betrachten wir sie auf der Landeskarte und überlegen uns, ob wir bei den aktuellen Verhältnissen wirklich diesem Weg folgen wollen.

Karten fürs GPS

Diese Vektorkarten zeigen ein vereinfachtes Kartenbild auf dem Display des GPS. Sie sind vor allem für Regionen mit vielen Wegen, Strassen und Häusern geeignet. Im Gebirge ersetzen sie Karten auf widerstandsfähigem Papier nicht.

Einsatzbereitschaft des GPS

Haben wir das GPS weit vom jetzigen Standort entfernt oder lange Zeit nicht mehr verwendet, so dauert es eine Weile, bis der Standort bestimmt ist.

GPS am Ausgangspunkt der Tour aufstarten, warten bis der Standort ermittelt ist und anschliessend wieder ausschalten. Jetzt können wir auf der Tour unsere Position in wenigen Sekunden bestimmen.

Nach dem Erreichen einer genügenden Genauigkeit noch ein paar Sekunden warten, bevor wir den Wegpunkt abspeichern. Sonst können Fehler auftreten.

Grenzen des GPS

Kompass und Höhenmesser gehören auf jede Tour im verschneiten Gebirge, denn das GPS hat Grenzen:
- In engen Tälern, steilen (N-)Flanken und im Wald werden zu wenig Satelliten empfangen.
- Bei grosser Kälte gefriert das Display ein.
- Ein Satz Batterien hält etwa 4 Stunden → GPS nur kurz einschalten, Reservebatterien mitführen.
- Das U.S. Department of Defense kann die Genauigkeit auf ca. 100 m reduzieren.
- Obwohl das GPS-System sehr stabil läuft, besteht die Gefahr eines technischen Defekts.

Bei grosser Kälte GPS in körpernaher Tasche warm halten und zur Bestimmung der Koordinaten nur kurz heraus zu nehmen; spart Batterien und schützt das Display vor dem Einfrieren.

Das GPS erkennt keine Gefahren wie Felsstufen, Wechten oder Gletscherspalten, und auch wir sehen diese im Nebel nicht. Kartenkenntnisse und Bergerfahrung sind für Touren bei schlechter Sicht nach wie vor zentral.

Gefahren im Gebirge

Experte: Ueli Mosimann, Unfallexperte SAC

Risiko

Wer Bergsport betreibt, setzt sich unweigerlich einem gewissen Risiko aus. Absolute Sicherheit bietet nur ein totaler Verzicht.
Wir müssen die verschiedenen Gefahren erkennen um zu wählen, welche Risiken wir eingehen wollen. Wer z.B. unwissentlich oder nachlässig beim Sichern regelmässig das Bremsseil loslässt, verhält sich wie ein Autofahrer, der in der Kurve überholt. Es kann lange gut gehen, aber das Risiko ist hoch.
Ein geschicktes Risikomanagement schützt uns vor überhöhten Risiken, gewährt uns gleichzeitig aber auch möglichst viel «Aktionsfreiheit».

Wie gefährlich ist Bergsteigen?

Schätzungen zeigen, dass ein Alpinist pro Jahr etwa das gleiche Risiko in den Bergen eingeht wie im Strassenverkehr, sich die einzelnen Bergsportarten aber erheblich unterscheiden.

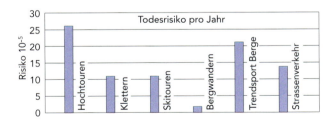

Das Risiko, an einem einzelnen Bergtag zu verunfallen, entspricht der Anzahl Unfälle, geteilt durch die gesamte Anzahl Tourentage, die in den Bergen verbracht werden. Weil wir nicht wissen, wie viele Leute wie oft in den Bergen unterwegs sind, können wir das tägliche Risiko nicht berechnen.

Persönliches Risiko

Berücksichtigen wir auch die Schwere eines Unfalls (Schadensgrösse), so gilt:

Risiko = Eintretenswahrscheinlichkeit x Schadensgrösse

Das Risiko, selber zu verunfallen (Eintretenswahrscheinlichkeit W) steigt
- mit der Dauer, während der wir uns einer Gefahr aussetzen (Anzahl Touren pro Jahr, Picknick unter dem Hängegletscher);
- wenn wir uns mehreren Gefahren gleichzeitig aussetzen[2];
- beim Ausüben besonders gefährlicher Bergsportarten.

Besonders wichtig ist unser persönliches Verhalten. Wenn wir den Bergsport mit Vorsicht und Zurückhaltung ausüben, halten wir das verbleibende Restrisiko relativ klein. Wir können das Risiko durch riskantes Verhalten oder Unwissenheit aber auch beliebig steigern.
- Wenn alles gut gegangen ist, bedeutet das nicht zwingend, dass auch alles sicher war. Vielleicht hatten wir einfach Glück.
- Wir unterschätzen im Allgemeinen unser persönliches Risiko. Wir schätzen es jedenfalls tiefer ein, als wenn sich jemand Anderer der gleichen Gefahr aussetzt.
- Experten überschätzen oft die Wirksamkeit ihrer technischen Fähigkeiten auf das Abwenden einer Gefahr.

> Gefahr nicht mit Schwierigkeit verwechseln! Schwierigkeiten können wir meistern, den Gefahren setzen wir uns aus.

Sicherheitskonzepte

Methoden zum Aufspüren der Risiken

a) *Wo sind hohe Risiken?*
Risikomanagement heisst, alle (erkennbaren) Risiken minimieren. Besonders wichtig sind die hohen Risiken, d.h. Fälle, bei denen in obenstehender Gleichung ein Faktor gross ist:
- Hohe Schadensgrösse (Tod, Invalidität).
- Hohe Eintretenswahrscheinlichkeit (Sturz im Klettergarten).
- Oft wiederholt (Profibergführer mit jährlich 200 Tourentagen, Anseilen in Kletterhalle).

---

[2] Für unabhängige Ereignisse gilt: $W = 1-(1-W_1) \cdot (1-W_2) \cdot \ldots \cdot (1-W_n)$. Dabei bezeichnen 1, 2, ..., n die einzelnen Teilrisiken, also z.B. 1=Lawine, 2=Absturz, ..., n=Herzinfarkt.

b) *GAU (Grösster Anzunehmender Unfall)*
Was ist das Schlimmste, was geschehen kann? Beispiele:
- Sturz bei Nebel in eine Gletscherspalte, und der Gestürzte hat das Seil im Rucksack.
- Seilschaftsabsturz bei fehlendem oder ungenügendem Standplatz.

Solche Ereignisse müssen wir mit sehr, sehr hoher Wahrscheinlichkeit ausschliessen.

c) *Chronologisch*
Von der Tourenplanung bis zur Heimfahrt checken wir der Reihe nach, was schief gehen könnte und was wir dagegen unternehmen können.

d) *Gefühl, «Wissen» aus dem Bauch*
Wovor habe ich Angst? Worauf muss ich besonders achten?

Schadensbegrenzung

Wenn wir einen Unfall trotz allen Vorsichtsmassnahmen nicht ausschliessen können, versuchen wir wenigstens, die Folgen zu mindern:
- Helm tragen.
- Anseilen auf dem verschneiten Gletscher inkl. Beherrschen der Spaltenrettung.
- Mitführen von Apotheke, Notfunk, Biwaksack usw.

Redundanz

Redundanz bedeutet die Verwendung eines zusätzlichen, unabhängigen Sicherungssystems. Redundante Systeme erhöhen die Sicherheit enorm[3]. Sie werden dort eingesetzt, wo eine hohe Schadensgrösse verhindert werden muss. Beispiele:
- Zweite Verankerung am Standplatz, als Schutz vor Seilschaftsabsturz.
- Gegenseitige Kontrolle vor dem Losklettern als Schutz vor falschem Anseilen und falsch eingehängter Partnersicherung (Partnercheck, siehe S. 199).
- Anbringen einer Prusikschlinge als Selbstsicherung beim Abseilen.

Material

Dank strenger Normen ist die Bergsteigerausrüstung zuverlässig und sicher. Trotzdem lohnt es sich, sie regelmässig zu überprüfen und defekte Sachen auszusondern.

---

[3] Wird ein Borhaken bei jedem 1'000sten Sturz in den Stand ausgerissen (W=$1/1000$), versagt ein Standplatz an weit genug auseinander gesetzten Borhaken nur bei jedem 1'000'000sten Sturz. Es gilt: W=$W_1 \times W_2$, also: selten x selten = praktisch nie.

⇨ Häufiger als Materialfehler ist eine falsche Anwendung, oder dass wir das richtige Material nicht mitführen.

Bessere Ausbildung und Technik

Eine gute Ausbildung ermöglicht uns, die Gefahren zu erkennen und zu meiden oder z.B. gar nicht erst zu stürzen. Das Risiko müsste mit steigendem Ausbildungsstand abnehmen. Statistiken zeigen aber, dass dem nicht so ist. Wir tendieren dazu, unsere Ausbildung nicht für mehr Sicherheit auf der gleichen Tour, sondern zum Erweitern unseres Bewegungsspielraums bei gleichem Risiko zu nutzen.

Gefahren im sommerlichen Gebirge

Es ist der Mensch, der sich den Gefahren des Gebirges aussetzt. Die Statistik der vergangenen Jahre zeigt die Unfallschwerpunkte. Unberücksichtigt bleibt die unterschiedliche Anzahl Tage, an denen die einzelnen Sportarten ausgeübt wurden.

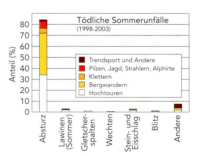

Absturz

Mit über 80% der Opfer bildet der «Absturz» die mit Abstand grösste Gefahr im sommerlichen Gebirge. Betroffen sind in erster Linie Hochtouristen und Wanderer. Je etwa ein Viertel der Absturzopfer verunglücken auf Schnee und Eis, im Fels, im weglosen Gelände (Gras, Geröll, Schrofen) sowie auf Bergwegen.

Allgemeine Gegenmassnahmen

- Auch auf Berg- und Alpinwegen gibt es absturzgefährliche Stellen. Dort gilt unsere volle Aufmerksamkeit dem Weg. Schwierige Alpinwanderungen können Seilsicherung erfordern.

- Korrekte, an Gelände und Teilnehmer angepasste Seilsicherung. Bei Bedarf auch in leichtem Gelände sichern, insbesondere lebhafte Kinder und unsichere Erwachsene.
- Langsam gehen, auch der schwächste Teilnehmer soll nicht im Stress sein.

Hochtouren

Auf Hochtouren verteilen sich die tödlichen Absturzunfälle wie folgt auf die verschiedenen Sicherungsmethoden:
- Die Hälfte der Opfer hat auf eine Seilsicherung verzichtet, ein Verhalten, das wir in schwierigerem Gelände kritisch hinterfragen müssen (siehe S. 254, Kapitel «Hochtouren»).
- Mitreissunfälle fordern ⅓ der Opfer. Durch korrekte Anwendung des kurzen Seils können wir dieses Risiko deutlich reduzieren, aber nie völlig ausschliessen. Wichtig sind: angepasste Seilschaftsgrösse, wirklich kurzes und straffes Seil, sowie konsequentes Ausnützen der vorhandenen Sicherungsmöglichkeiten am halblangen Seil (siehe Kapitel «Hochtouren»).
- Ein Sturz ins Seil fordert mit weniger als 5% vergleichsweise wenige Opfer. Mit einer soliden Standsicherung, zumindest an den schwierigeren Stellen, reduzieren wir unser Risiko markant.

Sportklettern

Auf mit Bohrhaken gesicherten Klettereien ereignen sich nur wenige tödliche Abstürze.
- Nur in jedem fünften Fall dieser Kategorie war ein Sturz beim angeseilten Klettern die Todesursache.
- Vorsicht ist beim Zu- und Abstieg angebracht, die je etwa ein Fünftel der Todesfälle ausmachen.
- Ebenfalls je ein Fünftel der Opfer verursachen das Abseilen sowie Fehlmanipulationen bei der Seilhandhabung. Mit gründlichem Erlernen der Sicherungstechnik und einer konsequenten Anwendung des Partnerchecks (siehe S. 199) können wir diese Risiken reduzieren.

Stein- und Eisschlag

Steinschlag

Steinschlag ist auch in unschwierigem Gelände möglich und kann für Bergsteiger, Kletterer und Bergwanderer gleichsam eine Gefahr darstellen. Ein Helm schützt zwar nicht vor den grossen Brocken, aber vor den viel häufigeren kleinen Steinen. Besonders gefährlich sind:
- Rinnen, Couloirs, Kamine.
- Routen in brüchigem Fels und allgemein loses Gestein.
- Bei fortgeschrittener Ausaperung hervortretende, brüchige Felspartien.
- Hohe Temperaturen oder Sonneneinstrahlung wenn Schnee, Eis und Boden auftauen.
- Starker Wind.
- Auch Tiere lösen Steinschlag aus, besonders wenn sie vor uns flüchten.
- Häufig wird Steinschlag von anderen Bergsteigern ausgelöst. Bei mehreren Seilschaften ist grosse Vorsicht und in brüchigen Routen oft ein Verzicht angezeigt. Weitere Tipps siehe Kapitel «Gruppenbergsteigen».

Steine schlagen häufig einige Meter von der Felswand entfernt am Boden auf. Oft stellen wir uns besser direkt unter die steile Wand. Können wir nicht seitlich ausweichen, richten wir die Standplätze dicht unterhalb von senkrechten bis überhängenden Steilstufen ein, auch wenn wir dann unseren Seilpartner nicht sehen.

Eisschlag vom Gletscher

Eistürme (Séracs) können jederzeit abbrechen; es gibt keine tageszeitlichen Schwankungen. Wenn möglich, meiden wir die Sturzbahn (sie ist länger als viele Bergsteiger denken!). Andernfalls passieren wir die Gefahrenzone wie folgt:
- In flacher Spur rasch traversieren. Keine Pausen, Fotohalte usw.
- Vorgängig Material kontrollieren (Benötigen wir Steigeisen?) und evtl. Verschnaufpause einlegen. Dabei aber auch nicht unnötigen Stress aufbauen.
- So weit entfernt wie möglich traversieren, denn grössere Abbrüche sind seltener als kleine.
- Sérac beobachten, damit mehr Zeit für die Flucht bleibt.

Angeseilt oder in eng aufgeschlossener Gruppe ist das Risiko nicht grundsätzlich erhöht. Flucht und Rettung werden aber erschwert.

Schlechtes Wetter

Schlechtes Wetter stellt ein zusätzliches Risiko dar:
- Neuschnee, Vereisung oder nur schon das Klettern mit Handschuhen erschweren die Kletterei extrem.
- Höherer Zeitbedarf (siehe Kapitel «Tourenplanung»).
- Kommunikation ist erschwert.
- Gefahren sind schlechter erkennbar.
- Orientierung ist erschwert (siehe Abschnitt «Orientierung»).
- Gefahr von Erschöpfung, Unterkühlung und Erfrierungen (siehe Abschnitt «Erste Hilfe» in «Bergsport Winter»).
- Keine Helirettung möglich.

Schützen können wir uns wie folgt:
- Auch bei schönem Wetter gute Kleidung und Notfallausrüstung mitnehmen.
- Orientierungsmittel mitführen und beherrschen.
- Tourenplanung seriös durchführen.
- Wetterbericht hören, Schlechtwetterzeichen ernst nehmen und rechtzeitig umkehren.
- Zurückhaltung bei Touren mit schlechten Rückzugsmöglichkeiten.

⇨ Im Schnee eingegraben können wir lange überleben (siehe Abschnitt «Biwak»).

⇨ GPS zurückhaltend anwenden. Es vermindert die Gefahren des Gebirges nicht, verführt uns aber, ins schlechte Wetter zu gehen.

Verhalten bei Gewitter

Vor Gewittern schützen wir uns am besten mit einer seriösen Tourenplanung unter Einbezug des Wetterberichts und indem wir die Tour rechtzeitig beenden.

[i] Entstehung von Gewittern siehe S. 36.

Gefahr durch Blitzschlag und Erdströme

Gefahr droht uns sowohl durch einen direkten Blitzeinschlag als auch durch die Erdströme, die sich in der Umgebung des Blitzeinschlags entlang der Erdoberfläche ausbreiten.

- Je besser der Untergrund leitet (Stahlseile, Wasserläufe), desto weiter breiten sich die gefährlichen Erdströme aus.
- Je punktförmiger wir den Boden berühren, desto geringer ist die Schrittspannung.
- Erdströme können auf einen benachbarten Gegenstand überspringen → 2 m Abstand halten.

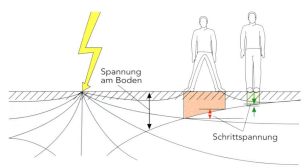

Verhalten

Besonders gefährdete Orte meiden
- Gipfel, Grate, Kuppen.
- Einzelne Bäume, Strom- oder Seilbahnmasten und ihre Umgebung.
- Wasserläufe und Stahlseile, weil diese den Strom sehr weit leiten.

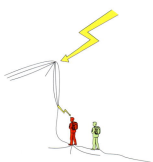

Sicherere Orte aufsuchen
- Unterkünfte mit geschlossenen Fenstern und Türen sowie Autos sind sicher, offene Unterstände und Zelte nicht.
- In grossen Höhlen und innerhalb eines gleichschenkligen Dreiecks unter Felswänden sind wir vor direktem Blitzeinschlag gut geschützt. Um ein Überspringen von Erdströmen zu vermeiden, halten wir von allen Wänden, der Höhlendecke und anderen Menschen 2 m Abstand.

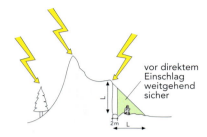

vor direktem Einschlag weitgehend sicher

Richtige Stellung einnehmen
Um möglichst nicht aufzuragen und einen direkten Blitzeinschlag zu provozieren, aber gleichzeitig gegen die Schrittspannung den Boden nur an einem kleinen Ort zu berühren, wählen wir die Hockestellung auf einem trockenen Seil oder Rucksack mit eng angelegten Knien. Nicht anlehnen!

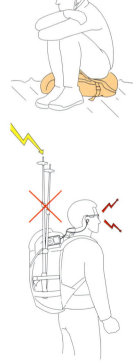

Über den Körper herausragende Gegenstände wie z.B. Skistöcke oder am Rucksack aufgeschnallte Pickel erhöhen das Risiko eines direkten Blitzeinschlags.

Der Stromstoss eines Blitzes kann uns regelrecht wegschleudern und führt oft zu einer kurzen Bewusstlosigkeit. Helm tragen und Selbstsicherung anbringen, besonders auch beim Abseilen, weil nasse Seile den Strom leiten.

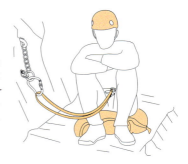

Stahlseile, Ketten und Leitern sind besonders gefährlich, weil sie die Bodenströme sehr weit leiten. Wir verlassen sie so schnell als möglich und bringen unsere Selbstsicherung am Fels oder notfalls an einem einzelnen, nicht verbundenen Bügel an. Die Sicherungsschlinge wenn möglich vor dem Körper am Boden aufliegen lassen.

⇒ Metallische Gegenstände wie Pickel, Skistöcke oder Karabiner ziehen den Blitz nicht an, sind aber gute elektrische Leiter. Wir halten sie möglichst vom Körper fern, weil sie bei einem Blitzeinschlag die Verletzungsgefahr erhöhen.

Erste Hilfe
Wir versorgen Blitzopfer nach dem ABC, siehe Abschnitt «Erste Hilfe» im Kapitel «Rettung». Besonderheiten:
- Blitzopfer schnell aus dem Gefahrenbereich evakuieren, denn Blitze können zweimal am selben Ort einschlagen.
- Opfer mit Kreislauf-Atem-Stillstand sofort reanimieren. Weite, nicht auf Licht reagierende Pupillen müssen bei Blitzunfällen keine Hirnschädigung bedeuten.
- Auch leicht verletzte Blitzopfer gehören zum Checkup ins Spital.

Weitere Gefahren

Lawinen

Im Hochgebirge gibt es auch im Sommer Lawinen. Nach Neuschneefällen oder bei starker Erwärmung ist Vorsicht geboten, denn wir können schon von kleinen «Rutschen» mitgerissen werden und abstürzen.

[i] Siehe Kapitel «Lawinen» in «Bergsport Winter».

Gletscherspalten

Auf Gletschern ist eine gute Routenwahl unter Einbezug der Verhältnisse besonders wichtig. Auf verschneiten Gletschern besteht grundsätzlich die Gefahr eines Spaltensturzes. Die einzig wirkungsvolle Schutzmassnahme ist korrekt anseilen und das Seil gestreckt halten.

⇨ Nach einem Spaltensturz müssen wir den Gestürzten aus der Spalte bergen können.

[i] Siehe Kapitel «Seiltechnik», «Hochtouren» und «Spaltenrettung».

Wechten

Wechten können jederzeit abbrechen, weshalb wir uns möglichst nicht darauf oder in deren Sturzbahn aufhalten sollten.

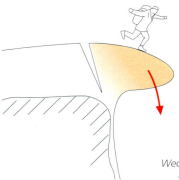

Wechten brechen oft nicht vertikal, sondern schräg nach hinten ab.

- Verwechteten Graten und Geländekanten in gebührendem Abstand folgen.
- Zuerst von einer Felsnase aus schauen, wie gross die Wechte ist.
- Vorhandene Spuren garantieren nicht, dass wir uns nicht auf der Wechte befinden.
- An verwechteten Graten kann Seilsicherung nötig sein.
- Weiche Wechten brechen besonders leicht ab.

 Als Leiter bei Ankunft auf dem Gipfel mit einer Spur den Rastplatz vom gefährdeten Bereich abgrenzen.

Viel besuchte Modetouren

Bewegen wir uns in einer Kolonne am Berg ergeben sich zusätzliche Risiken:
- Von über uns kletternden Seilschaften drohen uns Steinschlag und evtl. Mitreissunfälle.
- Vor schwierigen Passagen und Abseilstellen ergeben sich Wartezeiten. Wir benötigen viel mehr Zeit und geraten dadurch eher in ein Nachmittagsgewitter oder werden von der Dunkelheit eingeholt.
- Wir werden verleitet, Schlüsselstellen durch gefährliche Varianten zu umgehen (z.B. in die Flanke auszuweichen, statt auf dem Grat zu bleiben).

Sonnenbrand

Sonnenbrand ist eine häufige Verletzung beim Bergsteigen, vor allem bei hellhäutigen Menschen. Wiederholte Sonnenbrände (auch leichte) erhöhen das Risiko von Hautkrebs wesentlich.

[i] Siehe «Bergsport Winter».

SAC – Bergsport Sommer

Ausrüstung

Bekleidung 66
Tourenausrüstung 69
Notfallausrüstung 79

Es ist eine Kunst, aus dem Angebot an verschiedenem Material das richtige zu wählen. Zu wenig kann gefährlich, zu viel hinderlich sein. Besonders empfehlenswert sind Gegenstände mit Doppelnutzen: die lange Unterwäsche, die uns auch als Pyjama dient oder eine Bandschlinge für die Ausgleichsverankerung, mit der wir uns beim Abseilen selbstsichern. Auch das beste Material nützt uns aber nichts, wenn wir nicht damit umzugehen wissen.

Sicherheitsausrüstung

Viele Gegenstände (Seile, Pickel, Steigeisen usw.) gelten als persönliche Sicherheitsausrüstung und dürfen in der EU nur verkauft werden, wenn sie die EN-Normen erfüllen. Noch strengere Anforderungen stellen die Normen der UIAA (Union Internationale des Associations d'Alpinisme). Allgemein gilt:
- Ausrüstung nur gemäss Gebrauchsanweisung verwenden.
- Veraltete oder defekte Ausrüstung und solche mit dubioser Herkunft ersetzen.

Bekleidung

Die Bergsteigerbekleidung soll vor Kälte, Wind und Nässe schützen und den Schweiss nach aussen transportieren. Die Bekleidung soll bequem, leicht und robust sein und unsere Bewegungsfreiheit nicht einschränken. Zudem darf sie durchaus auch modisch sein. Mindestens ein Kleidungsstück sollte eine gut sichtbare Farbe aufweisen.

Mehrere dünne Schichten

Mehrere dünne Schichten erlauben es uns, die Bekleidung den jeweiligen Bedingungen anzupassen (Schalenprinzip). Von innen nach aussen sind dies:
- Thermo- oder Funktionsunterwäsche.
- Eine oder mehrere Isolationslagen, die wenig Wasser aufnehmen und unsere Bewegungsfreiheit nicht behindern (Power Stretch, Fleece o.ä.). Eine winddichte und wasserabweisende Membran (Soft Shell, Windstopper, o.ä.) macht die oberste dieser Schichten etwas schwerer, aber angenehmer bei wechselhaftem Wetter.
- Eine äusserste, dampfdurchlässige Schutzschicht gegen Wind und Nässe (Anorak, z.B. aus Gore Tex).

Anorak

- Taschen auch unter Klettergurt zugänglich.
- Eine gut schliessende Kapuze, die einen Blick nach hinten erlaubt und über den Helm gezogen werden kann.
- In beide Richtungen dehnbare Stoffe erhöhen die Bewegungsfreiheit.
- Kurze Bändel an den Schlitten der Reissverschlüsse machen diese auch mit Handschuhen bedienbar.

Hose

- Wasserabweisendes, schnell trocknendes Gewebe und zusätzlich eine leichte Regenhose oder (für Eistouren) Stoff analog zum Anorak.
  Seitliche Reissverschlüsse zur Belüftung bei warmem Wetter.
- Hose soll auch bei gebeugtem Knie über die Schuhe reichen. Beim Gehen mit Steigeisen sind enge Hosenbeine sicherer.
- Evtl. seitliche Oberschenkeltasche für Landeskarte.

Socken

- Moderne Sportsocken werden aus einem Wolle-Kunstfaser-Garn hergestellt.
- Ein Frotteepolster reduziert die Blasenbildung.

Berg- und Treckingschuhe

- Die Schuhe müssen an den Fuss passen, und die Zehen dürfen beim Abwärtsgehen nicht anstehen.
- Mit gut sitzenden Schuhen können wir besser klettern. Zu enge Schuhe behindern jedoch die Durchblutung und verursachen kalte Füsse.
- Im steilen Gras oder Schnee bieten torsionssteife Schuhe mit einer harten Sohle besseren Halt.
- Mit «steigeisenfesten» Bergschuhen können alle passenden Steigeisen verwendet werden. An «bedingt steigeisenfesten» oder «steigeisentauglichen» Bergschuhen halten nur Riemenbindungen.
- In Lederschuhen schwitzen wir weniger als in Schuhen aus textilen Materialien, sie sind aber schwerer und benötigen mehr Pflege.

Kletterschuhe

Für reine Felsklettereien bevorzugen wir profillose Kletterschuhe («Kletterfinken»). Für den Zu- und Abstieg sind diese ungeeignet.

- Kletterschuhe müssen eng anliegen. Wenn wir sie an der Bar der Kletterhalle nicht ausziehen, sind sie zu gross, wenn sie bei jedem Tritt schmerzen, zu klein.
- Normalerweise tragen wir Kletterschuhe ohne Socken. Für alpine Sportklettereien können Stulpen oder evtl. dünne Socken sinnvoll sein.
- Weiche Kletterschuhe sind optimal auf Reibungstritten, etwas härtere Sohlen erleichtern das Stehen auf kleinen Tritten. Anfängern fehlt die Zehenkraft, sie wählen besser nicht zu weiche Schuhe.
- Schuhe aus synthetischen Materialien dehnen sich im Laufe der Zeit nicht so stark, stinken aber mehr als Lederschuhe.

Stinkende Kletterschuhe einen Tag lang in den Tiefkühler legen, mit Myazine behandeln oder mit Essigwasser ausschwenken. Nicht in der Waschmaschine waschen, da das Waschpulver den Leim angreift.

Handschuhe

- Herausnehmbare Innenhandschuhe trocknen schneller.
- Aussenhandschuhe mit griffiger Beschichtung der Handfläche sind vorteilhaft.
- Bei grosser Kälte bevorzugen wir besser isolierende Fausthandschuhe.
- Fingerhandschuhe aus Leder oder Latex haben den besten Grip zum Klettern.

Stulpen müssen mit dem Anorak überlappen, und das Innenfutter darf beim Ausziehen der Handschuhe nicht verrutschen.

Kopfbedeckung

- Die Mütze muss die Ohren gut schützen.
- Eine Schirmmütze schützt das Gesicht vor direkter Sonnenstrahlung und die Brille vor Niederschlag.

Sonnenbrille

- Schutzklasse 4 d.h. Absorption von 100% UVA, UVB, UVC und von 92–97% des sichtbaren Lichts.
- Seitlich gut abschliessend.

Kontaktlinsen befreien Brillenträger vom Problem der beschlagenen Gläser.

# Tourenausrüstung

☐ Seil und Sicherungsgeräte siehe Kapitel «Seiltechnik».

☐ Verankerungen im Fels siehe Kapitel «Felsklettern».

☐ Karte, Kompass, Höhenmesser und GPS siehe Abschnitt «Orientierung».

Allgemeines

Rucksack

- Die passende Rückenlänge wird durch Probetragen ermittelt.
- Ideale Volumen: 30 l für Wochenendtour, 40 l für Hochtourenwoche.
- Befestigungsmöglichkeiten für Pickel und Treckingstöcke.
- Ein schmaler Rucksack stört beim Klettern weniger (keine Seitentaschen!).
- Auch mit Helm und vollem Rucksack müssen wir nach oben blicken können.

Trinkflasche

- Ein Camel Bag kann in den meisten Rucksäcken integriert werden und ermöglicht das Trinken ohne anzuhalten. Bei tiefen Temperaturen nach dem Trinken Flüssigkeit ins Reservoir zurück blasen.
- Bei grösserer Kälte benutzen wir eine unzerbrechliche Thermosflasche.

Treckingstöcke

Im sommerlichen Gebirge eignen sich teleskopierbare Trecking- oder Skistöcke mit kleinen Tellern.

Stirnlampe

- LED-Lampen sind kleiner und haben eine viel längere Brenndauer als herkömmliche Glühbirnen.
- Ein fokussierbarer Lichtkegel erleichtert das Suchen des Wegs.

Anseilgurt

Für jeden Verwendungszweck existieren spezielle Anseilgurte. Wir können aber problemlos denselben Anseilgurt für alle Arten des Bergsports verwenden.
- Für Hochtouren eignen sich leichte, wenig gepolsterte Hüftgurte mit verstellbaren Beinschlaufen.
- In Klettergarten und -halle sind nicht verstellbare Hüftgurte aus relativ schmalen Gurten ideal.
- In Schlingenständen auf alpinen Sportklettereien hängen wir am bequemsten in nicht verstellbaren, gepolsterten Hüftgurten aus breitem Band.
- Damen wählen Anseilgurte mit lösbaren Beinschlaufen oder aushängbarer Verbindung zwischen Hüftgurt und Beinschlaufen.
- Anseilgurte müssen passen, über warmen Kleidern oder im T-Shirt: am besten im Laden «probehängen».

⇨ Kleinere Kinder und übergewichtige Personen benötigen zusätzlich einen Brustgurt (siehe «kombinierte Anseilmethode» auf S. 144).

Helm

Ein normkonformer Kletterhelm reduziert das Risiko einer Kopfverletzung durch Steinschlag oder bei einem Sturz wesentlich.
- Geschäumte Helme sind leichter und schützen gut vor Sturzverletzungen, dicke Schalen widerstehen dem Steinschlag besser.
- Der Helm muss fest auf dem Kopf sitzen und schützt nur mit geschlossenem, korrekt eingestelltem Riemen. Die Passform ist wichtiger als die Marke.

Notfalls schützt auch ein Velohelm recht gut vor Sturzverletzungen, nicht aber bei Steinschlag. Bei kleinen Kindern haben Velohelme oft die bessere Passform als Kletterhelme.

Ältere Helme aus nicht alterungsbeständigen Kunststoffen sind zu ersetzen, da sie schon bei geringsten Belastungen zerbrechen.

Das Tragen eines Helms ist besonders sinnvoll:
- Auf Hochtouren mit Felspassagen.
- Auf Mehrseillängen-Klettereien.
- Beim Vorstieg im Klettergarten, vor allem für weniger geübte Kletterer (flacheres und damit wenig «sturzfreundliches» Gelände, keine Erfahrung im Stürzen).
- Generell beim Sichern und Klettern in brüchigem Fels.

Karabiner

Karabiner werden aus einer hochwertigen Aluminiumlegierung gefertigt. Mit geschlossenem Schnapper halten sie in Längsrichtung jeder beim Klettern möglichen Belastung stand (Norm: 20 kN, also ca. 2'000 kg für Normal-Karabiner).

Verschlusssicherung

Überall dort, wo wir nur an einem einzigen Karabiner gesichert sind (Befestigung von Sicherungsgeräten, HMS, Zentralkarabiner am Stand, Selbstsicherung am Abseilstand usw.) verwenden wir einen Karabiner mit Verschlusssicherung. Nebst der üblichen Schraubverschlusssicherung existieren noch Systeme, die sich automatisch verriegeln (z.B. Twistlockverschluss).

↷ Für die HMS eignen sich nur grosse, birnenförmige Karabiner. Als Verschlusssicherung geeignet sind z.B. Schraubverschluss, Ball Lock und Twistlock Plus. Beim (normalen) Twistlockverschluss besteht die Gefahr, dass er vom durchlaufenden Bremsseil geöffnet wird.

HMS-Karabiner. «Belay Master» (Mitte) oder «Roblotape» (rechts) verhindern ein ungewolltes Verdrehen des Karabiners.

Querbelastung

Bei Quer- oder Knickbelastung kann jeder Karabiner brechen. Solche Belastungen verhindern wir durch korrektes Positionieren der Karabiner (siehe S. 201).

⇨ Ist eine ungünstige Belastung des Karabiners nicht auszuschliessen (z.B. Klettersteig, Anseilen auf dem Gletscher mit Karabiner), verwenden wir zwei Karabiner.

Schnapper-offen-Festigkeit

Die meisten Karabinerbrüche erfolgen bei offenem Schnapper und damit drastisch reduzierter Festigkeit (Norm: 7 kN, also ca. 700 kg für Normal-Karabiner). Bei einem Sturz kann der Karabiner, durch den das Seil läuft, mit hoher Geschwindigkeit auf den Fels schlagen. Dabei öffnet sich der Schnapper zur Zeit der Sturzbelastung für einen Sekundenbruchteil. Wir reduzieren dieses Risiko, indem wir unten in der Expressschlinge einen Karabiner mit folgenden Eigenschaften benutzen:
- Hohe Schnapper-offen-Festigkeit. So führt eine Schnapper-offen-Belastung seltener zum Bruch.
- Drahtschnapper und strenge Feder. Damit ist das Verhältnis von Massenträgheit des Schnappers (treibende Kraft zum Öffnen des Schnappers) zur schliessenden Federkraft am kleinsten, und der Karabiner öffnet sich seltener.

Expressschlingen

ℹ Korrektes Einhängen der Expressschlingen siehe S. 200.

- Karabiner mit geradem, massivem Schnapper verfangen sich seltener am Haken. An diesem Karabiner hängen wir die Expressschlinge an den Klettergurt und in den Haken ein.
- Durch den unteren Karabiner läuft das Seil. Er wird mittels Gummi oder enger Naht in der richtigen Position an der Expressschlinge fixiert. Ideal ist ein Karabiner mit Drahtschnapper und hoher Schnapper-offen-Festigkeit.
- Die Schnapper beider Karabiner schauen auf dieselbe Seite. Nur so können wir verhindern, dass in Quergängen einer der Schnapper gegen den Fels zu liegen kommt.

☝ Etwas längere Expressschlingen vermindern die Seilreibung bei langen Seillängen oder stark zueinander versetzten Zwischensicherungen.

Reepschnüre und Schlingen

Reepschnüre und Bandschlingen sind für Befestigungen geeignet. Sie dürfen niemals als Kletterseil verwendet werden, weil sie infolge ihrer geringen Dehnung die Sturzenergie nicht absorbieren.

Reepschnüre

Wie Bergseile sind auch Reepschnüre Kern-Mantel-Konstruktionen aus Polyamid (siehe S. 132). Ein Knoten reduziert die Festigkeit um ca. 50%.
- Reepschnüre am besten mit Achterknoten in Ringform oder doppeltem Spierenstich knüpfen.
- Bei Sturzbelastungen: Reepschnüre von mind. 8 mm Durchmesser (als Schlinge, d.h. im doppelten Strang) oder dünnere mehrfach.

Knotenfestigkeit von Seilen und Reepschnüren

	ungefähre Festigkeit (% vom einfachen Strang)	Beschreibung
	100%	einfacher Strang gemäss Norm: 5 mm: 5,0 kN 6 mm: 7,2 kN 8 mm: 12,8 kN
	50%	«Anseilbelastung»
	100%	geknüpfte Schlinge
	200%	geknüpfte Schlinge, doppelt

▷ Die Knotenfestigkeit des Führerknotens ist besonders klein → besser Achterknoten verwenden.

Bandschlingen

Vernähte Bandschlingen

Vernähte Bandschlingen sind leicht und handlich. Sie erreichen nur als Ring die aufgedruckte Festigkeit.
Die breiten, farbigen Bänder bestehen aus Polyamid.
Dünne Bänder sind aus Polyäthylen gefertigt, entweder rein oder als Mischgewebe mit Polyamid. Sie werden im Fachhandel als «Dyneema»- oder «Spectra»-Schlingen angeboten. Polyäthylen erkennen wir an der weissen Farbe und der extrem glatten Oberfläche. Es hat folgende Eigenschaften:
- Etwa fünfmal höhere Festigkeit als Polyamid.
- Die Oberfläche ist so glatt, dass die Knoten unter Belastung kriechen. Polyäthylenbänder sind deshalb nur als vernähte Schlingen erhältlich und sollen nicht geknotet werden.
- Der Schmelzpunkt ist mit 140 °C wesentlich tiefer als bei Polyamid (250 °C). Dies erhöht die Gefahr von Schmelzverbrennungen.

Knotenfestigkeit vernähter Bandschlingen

	ungefähre Festigkeit (% im Vergleich zum knotenfreien Ring)	Beschreibung
	100%	Schlinge als Ring. Norm: 22 kN (ca. 2'200 kg)
	25%	«Anseilbelastung» auf Einzelstrang
	50%	Polyamid
	40 %	Mischgewebe, Achterknoten
	-- (Knoten kriecht)	Mischgewebe, Führerknoten
	-- (Knoten kriecht)	Polyäthylen
	60%	Ankerstich

Werte bei statischer Belastung gemessen *[DAV-Sicherheitskreis, 2005]*.

> Wir empfehlen, in Bandschlingen aus Polyäthylen grundsätzlich keine Knoten zu knüpfen, denn diese können schon bei geringer Belastung kriechen. Ein Durchschmelzen der Schlinge ist dabei nicht ausgeschlossen.

▷ Schon kleine Verletzungen mindern die Festigkeit von Bandschlingen stark → rechtzeitig ersetzen!

Schlauchband (offene Bandschlingen)

Schlauchbänder bestehen aus Polyamid. Die erreichte Bruchfestigkeit wird durch Kennfäden auf der Schlinge gekennzeichnet (pro Kennfaden 500 kg[4]). Zur dauerhaften Verbindung eignen sich Achter- bzw. Führerknoten («Bandschlingenknoten») jeweils in der Ringform. Sie reduzieren die Festigkeit um etwa ein Viertel bzw. ein Drittel, andere Knoten oft um mehr als die Hälfte.

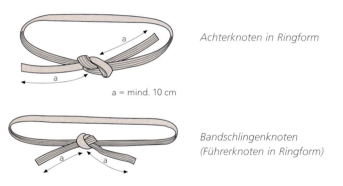

Achterknoten in Ringform

a = mind. 10 cm

Bandschlingenknoten (Führerknoten in Ringform)

---

[4] Korrekt: 5 kN

Rücklaufsperren und Steigklemmen

Beim Aufstieg am Fixseil oder in der Rettungstechnik können wir Klemmknoten oder improvisierte Rücklaufsperren (siehe S. 142) durch spezifische Geräte ersetzen und damit Reibung und Wegverluste klein halten. Aus der Vielzahl an Geräten empfehlen wir die kleinsten, weil wir diese am ehesten mitführen.

⇨ Die meisten Klemmen funktionieren nicht bei allen Seildurchmessern und halten keiner Sturzbelastung stand (Gebrauchsanweisung beachten).

Tibloc

- Leichteste Klemme (39 g), minimale Reibung.
- Greift nicht in jeder Position. Als Rücklaufsperre beim Flaschenzug ungeeignet.

⇨ Tibloc kontrolliert belasten und sicherstellen, dass es greift. (Sonst kann das Seil extrem schnell durchrutschen. Wenn das Tibloc danach plötzlich doch greift, droht ein Mantelriss des Seils.)

 Tibloc nur in Karabiner mit *rundem* Querprofil verwenden.

Ropeman

- Schwerer (85 g) und mehr Reibung als Tibloc.
- Universell einsetzbar, zuverlässig.

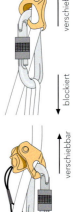

Pickel

Allroundpickel

Für die meisten Touren genügt ein leichter «Allroundpickel» mit leicht gekrümmter Stahlhaue.

- Je schwieriger die Tour, desto kürzer der Pickel. Üblich sind 55 bis 65 cm.
- Zum Ritzen und Stufenschlagen muss der Pickel ein gewisses Gewicht und einen guten «Zug» haben. Dabei stört eine am Pickel befestigte Handschlaufe.
- Die EN-Norm definiert zwei Kategorien von Pickeln (B für Basic, T für Technical). Für Verankerungen (T-Schlitz, Abalakow-Schlinge) bevorzugen wir Pickel, die der strengeren T-Norm genügen.
- Pickel mit Aluminium-Hauen sind im Eis ungeeignet.

Haue
Schaufel
Schaft
Spitze

Steileispickel

Im steileren Eis verwenden wir einen oder besser zwei Steileispickel mit stark gekrümmter Haue.

- Länge: ca. 50 cm.
- Bei zwei Pickeln je einen mit Hammer und Schaufel.
- Mit Handschlaufe kombinierbar.
- Ein gekrümmter Schaft steht am Eis weniger an, lässt sich aber schlechter in den Schnee einrammen (dazu benötigt ein Pickel eine richtige Metallspitze ohne Haltebügel).

demontierbarer Haltebügel

Steileispickel mit demontierbaren Haltebügeln eignen sich sowohl für schwierige Hochtouren als auch für Eisfälle.

Nachschleifen der Haue siehe «Bergsport Winter», Kapitel «Steileis- und Mixedklettern».

Steigeisen

An «bedingt steigeisenfesten» oder «steigeisentauglichen» Schuhen halten nur Steigeisen mit Riemenbindung. Mit steigeisenfesten Bergschuhen bevorzugen wir die Kipphebel-Bindung.
Die Steigeisen unterscheiden sich vor allem in den vorderen Zacken:
- Je stärker das zweite Zackenpaar nach vorne gerichtet ist, desto besser greift es im steilen Eis. Allerdings steigt damit auch das Risiko, am anderen Bein einzuhängen und zu stolpern.
- Horizontale Frontzacken sind üblich und geben besseren Halt im Schnee.
- Vertikale Frontzacken mit Zahnung an der Unterseite sind nur im Steileis geeignet.

Antistollplatten verhindern die gefährliche Stollenbildung weitgehend und gehören an jedes Steigeisen.

Aluminium-Steigeisen sind höchstens für leichtere, reine Schneetouren geeignet.

Steigeisen mit horizontalen Frontzacken, Kipphebelbindung und Antistollplatte.

Eisschrauben

Nur geprüfte Schrauben in Rohrform (EN 568 oder strengere UIAA 151) garantieren eine genügende Festigkeit und halten bei mindestens 14 cm Länge in gutem Gletschereis über 15 kN (ca. 1'500 kg).
- Kürzere Schrauben werden bei dünnen Eisauflagen eingesetzt, halten aber deutlich weniger.
- Nur gut geschliffene Qualitäts-Eisschrauben aus Stahl und mit Kurbel lassen sich in jedem Eis rasch und mit einer Hand eindrehen.

Zum Bohren von Eissanduhren eine lange Eisschraube mitführen (mind. 20 cm).

Beschädigte Zähne vom Hersteller nachschleifen lassen (über Bergsporthandel).

[i] Verankerungen in Schnee und Eis siehe Kapitel «Hochtouren».

Notfallausrüstung

Kommunikationsmittel

Abseits von Seilbahnen und Passstrassen sind die Schweizer Alpen von den Mobilfunknetzen nur schlecht abgedeckt. Wir empfehlen, nebst dem Handy auch ein Notfunkgerät mitzuführen.

Apotheke

Inhalt siehe Checkliste auf S. 298.

Biwaksack

Der Biwaksack leistet zum Schutz vor Unterkühlung gute Dienste. Eine Rettungsdecke ist bei starkem Wind nur bedingt einsetzbar.

SAC – Bergsport Sommer

Planen & Entscheiden

Tourenplanung 82
Entscheidungsfindung 94

Tourenplanung

Die Tourenplanung ist der Schlüssel zum erfolgreichen und sicheren Bergsteigen. Sie erspart uns viele gefährliche Situationen und Schindereien. Es lohnt sich, dafür genügend Zeit zu investieren.

Ziel der Tourenvorbereitung ist unter anderem, eines der folgenden Urteile zu erhalten:

- *Ja,* die Tour sollte (aus jetziger Sicht!) problemlos möglich sein.
- *Ja, aber nur mit Einschränkungen* (z.B. Fixseil anbringen, nach folgende Seilschaften in der Schlüsselseillänge von oben sichern).
- *Nein,* diese Tour geht nicht. Wir müssen jetzt schon eine andere Tour suchen.
- *Noch kein Entscheid möglich* (weil wir z.B. noch nicht wissen, ob in einer Firnflanke auch tatsächlich Trittschnee liegt). Den Entscheid dürfen wir nur dann aufschieben, wenn *alle* folgenden Fragen zufriedenstellend beantwortet werden können. Sonst müssen wir auf die Tour verzichten.
  - An welcher Stelle oder bis wann müssen wir uns entschieden haben?
  - Haben wir die nötigen Zusatzinformationen bis dahin zur Verfügung?
  - Welche Alternativen haben wir, wenn die Tour nicht geht?

Ablauf der Tourenplanung

Folgendes Vorgehen hat sich bewährt:

Grobplanung

In einer ersten Phase planen wir die Schritte 1 bis 3 (siehe unten). Findet die Grobplanung lange vor der Tour statt (etwa beim Erstellen eines Tourenprogramms), so können wir erst die Route abschliessend beurteilen. Wir halten aber jetzt schon fest, wie die Verhältnisse sein müssen und wer auf diese Tour mitkommen kann. In der Feinplanung kurz vor der Tour vergleichen wir diese Bedingungen mit den tatsächlichen Verhältnissen und Teilnehmern.

Feinplanung

Kurz vor der Tour gehen wir die Schritte 1 bis 5 detailliert durch und berücksichtigen dabei die momentanen Verhältnisse und tatsächlichen Teilnehmer.

Rollende Planung

Mit dem Tourenstart geht die Feinplanung in die rollende Planung unterwegs über.

Tourenauswertung

Ein Vergleich der durchgeführten Tour mit unserer Planung hilft, Erfahrungen zu sammeln.

Die einzelnen Schritte der Tourenplanung

1) Informationen sammeln

Route
Wir machen uns mit der Tour vertraut und sammeln die erforderlichen Informationen. Wir verfolgen die Route im Gebietsführer oder im Topo des Kletterführers, bestimmen grob die kritischen Stellen und schätzen den Zeitbedarf. Den Zu- und Abstieg zeichnen wir auf der Landeskarte 1:25'000 ein.

Verhältnisse
Wir informieren uns über die aktuellen Wetter- und Schneeverhältnisse und halten sie auf dem Planungsformular fest.

Mensch
Sind alle Teilnehmer den technischen und konditionellen Fähigkeiten der Tour gewachsen, und was kann ich als Leiter beitragen? Besitzen wir die nötige Ausrüstung?

Vergleich
Passen in einem ersten Vergleich Route, Verhältnisse und Mensch zusammen, planen wir weiter. Sonst suchen wir schon jetzt ein geeigneteres Ziel.

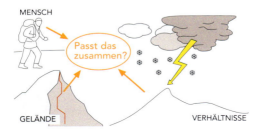

2) Schlüsselstellen

Wir suchen die ganze Tour systematisch nach Schlüsselstellen ab und überlegen uns für jede dieser Stellen, ob und wie wir sie bewältigen können, und welches Material wir dazu benötigen. Vielleicht stellen wir fest, dass eine Passage nur unter bestimmten Bedingungen begehbar ist, z.B. wenn die Sicht auf einem spaltenreichen Gletscher gut ist oder in einer steinschlaggefährdeten Rinne noch Schnee liegt. Solche Bedingungen müssen wir festhalten und vor der jeweiligen Passage kontrollieren. Zudem stellen wir taktische Überlegungen an, z.B. zur Zusammenstellung und Reihenfolge der Seilschaften.

Schlüsselstellen einer Tour können schwierige Stellen oder auch Gefahren sein, z.B.:

- Technische Schwierigkeiten in Fels oder Eis.
- Absturzgefahr an Orten, wo wir nicht sichern können oder wollen, z.B. im Schrofengelände oder in einer Firnflanke.
- Gletscherspalten, besonders bei schlechter Sicht, Neuschnee oder durchweichter Schneedecke.
- Orientierung, z.B. ein komplizierter Routenverlauf in einer Flanke, evtl. am Morgen noch im Dunkeln.

3) Varianten und Entscheidungspunkte

Was machen wir, wenn die Verhältnisse schlechter sind als angenommen, wenn eine Bedingung zum Begehen einer Schlüsselstelle nicht erfüllt oder ein Teilnehmer überfordert ist? Damit wir in solchen Fällen nicht mangels Alternativen an unserem ursprünglichen Plan festhalten, planen wir verschiedene Varianten. Das kann z.B. eine leichtere Route am selben Berg sein oder ein einfacheres Tourenziel im gleichen Gebiet.

Vor Schlüsselstellen, bei Verzweigungen zu Varianten und an möglichen Umkehrpunkten (z.B. vor dem Abseilen in eine Scharte, aus der es kein Zurück mehr gibt) müssen wir uns für die eine oder andere Möglichkeit entscheiden. Wichtig ist, dass wir diese Entscheide bewusst fällen. Dazu hilft es, die Entscheidungspunkte bei der Planung festzulegen und auf der Karte oder in der Routenskizze einzuzeichnen. Idealerweise werden Entscheidungspunkte so gesetzt, dass die folgende Schlüsselstelle eingesehen werden kann und mit einer Pause kombiniert. Ohne Stress entscheiden wir besser (siehe S. 100, Abschnitt «Entscheidungen treffen»).

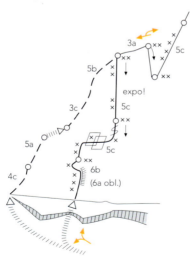

4) Touren- und Zeitplan

Wann starten wir, wann müssen wir spätestens zurück sein und wie viel Zeit benötigen wir für die Tour?
Die Zeitangabe entnehmen wir in erster Linie der Routenbeschreibung. Die in den SAC-Hochtourenführern angegebenen Zeiten sind knapp. Bei ungünstigen Verhältnissen oder mit Gruppen benötigen wir oft das Doppelte, bei Überforderung gar ein Vielfaches davon.
Bei Sportklettereien wird im Topo meistens keine Zeit angegeben. Als grobe Richtlinie gilt ½ Stunde pro Seillänge und deutlich mehr, wenn die Kletterei anhaltend schwierig ist oder wir selber absichern müssen. Im Kalk benötigen wir normalerweise etwas mehr Zeit als im Granit. Zum Abseilen auf einer gut eingerichteten Abseilpiste rechnen routinierte Seilschaften mit 5 bis 10 Minuten pro Abseilstelle.

Zeitberechnung

Für Touren ohne technische Schwierigkeiten wenden wir folgende Faustformeln an:

Aufstieg
Pro km Distanz und pro 100 Höhenmeter benötigen wir je ca. ¼ Stunde. Damit gilt:

$$\text{Zeit (h)} = \frac{\text{Höhendifferenz (m)}}{400} + \frac{\text{Horizontaldistanz (km)}}{4}$$

Abstieg
Pro km Distanz und pro 200 Höhenmeter je ca. ¼ Stunde.

Pausen, Reserve
Zusätzlich müssen wir noch die Zeit für Pausen und Unvorhergesehenes einberechnen. Bei grossen Gruppen, Anfängern oder schlechter Organisation von Essen, Trinken, Kleiderwechsel, Anseilen, Steigeisen anziehen usw. werden die Unterbrechungen zu Zeitfressern. Normalerweise rechnen wir pro Pause 15 bis 20 Minuten.

Beispiel:
Wildstrubel von Lämmerenhütte: 800 Höhenmeter Aufstieg und 4 km Distanz.
Gletscher ohne technische Schwierigkeiten.

Aufstiegszeit = $\dfrac{800 \text{ Höhenmeter}}{400} + \dfrac{4 \text{ km}}{4}$ = 3 h

Abstiegszeit = $\dfrac{800 \text{ Höhenmeter}}{800} + \dfrac{4 \text{ km}}{4}$ = 2 h

Pausen: 2 x ¼ h im Aufstieg, ½ h auf Gipfel 1 h
Total: 6 h

Die bestimmten Zeiten tragen wir ins Planungsformular ein.

Teilnehmer

Wer kommt mit, und wie ist die Gruppe organisiert? Sind die schwächsten Teilnehmer und der Leiter den Anforderungen der Tour gewachsen? Sind genügend fähige Seilschaftsführer vorhanden?
Wir bestimmen den Treffpunkt und informieren alle Teilnehmer.

Material

Was benötigt jeder einzelne, was die Seilschaften und was führen wir als Gruppenmaterial mit? Die Checklisten im Anhang helfen, nichts zu vergessen.

5) Kontrolle

Wir gehen die gesamte Tour nochmals durch. Wir kontrollieren, ob wir das nötige Material eingeplant haben und überlegen, was alles schief gehen könnte und was wir dagegen unternehmen müssen.
Am Schluss füllen wir die Risikobox aus und beantworten die sechs Fragen auf dem Planungsformular.

Rollende Planung unterwegs

Bei der Planung haben wir Annahmen getroffen. Unterwegs überprüfen wir diese mit den angetroffenen Verhältnissen, und wir ziehen die nötigen Konsequenzen. Sind die tatsächlichen Verhältnisse schlechter, so müssen wir auf eine angepasste, vorher geplante Variante zurückgreifen oder die Tour abbrechen. Die Entscheidungen fällen wir bewusst und gemäss Abschnitt «Entscheidungsfindung».

Das Offenlegen der wichtigsten Gedanken hilft, dass die Entscheidungen von der Gruppe mitgetragen werden.

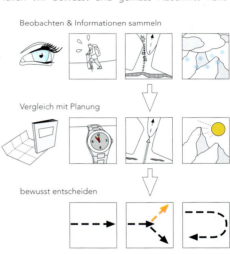

Auswertung nach der Tour

Die Tourenauswertung hilft, unsere Planung immer weiter zu perfektionieren. Ohne Tourenauswertung sammeln wir nur wenig Erfahrung.
Auch mit einer seriösen Tourenplanung stimmen unsere Vorstellungen nicht immer mit der am Berg angetroffenen Realität überein. Wir überlegen, ob etwas Unerwartetes oder Gefährliches eingetreten ist und vergleichen die effektive Tour mit unserer Planung. Was ist die wichtigste Erfahrung, was wollen wir uns merken? Interessant ist auch eine Diskussion der unterwegs gefällten Entscheidungen. Weil nach der Tour oft andere Gruppenphänomene massgebend werden, sehen wir die Sache im Nachhinein manchmal völlig anders.

Planen & Entscheiden **89**

Tourenplanungsformular Sommer

Tour:
Leiter:
Datum:

Treffpunkt: Ort _____ Zeit _____

Teilnehmer

	Name, Ort	Telefon (Mobile)	E-Mail
1			
2			
3			
4			
5			

Zeitplan

Ort	Uhrzeit	Höhe (m ü.M.)	Höhenmeter +/-	Distanz (km)	Schwierigkeit	Seillängen	Abseilen	Zeitbedarf (h)	Bemerkung
Start:									
Tal, Hütte:									

Infos aus Wetterbericht
Welche Region interessiert uns?
Ist die Prognose aktuell? Datum:

- Tel. 162 (fünf Mal täglich aktualisiert, Fernprognose nur 11.45 Uhr)
- Alpenwetterbericht Tel. 0900 552 138 (täglich 15.30 Uhr)
- www.nzz.ch/wetter

[i] Weitere Wetterberichte siehe S. 299.

Sonne/Wolken

- ☐ sonnig
- ☐ teilweise sonnig/bewölkt
- ☐ stark bewölkt

Niederschlag

- ☐ wenig
- ☐ zeitweise
- ☐ ergiebig / intensiv

Gewitter

- ☐ einzelne
- ☐ verbreitet oder heftig

Ab wann

Temperatur

Nullgradgrenze _____ m.ü.M.
Schneefallgrenze _____ m.ü.M.

Windstärke

- ☐ schwach
- ☐ mässig
- ☐ stark
- ☐ stürmisch

Wind aus Richtung:

Veränderung des Wetters

| im Tagesverlauf: | ↗ ☐ | → ☐ | ↘ ☐ |
| auf Folgetag: | ↗ ☐ | → ☐ | ↘ ☐ |

Zusätzliche Infos

Von wem?
(Hüttenwart, Bergführer, Kollege, Internet, eigene Beobachtung)
- ☐ Es liegt *Neuschnee*.   Wie viel?_____ Von wann?_____
- ☐ Wo gibt es *heikle Passagen*?_____
- ☐ *Tour wurde gespurt*.   Wann?_____ Wer?_____

Besonders bei Hochtouren oder Gewitterneigung:
Wann müssen wir spätestens auf der Hütte/im Tal sein?_____
Empfohlene Startzeit?_____

Risikobox

Die Risikobox veranschaulicht qualitativ das auf einer geplanten Tour eingegangene Risiko. Beim Ausfüllen vergleichen wir automatisch und mit System die verschiedenen Faktoren Gelände, Verhältnisse und Mensch miteinander.
Wir beurteilen jeden einzelnen Punkt auf der Skala von «optimal» bis «schlecht», bzw. von «für mich / uns leicht» bis «persönliches Limit» und tragen am entsprechenden Ort ein Kreuz in die Box ein. Je nach Tour und Zusammensetzung der Gruppe beurteilen wir die einzelnen Punkte für den Leiter, die Seilführer, die gesamte Gruppe oder den schwächsten Teilnehmer:
- Die Orientierung für den Leiter.
- Sportklettereien mit einer schwierigen Stelle zwischen den Haken und Eisfälle eher aus der Sicht des Seilführers.
- Hochtouren und den Zeitplan für alle Mitglieder der Seilschaft / Gruppe.
- Die konditionellen Anforderungen eher für den schwächsten Teilnehmer.

Stellen wir uns die gemachten Kreuzchen als Gewichtssteine vor, so sehen wir rasch, wie stabil die gesamte Box auf der Unterlage steht:

Box steht stabil auf der Unterlage:	Risiko ist meistens relativ klein.
Box ist fast am Kippen:	«Oranger Bereich» mit erhöhtem Risiko
Box stürzt ab:	Hohes Risiko, Verzicht empfohlen.

⇨ Alle Punkte, zu denen wir keine näheren Informationen haben, als ungünstig annehmen! Damit schützen wir uns vor bösen Überraschungen und motivieren uns gleichzeitig, die fehlenden Informationen zu beschaffen.

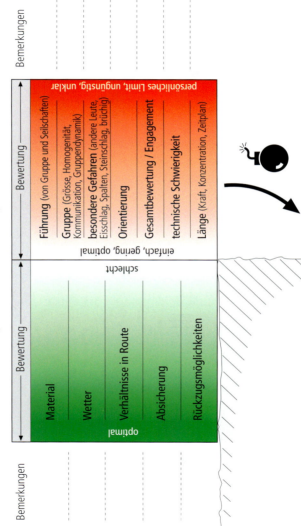

Risikobox: Viel Rot braucht auch viel Grün, sonst stürzt die Box ab, was im Allgemeinen auf ein (zu) hohes Risiko der geplanten Tour hinweist.

Beispiel Hochtour: Jungfrau, Rotbrättgrat

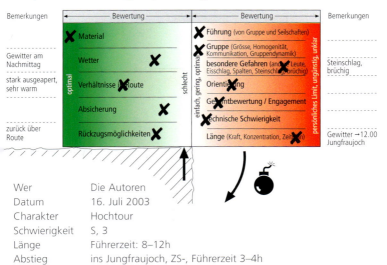

Wer	Die Autoren
Datum	16. Juli 2003
Charakter	Hochtour
Schwierigkeit	S, 3
Länge	Führerzeit: 8–12h
Abstieg	ins Jungfraujoch, ZS-, Führerzeit 3–4h

Beispiel Klettertour: Jungfrau-Rotbrätt, «Fätze u Bitze»

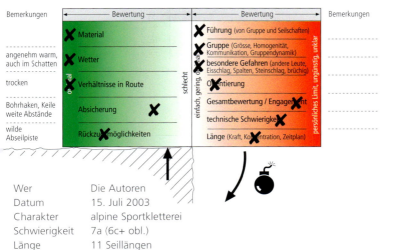

Wer	Die Autoren
Datum	15. Juli 2003
Charakter	alpine Sportkletterei
Schwierigkeit	7a (6c+ obl.)
Länge	11 Seillängen
Abstieg	wilde Abseilpiste, ab 5. Seillänge

Fragen zur Tourenplanung

Die Tour ist gut vorbereitet, wenn wir diese sechs Punkte mit «ja» beantworten können:
- ☐ Der Routenverlauf ist mir klar, und ich habe ihn mir eingeprägt.
- ☐ Ich habe die Schlüsselstellen erkannt und eine gute Taktik für diese.
- ☐ Ich habe Alternativen, falls meine Vorstellung nicht der Realität entspricht.
- ☐ Mein Tourenplan ist realistisch (Zeitplan, persönliches Können, Ausrüstung usw.).
- ☐ Die aktuellen Verhältnisse erlauben diese Tour, und ich habe ein gutes Gefühl.
- ☐ Die Leitung der Gruppe ist klar geregelt. Alle Gruppenmitglieder sind informiert und motiviert.

[i] Kopiervorlagen zum Planungsformular (A4) können unter www.sac-cas.ch heruntergeladen werden. Ausrüstungs-Checklisten siehe S. 297.

Entscheidungsfindung

Experte: Bernhard Streicher, Dr. Psychologe, Lehrstuhl für Sozialpsychologie Universität München.

Hier geht es nicht um die Frage «*Wie* begehen wir diesen frisch verschneiten Grat», sondern *warum* wir ihn begehen. Was können wir dabei gewinnen, was verlieren? Und wer hat eigentlich entschieden, dass wir ihn überhaupt erklettern?

Menschliche Eigenschaften

Sinnestäuschungen

Unsere Wahrnehmung ist nicht objektiv, sondern wir lassen uns leicht täuschen. Einige Beispiele:
- Blauer Himmel und Sonnenschein vermitteln uns ein höheres Sicherheitsgefühl als Sturm und Nebel.
- Nach einer steilen Klettertour erscheint uns das Schrofengelände am Einstieg viel flacher als zuvor beim Zustieg.
- Im Gegenlicht erscheint uns ein Hang steiler, in der Sonne flacher als er wirklich ist.

Selektive Wahrnehmung

Wir können weder die ganze Umgebung wahrnehmen, noch alle erhaltenen Informationen verarbeiten. Vielmehr machen wir uns eine bestimmte Sicht der Wirklichkeit, die zwar nicht korrekt, aber fürs tägliche Leben ausreichend genau und verlässlich ist.

Von der Richtigkeit unserer Sicht sind wir überzeugt, und wir haben die Tendenz, daran festzuhalten. Unbewusst suchen wir diejenigen Informationen, die unsere Sicht bestätigen und verdrängen andere, die unserer Sicht widersprechen oder die wir nicht einordnen können. Besonders stark ist diese selektive Wahrnehmung bei festen Überzeugungen und nach gefällten Entscheiden. Nach einer Fehlentscheidung sind wir daher besonders gefährdet, warnende Hinweise auszublenden und stur an unserem (falschen) Plan festzuhalten.

Unerfahrene sind oft gar nicht in der Lage, kritische Situationen zu erkennen. Erfahrene, gut ausgebildete Personen können sich bereits mit lückenhaften Informationen ein oft zutreffendes Bild machen. Diesem rasch gefällten Urteil vertrauen sie danach aber zu stark und es bedarf sehr vieler widersprüchlicher Informationen, bis sie wieder davon abweichen.

Entscheiden als Einzelperson

Nachdem schon die Wahrnehmung als Grundlage für unsere Entscheide selektiv ausgefallen ist, können wir auch nicht alle wahrgenommenen Informationen auswerten.

Wir sind nicht nur rationalen Wesen. Unsere Entscheidungen werden immer auch von unseren Gefühlen und Wünschen beeinflusst. Und den Gipfel zu erreichen entspricht nun mal besser unseren Wünschen als kurz darunter umzukehren.

Das Wichtigste ist, dass wir die Entscheide bewusst fällen. Wenn wir vergegenwärtigen, dass wir auf der Tour noch zu entscheiden haben, öffnen wir unsere Sinne weiter und sammeln mehr Informationen, als wenn wir keine Alternative ausser Umdrehen haben (und uns noch nicht einmal damit auseinandergesetzt haben).

▷ In der Tourenplanung festgelegte Entscheidungspunkte und Kriterien helfen, Entscheidungen bewusst zu fällen.

Entscheidungsfreiheit

Voraussetzung zum Entscheiden ist der Besitz der vollen Entscheidungsfreiheit. Besonders bei Überschreitungen und auf Touren ohne Abseilmöglichkeit haben wir uns rasch in eine Sackgasse manövriert, doch auch durch vorschnelle Ver-

sprechungen oder strukturelle Bedingungen können wir unsere Entscheidungsfreiheit verlieren:
- Am späteren Nachmittag, nach 10 Stunden Gratüberschreitung, stehen wir vor einer schwierigen, nicht absicherbaren Stelle.
- Wir sind noch vor den ersten Sonnenstrahlen durch ein steinschlaggefährliches Couloir aufgestiegen. Wenn wir den Gipfel nicht erreichen, müssen wir am Nachmittag durch dieses wieder absteigen.
- Einem Leiter wird eine Belohnung versprochen, wenn er alle auf den Gipfel bringt.
- Um die Teilnehmer zu motivieren, hat ihnen der Tourenleiter eine tolle Rundsicht vom Gipfel versprochen – aber kurz unterhalb des Gipfels ist plötzlich ein Gewitter im Anzug.

Escalation of Commitment

Je mehr Energie wir in ein Vorhaben investiert haben, desto eher sind wir versucht, weiter zu machen, auch wenn es längst keinen Sinn mehr macht. Wir gehen nochmals einen Schritt weiter in der Hoffnung, dass doch noch alles gut wird und sich damit auch alle bisherigen Aufwendungen gelohnt haben. Besonders schwierig ist deshalb die Umkehr kurz unter dem Gipfel eines grossen Bergs.

Die Erfahrung kann täuschen

Glücklicherweise hat beim Bergsteigen nur ein geringer Teil der Fehlentscheidungen fatale Folgen. Dieser Mangel an negativen Konsequenzen vermittelt leicht ein trügerisches Sicherheitsgefühl, denn wir reduzieren nur dasjenige Risiko, das wir auch tatsächlich wahrgenommen haben. Wir laufen Gefahr zu lernen, dass sich sorgloses Verhalten beim Bergsteigen bewährt und handeln nach dem Motto: «Es ist nichts passiert, also war es nicht gefährlich». Besonders in uns gut vertrauten Gebieten tendieren wir dazu, jedes Mal ein bisschen näher ans Limit zu gehen.

Gruppenphänomene

In einer Gruppe werden die Entscheidungsfindung und die Situationseinschätzung stark durch zwischenmenschliche Mechanismen beeinflusst.
Innerhalb einer Gruppe bilden sich Hierarchien und Verhaltensmuster. Diese Gruppenstandards sind, unabhängig von ihrer Richtigkeit, resistent gegen Änderungen jeglicher Art. Jedes Handeln gegen diese Standards führt zu Widerstand innerhalb der Gruppe. Je nach Gruppe können diese Standards übervorsichtig oder auch sehr risikoreich sein.
Unabhängig von ihrer fachlichen Kompetenz haben dominante Personen einen erheblichen Einfluss auf die Gestaltung von Gruppenstandards. Dagegen werden Informationen von zurückhaltenden Mitgliedern oder solchen mit niedrigem Sozialstatus (z.B. Aussenseiter, ewiger Nörgler) nur selten berücksichtigt.

Problematik demokratischer Gruppenentscheide

Mehr Augen sehen mehr, viele Leute haben mehr Erfahrung. Trotzdem fallen von einer Gruppe nach gemeinsamer Diskussion getroffene Entscheide oftmals extrem aus: übervorsichtig oder sehr riskant. Das Ergebnis eines Gruppenentscheids ist nämlich weniger von den Positionen der einzelnen Personen, als von den etablierten Gruppenstandards abhängig.
Zudem sollte nicht die Mehrheit, sondern die besseren Argumente zählen.

Trügerisches Sicherheitsgefühl

Gruppen vermitteln uns das Gefühl von Schutz und Geborgenheit. Der Druck der Verantwortung verteilt sich auf mehrere Schultern, womit die eigene

Verantwortung kleiner wird. Weil sich jeder einzelne weniger exponiert fühlt, gehen wir in einer Gruppe leicht ein höheres Risiko ein. Dieser «Risky Shift» wird vor allem bei Gruppen ab ca. vier Personen beobachtet.

Gruppendruck

Gruppen setzen sich selbst unter erheblichen Erwartungs- und Entscheidungsdruck. Besonders ausgeprägt ist dies bei Gruppen, die
- stark auf Harmonie bedacht sind («wir wollen alle...»);
- starre Regeln haben («wir machen unsere Touren bei allen Verhältnissen...»);
- sich stark über Vergleiche definieren («wir sind besser, schneller als die anderen...»).

Gruppendruck verändert die Wahrnehmung und das Verhalten. Auch der Leiter ist Teil der Gruppe, und es wäre eine Illusion zu glauben, er könnte sich diesem Druck willentlich entziehen («Ich entscheide frei, ich lasse mich nicht unter Druck setzen...»). Erfolgsversprechender ist es, sich schon bei der Gruppenbildung für sichere Gruppenstandards einzusetzen.

Angenehme Gruppensituationen

Von sich aus trifft eine Gruppe keine Entscheide, die ihre eigene, soziale Existenz gefährden. Ausser im Konfliktfall ist eine Gruppe stets bemüht, interne Spannungen zu vermeiden und ein angenehmes Gruppenklima zu bewahren – auch auf Kosten der Sicherheit.

Unklare Verantwortungsverteilung

Unabhängig davon, ob es einen formalen Leiter gibt oder nicht, interessiert die Frage, wie Entscheidungen getroffen werden und von wem. Gefährlich sind vor allem unklare, nicht offen ausgesprochene Entscheidungen, weil sie eine unklare Verantwortungsverteilung begünstigen, die ihrerseits gerne zu weiteren unklaren Entscheidungen beiträgt.

Besonders gefährdet für unklare Verantwortungsaufteilungen sind auch Gruppen mit mehreren Tourenleitern, die sich untereinander nicht über ihre Aufgabe abgesprochen haben.

Typische Verantwortungsdiffusion: Es ist unklar, wer die Verantwortung trägt und wer die Entscheidungen fällt.

Direktive Führung

Der Leiter entscheidet alleine und kontrolliert die Umsetzung seiner Anordnungen. Bei grossen Niveauunterschieden (Leiter mit Anfängern) ist nur dieser Führungsstil möglich. Problematisch wird dieser Stil erst dann, wenn sich der Leiter den Gegenargumenten und Bedenken der Teilnehmer verschliesst. Er vergisst dabei, dass viele Augen mehr sehen als zwei, und dass auch er der selektiven Wahrnehmung und dem Gruppendruck unterliegt.

↷ Ein Anzeichen für mangelndes Eingehen auf die Teilnehmer ist, wenn der Leiter seine Entscheide nicht begründet oder nicht kommuniziert. Dabei verkennt er, dass ein Offenlegen der Gründe mithilft, dass die gefällten Entscheide von der Gruppe mitgetragen werden.

Entscheidungen treffen

Die vorangehenden Abschnitte erläutern, wie Entscheide gefällt werden. Nachfolgend wird aufgezeigt, wie wir vorgehen können um unsere Entscheide möglichst gut zu fällen. Grundbedingungen dazu sind:
- Die volle Entscheidungsfreiheit besitzen.
- Überlegt entscheiden und sich die dazu nötige Zeit und Ruhe nehmen.
  Unter körperlichem oder psychischem Stress entscheiden wir schlechter. Es gibt zum Glück nur ganz wenige Situationen, die keine Sekunde Aufschub vertragen. Meist ist es hervorragend investierte Zeit, wenn wir kurz inne halten, bevor wir eine Entscheidung fällen. Bei einer guten Tourenplanung werden Entscheidungspunkte möglichst mit Trinkpausen, Anseilen oder einer anderen Unterbrechung kombiniert.

Einstellungsveränderung?

Jeder von uns hat sein ganz persönliches Risikoverhalten. Die Einen sind von Natur aus ängstlich, die Anderen von Natur aus mutig. Warum ändern wir nicht einfach unsere Einstellung gegenüber risikoreichem Verhalten?
1. Es ist gar nicht so leicht, seine Einstellung zu ändern.
2. Eine veränderte Einstellung führt noch lange nicht zu einem anderen Verhalten. Meine Einstellung «Ich will gesund nach Hause zurückkommen» lässt sich am Berg nicht direkt umsetzen. Dort stellt sich erst mal die Frage: «Auf welcher Brücke überquere ich die nächste Gletscherspalte?».

Zudem entscheiden wir häufig in einem Affekt, z.B. im Stress, noch vor der anderen Gruppe am Grat zu sein.

Selbstreflexion

Auch wenn ein Verändern unserer Einstellung nicht funktioniert, so lohnt es sich doch, über sein Verhalten nachzudenken. Ziel solcher Überlegungen ist, denselben Fehler nicht beliebig oft zu wiederholen.
- In welchen Situationen neige ich dazu, besonders hohe Risiken einzugehen?
- Was ist in diesen Situationen anders als sonst?
- Was löst in mir dieses Verhalten aus?
- Woran erkenne ich, dass ich mich in einer solchen Situation befinde?
- Gibt es Möglichkeiten, gar nicht erst in diese Situationen zu gelangen?
- Was kann ich in solchen Situationen anders machen?

Verantwortung klären

Auch bei einer Tour unter Kollegen soll die Leiterrolle vorgängig geklärt werden. Hat eine Gruppe mehrere Leiter, so wird ein Lead Guide bestimmt, der die Oberverantwortung trägt und verbindlich entscheidet. Selbstverständlich spricht er sich vor seinen Entscheidungen mit den anderen Leitern ab.

Gruppensituation analysieren

Risikoreiche Gruppensituationen können wir oft erkennen. Zum Beispiel in folgenden Fällen ist besondere Vorsicht angebracht:
- Ich will jemanden beeindrucken, z.B. eine Frau, die mir gefällt oder den Tourenchef der Sektion.
- Prüfungssituation, z.B. in einem Tourenleiterkurs.
- Experten unter sich. Als Experten können wir zwar Schwierigkeiten meistern, den Gefahren setzen wir uns aber trotzdem aus.

Tourenplanung

Eine seriöse Tourenplanung verhindert grobe Fehlentscheide. Sie birgt aber die Gefahr, dass wir uns ohne weitere Gedanken (zu) sicher fühlen, da wir die Risikominimierung ja bereits vorgenommen haben.

Zudem besteht die Gefahr, dass wir uns in der Planung zwar vieles überlegen, es auf der Tour aber doch nicht umsetzen. Wenn wir ein Couloir nur bei genügender Schneeauflage begehen wollen, dann müssen wir das vor dem Einsteigen auch kontrollieren. Deshalb legen wir Entscheidungspunkte fest, an denen wir uns aktiv zwischen verschiedenen Varianten entscheiden müssen.

Damit Entscheidungspunkte nicht einfach übergangen werden, kann eine zweite Person in der Gruppe damit beauftragt werden, ebenfalls auf die Einhaltung dieser Punkte zu achten und den Leiter zu ermahnen, wenn er über den Entscheidungspunkt hinaus geht. Wie beim Partnercheck im Klettergarten ergibt das ein redundantes System, das uns vor unseren menschlichen Unzulänglichkeiten schützen kann.

Wenn wir wissen, dass wir noch zwischen verschiedenen Varianten entscheiden müssen, werden wir unterwegs mehr Informationen aufnehmen, als wenn wir ohne weitere Überlegung die Tour wie geplant durchführen wollen und beim Sammeln von Informationen nur Gefahr laufen, dass diese nicht in unser Konzept passen. Die so gesammelten Informationen sind auch dann nützlich, wenn wir *zwischen* den im Voraus festgelegten Entscheidungspunkten eine Entscheidung treffen müssen.

Transparente Entscheidungsfindung

Vor der Entscheidung sammeln wir zunächst alle relevanten Informationen. Die selektive Wahrnehmung verringern wir durch folgendes Vorgehen:
- Die Informationen werden in Kleingruppen (oder bei mehreren Leitern von jedem einzelnen Leiter) gesammelt und anschliessend ausgetauscht. Dabei beginnt die sozial schwächste Gruppe (der Hilfsleiter vor dem Lead Guide). Die Bewertung erfolgt erst später.
- Erst jetzt erstellen wir aus den zusammengetragenen Informationen ein Bild der aktuellen Verhältnisse. Stimmt wirklich alles mit unseren bisherigen Annahmen überein? Welche Informationen sprechen dagegen?
- Manchmal ist es sinnvoll, einer Person die Aufgabe zu übertragen, alle Argumente zu suchen, die gegen das Weitergehen sprechen.

 Der «Bauch» darf mitreden! Ein gutes Gefühl hinterfragen wir kritisch. Ein schlechtes Gefühl müssen wir immer ernst nehmen, denn es rührt oft von verdrängten, weil nicht gewollten, Wahrnehmungen her.

Anschliessend treffen wir eine Entscheidung und begründen sie klar. Damit erhalten die anderen Gruppenmitglieder die Möglichkeit, eine falsche Begründung aufzudecken. Das werden sie normalerweise aber höchstens dann tun, wenn wir vorgängig einen Teilnehmer beauftragt haben, die Entscheidungen kritisch zu hinterfragen.

 Begründete Entscheide werden von der Gruppe meistens mitgetragen.

Unpopuläre Entscheide

In unserer Gesellschaft sind Siegertypen gefragt, Helden, die sich jeder Gefahr aussetzen und am Schluss gewinnen. Trotzdem muss ein verantwortungsbewusster Leiter ab und zu unpopuläre Entscheide fällen, z.B. umkehren unter dem Gipfel, Gebiet wechseln: Gran Paradiso statt Finsteraarhorn. Folgende Überlegungen helfen uns vielleicht, die Kraft zu solchen Entscheiden zu finden:
- Wer sich auf eine Tour anmeldet oder einen Bergführer bezahlt, will auch wieder heil nach Hause kommen. Wer ohne Rücksicht auf Risiko und Verluste unbedingt den Berg hoch will, kann das gut alleine tun.
- Das Schwierigste an einem unbeliebten Entscheid ist für mich als Leiter, ihn mir gegenüber zu fassen. Bin ich erst einmal von meinem Entscheid überzeugt, habe ich wenig Probleme, ihn bei der Gruppe durchzusetzen.

- Wenn ich einen Entscheid alleine treffen muss und mit der Gruppe im Genick Mühe habe, dann lasse ich die Gruppe warten und gehe alleine «schauen». Das befreit mich nicht vollständig vom Gruppendruck, aber es gibt mir etwas Distanz, oder «Platz zum Denken» *[W. Munter]*. Danach kehre ich zur Gruppe zurück und erkläre ihnen, was zu meinem Entscheid geführt hat.

] Mersch in *Engler, 2001* und *Streicher, 2004*.

SAC – Bergsport Sommer

Gruppenbergsteigen

Führen	106
Gruppen im Gebirge	108
Bergsteigen mit Kindern	112

Führen

Es ist die Aufgabe des Leiters, die Gruppe zu führen. Er klettert voraus, folgt dem idealen Weg oder legt eine neue Spur auf eben diesem. Neben diesen ureigenen Aufgaben stellen sich genau so wichtige Herausforderungen im Zusammenhang mit gruppendynamischen Prozessen. Die wichtigsten Impulse können nur am Anfang der Gruppenbildung gesetzt werden. Werden diese «Starthilfen» richtig vermittelt, können der Leiter und die Gruppe während der gesamten Dauer des Anlasses davon profitieren.

Eine Vorstellungsrunde braucht nicht allzu viel Zeit und kann auch durchaus lustig sein. Mit ihr erreichen wir folgende Ziele:
- Jeder Teilnehmer wird von den anderen Gruppenmitgliedern bewusst wahrgenommen.
- Wir können die Erwartungen, die Motivation und die Wünsche der einzelnen Teilnehmer klären. Rechtzeitig geäusserte Wünsche lassen sich oft erfüllen. Bleiben sie unausgesprochen, besteht die Gefahr der Faust im Sack: «Warum hat er nicht...».

Die geltenden Regeln und Gruppenstandards definieren wir rechtzeitig, z.B.: «Wir gehen als Gruppe weg, erreichen gemeinsam den Gipfel und steigen zusammen ins Tal ab».

Ein Leiter, der die Ressourcen der Teilnehmer kennt, kann diese nutzen. Betrauen wir die stärkeren Teilnehmer bewusst mit Teilaufgaben der Leitung, so werden sie sich viel eher für die Gruppe einsetzen. Es entsteht ein besseres Gefühl der Zusammengehörigkeit und der Leiter wird entlastet. Eine solche Mitwirkung muss klar delegiert und vom Leiter kontrolliert werden.

Informationen geben wir rechtzeitig ab, und zwar so, dass sie von allen gehört werden. Meistens müssen wir dazu anhalten und die Teilnehmer aufschliessen lassen, was bei (zu) grossen Gruppen mühsam wird.

Juristisch gesehen ist der Leiter verpflichtet, alles ihm Zumutbare zu unternehmen, um die Gruppe vor überhöhten Risiken zu bewahren. Dazu muss er, unabhängig von seinem Führungsstil, in jeder Situation Chef der Gruppe sein und bleiben.

Wer eine Gruppe führt, ist zudem moralisch verpflichtet, nebst der körperlichen auch die emotionale und soziale Sicherheit der Teilnehmer zu garantieren. Dies gilt besonders auch bei Anlässen mit Kindern oder Jugendlichen.
Zu den nicht delegierbaren Aufgaben des Leiters gehören:
- Organisatorische und sicherheitsrelevante Anordnungen treffen und deren Einhaltung durchsetzen.
- Informationen sammeln, Entscheide fällen und diese für die Gruppe transparent machen.
- Auf Probleme und Bedenken der Teilnehmer eingehen.
- In Problemfällen eingreifen (nicht eingehaltene Anordnungen, unfaires Gruppenverhalten usw.).

Damit der Leiter diese Aufgaben übernehmen kann, muss er technisch, physisch und psychisch Reserven haben. Er muss sich noch im Komfortbereich befinden, wenn die Teilnehmer evtl. schon im Stressbereich sind.

Als Tagesabschluss blicken wir in einer Feedbackrunde nochmals auf die Tour zurück. Damit sammeln wir Erfahrungen und wir können angestaute Probleme lösen und offene Fragen klären. Dabei sollte der Leiter auch die Teilnehmer zu Wort kommen lassen.

> Gelungen ist eine Tour, wenn sie unfallfrei verlaufen ist und die Teilnehmer zufrieden sind. Dabei ist es egal, wie schwierig wir geklettert sind und ob wir in Rekordzeit wieder in der Hütte zurück waren.

Gruppen im Gebirge

Organisation

Vor der Tour klären wir Leitung, Verantwortlichkeiten und Ziele und wir kontrollieren das mitgeführte Material.
Unser Marschtempo ist gleichmässig und die Geschwindigkeit dem schwächsten Teilnehmer angepasst. Meistens ist es hilfreich, diesen gleich an zweiter Stelle nachkommen zu lassen, ausser bei einer schlechten Spur im tiefen Schnee.
Wir wählen die Rastplätze an sicheren Orten und strategisch richtig, damit wir möglichst viele Dinge gleichzeitig erledigen können, z.B. Entscheid über die weitere Aufstiegsroute, Essen an windgeschütztem Ort, Anseilen usw. Damit sparen wir Zeit.
Anseilen, Befestigen der Steigeisen, Verhalten betreffend Steinschlag usw. veranlassen wir, bevor wir uns im heiklen oder gefährdeten Gelände befinden.
Wir überprüfen regelmässig, ob unsere Weisungen (z.B. gestrecktes Seil auf verschneitem Gletscher) eingehalten werden.

Ein zweiter Tourenleiter als Co-Leiter erleichtert das Führen einer Gruppe. Er kann sich um die kleinen Probleme unterwegs kümmern, so dass sich der Leiter vermehrt aufs Führen konzentrieren kann. Zudem können die Leiter heikle Entscheide zusammen besprechen.

Bildung der Seilschaften

- Der Leiter führt die schwächsten Teilnehmer am Seil und bildet die erste Seilschaft.
- Der schwächste Seilführer folgt mit der zweiten Seilschaft, damit der Leiter ihn unterstützen kann.
- Eine starke Seilschaft bildet den Schluss.
- In einer Seilschaft müssen sich alle wohl fühlen. Wir berücksichtigen daher nebst den technischen Fähigkeiten auch die persönlichen Sympathien.

Mit Halbseilen kann der Leiter auf Klettertouren bei Bedarf dem zweiten Seilführer mit dem Doppel-V helfen (siehe S. 220).

Gruppengrösse

Auch bei genügend Seilführern begrenzen wir die maximale Teilnehmerzahl, oder es sind zusätzliche Leiter erforderlich, die selbständig eigene Gruppen führen.
- Je schwieriger die Tour, umso kleiner die Seilschaften und die maximale Teilnehmerzahl. Nur so behält der Leiter den Überblick und kann bei Problemen den hinteren Seilschaften helfen.
- Grosse Gruppen benötigen auf langen Touren zu viel Zeit.
- Einzig beim (Gletscher-)Trecking ist die maximale Gruppengrösse keine Sicherheitsfrage. Acht bis zehn Personen pro Leiter sind eine vernünftige Obergrenze.

Nicht alle Touren sind als Gruppentouren geeignet:
- In Couloirs und Rinnen, in denen wir in Seillängen sichern, ist die Eis- und Steinschlaggefahr oft zu gross.
- Heikle, schlecht absicherbare Touren stellen für alle Beteiligten ein erhöhtes Risiko dar und sind für Gruppen ungeeignet.

> Im Gelände mit Abrutschgefahr benötigen wir genügend routinierte Seilführer. Wir dürfen nicht aus Mangel an Seilführern zu grosse Seilschaften bilden.

Probleme beim Gruppenbergsteigen

Zeitbedarf

Mit der Gruppengrösse steigt normalerweise auch der Zeitbedarf für unsere Tour. Auf Hoch- und Klettertouren benötigen wir oft das 1½fache oder gar das Doppelte der im Führerbüchlein angegebenen Zeit.

Für Gruppen gilt: Mit reduziertem Marschtempo gelangen wir rascher und entspannter zum Ziel. Wir teilen die Kräfte besser ein und benötigen weniger Pausen (Pause = Zeitfresser).

Kommunikation

Je grösser die Gruppe, desto schwieriger gestaltet sich die Kommunikation. Im leichten Gelände lassen wir alle Teilnehmer dicht aufschliessen, damit uns alle hören.

Auf dem Gletscher oder wenn wir in mehreren Seilschaften unterwegs sind, ist eine direkte Kommunikation oft unmöglich. Dann treffen wir die nötig werdenden Anordnungen vorausblickend möglichst schon am Einstieg.

 Um unterwegs eine Anordnung zu treffen, diese von Seilschaft zu Seilschaft weiter sagen lassen.

 Starker Wind kann die Kommunikation schon innerhalb einer Seilschaft verunmöglichen.

Stau

Bei (zu) grossen Gruppen kommt es am Einstieg und vor Schlüsselstellen zum Stau. Gegenmassnahmen:
- Die erste Seilschaft macht sich sofort bereit und steigt so rasch als möglich ein.
- Auf Hochtouren sind wir schneller, wenn wir die Schlüsselpassage mit zwei kurzen statt einer langen Seillänge überwinden.
- Schlüsselstelle entschärfen (siehe S. 219).

Steinschlag

Bewegen sich über uns weitere Bergsteiger, setzen wir uns einem erhöhten Stein- und Eisschlagrisiko aus. Um uns innerhalb der Gruppe nicht unnötig zu gefährden, achten wir auf Folgendes:
- Möglichst keine Steine lösen: sorgfältig gehen, mit dem Fuss nicht abstossen und das Seil nicht unnötig nachschleifen.
- Im schuttigen Gelände nicht in der Falllinie auf- und absteigen.
- An sicheren Orten warten: unter Überhängen, auf Rippen, bei Richtungswechseln usw.
- Die ganze Gruppe geht dicht aufgeschlossen, damit gelöste Steine noch langsam sind und möglichst aufgehalten werden können.
- Beim Aufstieg in steinschlaggefährdetem Gelände warten, bis die Gruppe vor uns die Geländekammer verlassen hat.
- Bei Abstieg in steinschlaggefährdetem Gelände warten, bis die Gruppe unter uns den Gefahrenbereich verlassen hat.
- Gruppengrösse der Tour und dem Gelände anpassen.

⇨ Steinschlag ist auch in leichtem Gelände möglich. Es kann sinnvoll sein, den Helm schon während dem Zustieg zu tragen.

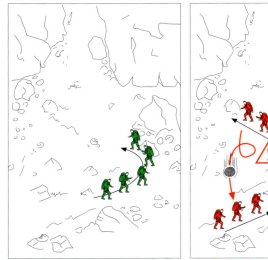

Inhomogene Gruppe

Grosse Unterschiede punkto Alter, technischen und konditionellen Fähigkeiten usw. erschweren das Gruppenbergsteigen. Wir legen von Beginn an grösseren Wert auf die Zusammengehörigkeit als Gruppe als auf die rein sportliche Leistung. Gruppenbergsteigen ist nicht Wettkampfbergsteigen – wir gehen miteinander auf eine Tour und nicht jeder so schnell er kann gegen die anderen.
- Auf die schwächsten Teilnehmer Rücksicht nehmen.
- Unterforderte Teilnehmer mit Leitungsaufgaben betrauen (Seilführer, den anderen beim Überqueren eines Baches helfen usw.).
- Wer sich auf eine (zu) leichte Tour angemeldet hat, muss auch mal zurückstehen.
- Gruppenwohl kommt vor Einzelwohl. Wenn ein Teilnehmer die angegebenen Anforderungen grob nicht erfüllt und die Durchführung der ausgeschriebenen Touren verunmöglicht, lassen wir ihn auch mal für einen Tag in der Hütte zurück.

⇨ Voraussetzungen und Ziele schon bei der Ausschreibung einer Gruppentour klipp und klar angeben.

Gruppendynamische Prozesse

Sobald wir mit anderen Leuten zusammen unterwegs sind, wird unser Verhalten auch von gruppendynamischen Prozessen beeinflusst (siehe S. 97).

Gruppentechniken

Die Gruppentechniken werden in den entsprechenden Fachkapiteln beschrieben.

[i] Stand mit Zentralkarabiner siehe S. 215

[i] Schlüsselstellen entschärfen siehe S. 219

[i] Fixseil siehe S. 254

[i] Alpini-Methode siehe S. 255

[i] Doppel-V siehe S. 220

[i] Mit Gruppe über Abseilpiste abseilen siehe S. 169

[i] Mannschaftszug siehe S. 288

Bergsteigen mit Kindern

Klettern, Abseilen, Tyroliennes, Bäche stauen usw. sind für Kinder interessanter als ausgedehnte Wanderungen oder bergsportliche Härtetests. Kinder besitzen weniger Reserven als Erwachsene und ihre Ausrüstung ist meistens schlechter. Wir müssen sie deshalb besonders gut vor Nässe und Kälte schützen. Kinder lernen mindestens so schnell wie Erwachsene, und zwar vor allem durch Beobachten und Nachahmen. Gut vorzeigen und danach selber konsequent richtig machen, bringt mehr Erfolg als lange Erklärungen.
Klettern fördert auch das soziale Verhalten, denn Kinder lernen Verantwortung für einander zu übernehmen und sich anderen anzuvertrauen.

⇨ Nicht alle Kinder sind Draufgänger. Jedes Kind klettert so hoch, wie es sich wohl fühlt.

Gruppenbergsteigen

Bergsteigen – ab welchem Alter?

Kinder nehmen fast jede Gelegenheit fürs Klettern wahr. Schon die Kleinsten versuchen, einen Felsblock am Wegrand zu besteigen. Kinder können die Gefahren nicht abschätzen, deshalb sorgen wir Erwachsene für ihre Sicherheit. Wir halten etwa Folgendes als altersgerecht:

Alter	*Tätigkeit*	*Sicherung / Aufsicht*
sobald sie wollen	Klettern auf Felsblock	Von erwachsener Person mit Händen «gesichert»
ab 3	Schaukel im Seil in überhängendem Klettergarten (kombinierte Anseilmethode)	Installiert und betreut von Erwachsenem
ab 5	Toprope klettern in Halle und Klettergarten	Seilsicherung durch Erwachsenen
ab 8	Klettern im Vorstieg (Halle, Kinderrouten in Klettergärten und eigens dafür vorgesehene Mehrseillängen-Routen)	Seilsicherung auch durch andere Kinder. Aufsicht durch Erwachsenen. Familienbergsteigen-Lager des SAC
ab 10	leichte Hochtouren, klettern	Leitung durch Erwachsenen. KiBe (Kinder-Bergsteigen) oder JO (Jugend Organisation) des SAC

> Kinder lassen sich beim Sichern noch leichter ablenken als Erwachsene.

Sind die Kinder zu klein, um im Vorstieg die Zwischensicherungen von den guten Tritten aus einzuhängen, «verlängern» wir die Haken gemäss S. 220.

Hinweise

- Rucksackgewicht 10 bis max. 15% des Körpergewichts.
- Kinder benötigen mehr Pausen. Wir rechnen mit etwa dem 1½ fachen Zeitbedarf.
- Spitzenbelastungen vermeiden, also z.B. weder aus grosser Höhe abspringen, noch talwärts rennen.

Mehr zum Thema siehe «Bergsteigen mit Kindern» *[Meier, 1995]*.

SAC – Bergsport Sommer

Berg- und Alpinwandern

Bergwandern ist ein Breitensport, den viele Menschen mehr oder weniger intensiv betreiben. Wichtig ist, das Ziel den konditionellen und technischen Fähigkeiten anzupassen. Von der Schulreise auf die Rigi oder der Familienwanderung über das Hohtürli bis zur anspruchsvollen Alpinwanderung der Strada alta della Verzasca findet jeder etwas für seinen Geschmack.

Berg- und Alpinwandern erfordern eine Tourenplanung (siehe S. 82), denn wir sind auch hier den Gefahren des Gebirges ausgesetzt. Wie in allen Bereichen des Bergsteigens müssen auch hier Verhältnisse, Gelände und Mensch (Können, Kondition und Ausrüstung) zusammenpassen. Je anspruchsvoller die vorgesehene Tour ist, desto umfangreicher muss unsere Tourenplanung sein.

Der Übergang vom Bergwandern über das Alpinwandern zum Bergsteigen ist fliessend, und entsprechend kann auf anspruchsvollen Alpinwanderungen Seilsicherung, weitere alpintechnische Erfahrung und Ausrüstung notwendig sein. Selbst auf Hoch- und Klettertouren dauert der Zu- und Abstieg, also das Alpinwandern, oft länger als die eigentliche Kletterei.

[i] Schwierigkeitsbewertung und Markierungen siehe www.sac-cas.ch.

Zur Führung von lebhaften Kindern kann ein Seil schon auf leichten Wanderungen gute Dienste leisten. Oft genügt es, direkt um den Bauch anzuseilen (siehe S. 146).

Gehtechnik

Ein gleichmässiges, nicht zu schnelles Tempo ist ideal. Mit einem «Intervalltraining» ermüden wir schnell und können die Bergwelt weniger geniessen. In Gelände mit Abrutschgefahr gilt unsere volle Aufmerksamkeit dem Weg.

Fuss- und Körperstellung

Auf Reibung
In flacherem Gelände, auf Wegen und auf Reibungstritten im Fels drehen wir den Fuss so ab, dass möglichst die ganze Sohle den Boden berührt.

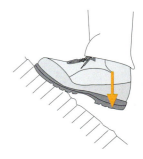

Mit der Schuhkante

Im steilen Gras, hart gepressten Schutt und im Schnee (ohne Steigeisen) halten wir den Fuss horizontal und schaffen uns mit der Schuhkante einen kleinen Tritt.

Nicht zum Hang hin lehnen
- Der Körperschwerpunkt gehört über die Füsse.
- Im Abstieg in die Knie gehen und bewusst Vorlage geben.

Zum Hang hin gelehnt, rutschen wir mit den Füssen leicht aus und fallen auf den Hintern, was im steileren Gelände zum Absturz führen kann.

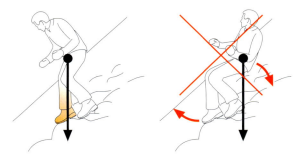

Im unwegsamen Gelände sowie auf steilen Grashalden oder Schneefeldern bieten solide Bergschuhe mit steifen Sohlen besseren Halt als weiche Treckingschuhe.

Abstieg

Im Abstieg treten wir in gebeugter Kniestellung mit kurzen, elastischen Schritten auf. Der Oberkörper ist leicht nach vorne geneigt. Damit können wir die Belastung mit den Muskeln abfangen und die Schläge reduzieren. Allerdings müssen wir die dazu notwendige Kraft in den Oberschenkeln erst antrainieren. Lassen wir uns mit grossen Schritten in das gestreckte Knie fallen, belasten wir die Gelenke viel stärker.

Unter den Innensohlen getragene Stossdämpfer-Sohlen reduzieren die Schläge und damit die Belastung auf die Gelenke beim Abstieg. Sie passen nur in Schuhe, die im Zehen- und Ristbereich hoch geschnitten sind.

Treckingstöcke (Skistöcke im Sommer)

Auf Bergwanderungen leisten Treckingstöcke gute Dienste. Sie verleihen uns Stabilität, insbesondere in Geröllhalden, hohem Gras, auf Schnee oder mit schwerem Rucksack. Korrekt eingesetzt helfen sie vor allem im Abstieg, Langzeitschäden in Knie und Hüfte zu reduzieren:
- Stöcke (seitlich) *nahe am Körper* halten und *vor den Füssen* aufsetzen.
- Arme fast gestreckt halten.
- Im Abstieg nicht zu lange Stöcke verwenden, maximal ⅔ der Körpergrösse. Damit verhindern wir, unseren Körper im Bereich der Hüfte durchzustrecken.
- Bei hohen Tritten oder Schwellen beide Stöcke vor dem Körper unterhalb der Stufe aufsetzen.

Benutzen wir ständig Treckingstöcke, bildet sich unsere natürliche Gleichgewichtsfähigkeit zurück. Besonders Kinder und Senioren sollten deshalb nicht immer Stöcke verwenden.

Wegloses Gelände

Gras

Landwirtschaftlich genutzte Wiesen begehen wir am Rand. Steile Grashalden sind abrutschgefährliches Gelände und erfordern Vorsicht, besonders bei Nässe. Im Frühjahr treffen wir oft auf abwärts gekämmtes, schon im trockenen Zustand sehr rutschiges Gras. Grashalden begehen wir wie folgt:
- Tritte sorgfältig aussuchen und wenn nötig mit den Schuhen eine kleine Kerbe hacken.
- Besser viele kleine, kontrollierte Schritte als wenige grosse.
- Stöcke können uns helfen, das Gleichgewicht zu halten.

Gefährliche Grashänge evtl. mit Pickel oder Steigeisen begehen.

Feiner Schutt

Weich gelagerte Geröllhalden sind mühsam zu ersteigen. Am günstigsten sind:
- Bewachsene Hangpartien oder solche mit grösseren Steinen.
- Rippen oder Bachläufe.
- Wegspuren und Tierwechsel.

Im Abstieg suchen wir die weichsten Partien und rutschen auf den Fersen hinunter. Dabei werden die Schuhe arg beansprucht, Muskeln und Gelenke aber geschont.

> Oft befindet sich auf den letzten Metern oberhalb einer Felsstufe nur noch eine dünne Geröllschicht auf einer Felsplatte. Wir beenden die Rutschpartie etwas oberhalb und steigen die letzten Meter mit kontrollierten Schritten ab.

> Gruppen bleiben dicht zusammen, damit gelöste Steine noch langsam sind oder von anderen Gruppenmitgliedern gestoppt werden können.

Bei feinem, hart gelagertem Geröll können wir oft mit den Schuhen Stufen schlagen wie im harten Schnee. Feines Geröll auf hartem Untergrund ist oft abrutschgefährliches Gelände und verlangt Vorsicht.

Blockfelder

Grobe Geröllhalden, sog. Blockfelder, sind mühsam zu begehen. Wir stehen oben auf die Steine, d.h. wir schreiten von der Spitze eines Steins zum nächsten. Dies erfordert ein gutes Gleichgewicht, erspart uns aber das Überklettern der Felsblöcke.
Blockfelder bestehen meistens aus Granit oder Gneis. Sie sind oft flechtenbewachsen und werden bei Nässe sehr glitschig.

> Stürze in Blockfeldern bergen eine hohe Verletzungsgefahr.

Moränen

Unbewachsene Seitenmoränen sind meistens über 40° steil. Sie sind mühsam zu ersteigen, und oft besteht Steinschlaggefahr. Günstig für eine Begehung sind die stabilsten Zonen:
- Rinne eines über die Moräne fliessenden Bachs.
- Bewachsene Stellen.

⇨ In Gruppen steigen wir möglichst nicht in der Falllinie auf. Wir gehen eng hintereinander, damit gelöste Steine noch langsam sind (siehe Kapitel «Gruppenbergsteigen»).

Liegt unter den Steinen Eis (Toteis eines nahen Gletschers), das im Sommer aufschmilzt, so sind die Steine sehr instabil gelagert, und es drohen Gerölllawinen. Steilere Hänge dieser Art sollten wir meiden.

Schrofen

Schrofen sind unschwierige, von Gras oder Geröll unterbrochene Felsen. Es handelt sich um absturzgefährliches Gelände, das je nach Situation auch Seilsicherung erfordert. Im meistens brüchigen Gestein belasten wir die Tritte nach unten und vermeiden es, die Griffe nach aussen zu ziehen. Besonders im Abstieg stützen wir uns auch mit den Händen auf.
- So lange als möglich steigen wir vorwärts ab, mit dem Gesicht zum Tal; über kleine Felsstufen manchmal auch seitwärts.
- Schwierigere Stellen klettern wir mit dem Gesicht zum Berg ab.

Schneefelder

Lawinenschnee und Schnee in Schattenlagen bleiben oft bis in den Sommer hinein liegen. Bei hartem Schnee (häufig am Morgen) besteht bereits in wenig steilem Gelände Abrutschgefahr. Es lohnt sich, hier die nötige Vorsicht walten zu lassen:

- Sich Zeit nehmen und gute Stufen schaffen. Diese bieten dem ganzen Fuss Platz und sind leicht zum Berg hin geneigt. Je nach Schneehärte können wir sie mit den Schuhen treten oder mit dem Pickel schlagen.
- Oft ist es einfacher, vor dem Schneefeld etwas abzusteigen und dieses danach schräg aufwärts statt horizontal zu queren.
- Manchmal können wir Schneefelder unten umgehen.
- Besonders im Frühsommer können Steigeisen erforderlich sein.

Technik zum Gehen auf Schnee siehe S. 228, Kapitel «Hochtouren».

Bei ungünstigen Verhältnissen oder ungenügender Ausrüstung besser umkehren.

Fehlen Pickel oder Steigeisen, um ein Schneefeld zu begehen, gibt ein spitzer Stein in den Händen etwas Halt.

SAC – Bergsport Sommer

Klettersteig

Klettersteige sind ein Mix zwischen Wandern und Klettern. Die Schwierigkeit einer Felswand wird durch fixe Stahlseile und künstliche Griffe und Tritte mehr oder weniger stark reduziert. Für eine Begehung benötigen wir keine ausgereifte Klettertechnik, jedoch Schwindelfreiheit und etwas Kraft.

Die ersten Klettersteige, oft italienisch «Vie Ferrate» genannt, wurden im 1. Weltkrieg in den Dolomiten an der Front zwischen Österreich und Italien zu militärischen Zwecken erstellt. Viele davon wurden neu instand gestellt und seither touristisch genutzt. In den letzten Jahren erlebt die Schweiz einen regelrechten Klettersteig-Boom. Viele Klettersteige erfreuen sich grosser Beliebtheit, einige sind an schönen Sommerwochenenden überlaufen.

[i] Dieses Kapitel beschränkt sich auf klassische Klettersteige, ohne Tyroliennes, Flying Fox und dergleichen.

Material

Moderne Klettersteige sind meistens mit solidem Material ausgerüstet. Allfällige Defekte melden wir in der Hütte oder im Verkehrsbüro.

Zum Begehen eines Klettersteigs empfehlen wir nebst guter Bekleidung folgende Ausrüstung:

- Anseilgurt und Klettersteigbremse (in Y-Form) zur Selbstsicherung am Stahlseil.
- Kletterhelm gegen Steinschlag und Sturzverletzungen.
- Klettersteighandschuhe oder dünne Arbeitshandschuhe als Schutz vor abstehenden Stahlseillitzen.
- Leichte Berg- oder gute Treckingschuhe.
- Evtl. Bergseil und Sicherungsmaterial für Seilsicherung.
- Eine kurze Schlinge mit Karabiner, in die wir uns zum Ausruhen hineinhängen können.

Sichern

Klettersteigbremse

Ohne Klettersteigbremse wird der Fangstoss (=Bremskraft) für Mensch und Material zu hoch.

Dieser Abschnitt gilt nur für Klettersteigbremsen in Y-Form, wie sie von der UIAA gefordert werden. Die von der EN-Norm ebenfalls erlaubten Bremsen in V-Form werden anderes eingehängt und sind weniger sicher.

An den schwierigeren Passagen eines Klettersteigs sichern wir uns selbst am Stahlseil. Bei einem Sturz in ein ansteigendes Stahlseil treten extreme Kräfte auf, weil im Unterschied zum Klettern das dynamische Seil fehlt. Mit einer Klettersteigbremse reduzieren wir die Bremskraft auf ein für Mensch und Material erträgliches Mass.

- Nur UIAA konforme Klettersteigbremsen (in Y-Form) mit selbst verriegelnden Klettersteigkarabinern verwenden.
- Klettersteigbremse mit Ankerstich am Anseilgurt befestigen.
- Das Seilstück der Klettersteigbremse wird beim dynamischen Abfangen eines Sturzes durch die Bremse hindurch gezogen. Es darf deshalb weder Knoten enthalten noch um den Körper laufen.
- Bei ansteigenden Stahlseilen beide Karabiner einhängen. Die Karabiner werden bei einem Sturz in den nächsten Verankerungspunkt ungünstig belastet und ein einzelner Karabiner kann brechen.

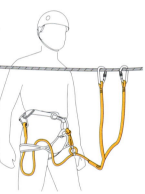

  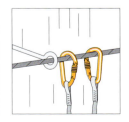

Der Übergang vom gesicherten Wandern zum Klettersteig ist fliessend. Müssen wir uns ausnahmsweise für ein kurzes Stück mit normaler Kletterausrüstung behelfen, verwenden wir zwei *verschieden* lange Seilstücke. (Reepschnüre, Bandschlingen oder zwei gleich lange Seilstücke erhöhen die Belastung bei einem Sturz zusätzlich.)

Ausruhen

Statt völlig entkräftet einen Sturz zu riskieren, hängen wir uns besser rechtzeitig in den Anseilgurt zum Ausruhen. Befinden wir uns in einem steil ansteigenden Stück und fern einer Befestigung des Stahlseils, hängen wir dazu eine am Anseilgurt befestigte, kurze Schlinge mit einem Karabiner in einen Metallbügel oder eine Leitersprosse ein. Gewisse Klettersteigbremsen haben dazu eine dritte, kürzere Sicherungsstrippe.

Seilsicherung

Schwächere Teilnehmer sichern wir idealerweise mit dem Seil von oben und vermeiden damit einen Sturz. Sicherungstechnik siehe Kapitel «Felsklettern».

Sicherung von Kindern

Noch existieren keine Klettersteigbremsen für Kinder und leichte Personen. Die Klettersteigbremsen für Erwachsene bremsen den Sturz eines Kindes zu hart. Wir behelfen uns wie folgt:
- Anseilen gemäss Abbildung, siehe auch S. 144, Kapitel «Seiltechnik».
- Der erwachsene Seilführer sichert sich mit einer Klettersteigbremse (A).
- Die Kinder folgen gleichzeitig am kurzen Seil. Mit einer ins Seil geknüpften Schlaufe und einem Klettersteigkarabiner können sie sich am Stahlseil einhängen (B).
- Sind zur zusätzlichen Sicherung Sauschwanzhaken vorhanden, hängen alle das Seil hinter sich darin ein.

Zum Ausruhen hängen sich alle Seilschaftsmitglieder an je eine Sprosse oder einen Bügel.

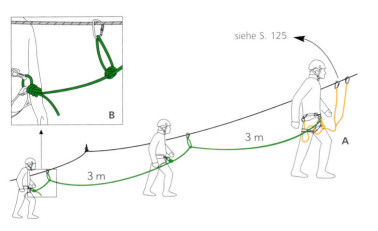

Besondere Gefahren

Verletzungsgefahr bei Sturz

- Auf Klettersteigen riskieren wir besser keinen Sturz, denn die vielen Stifte, Bügel, Leitern und Stahlseile bedeuten ein hohes Verletzungsrisiko.
- Genügend Abstand zum vorderen Kletterer einhalten: Zwischen zwei Personen soll sich bei geneigten Seilen ein «leeres Klettersteigseilstück» befinden.

Die bekannte Regel, dass sich nur eine Person zwischen zwei Verankerungen des Stahlseils befinden soll, genügt nur in Quergängen. Bei geneigten Stahlseilen endet ein Sturz erst an der unteren Verankerung. Der folgende Klettersteiggeher muss sich noch ein gutes Stück unter dieser Verankerung befinden, um nicht getroffen zu werden.

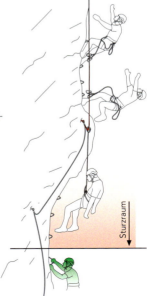

Steinschlag

Auf Klettersteigen befinden sich meistens viele Leute über uns, was die Steinschlaggefahr erhöht.
- Helm tragen.
- Vor dem Einsteigen in Couloirs, Rinnen und Kamine wenn möglich warten, bis andere Kletterer über uns die Geländekammer verlassen haben.
- Für Pausen sicheres Gelände auswählen.

Gewitter

Drahtseile sind gute elektrische Leiter. Selbst bei einem weit entfernten Blitzeinschlag können sie einen starken Stromstoss zu uns leiten.
- Wetterbericht hören und bei Gewittergefahr nicht in den Klettersteig einsteigen.
- Bei den ersten Anzeichen eines Gewitters den Klettersteig rasch verlassen.
- Werden wir trotzdem im Klettersteig von einem Gewitter überrascht: Selbstsicherung an einem einzelnen, nicht mit dem Stahlseil verbundenen Fixpunkt einhängen und keine Metallteile, und schon gar nicht das Stahlseil, berühren.

[i] Verhalten bei Gewitter siehe S. 58.

Schwierigkeitsbewertung

Zur Bewertung der Schwierigkeiten von Klettersteigen werden regional verschiedene Skalen verwendet. In der Schweiz konnte sich bisher keine davon durchsetzen. Wer einen Klettersteigführer erwirbt, muss sich zuerst mit der darin verwendeten Bewertung vertraut machen.

SAC – Bergsport Sommer

Seiltechnik

Das Seil	132
Knoten	139
Anseilen	144
Sichern	150
Abseilen	163

Das Seil

⇒ Nur Bergseile verwenden, welche die Norm EN 892 oder die noch strengeren UIAA-Standards erfüllen.

Konstruktion und Wirkungsweise

Konstruktion

Bergseile sind Kern-Mantel-Konstruktionen aus Polyamid-6 (Nylon). Der Mantel macht das Seil handhabbar und schützt es vor Abrieb. Er trägt ca. ⅓ und die Kernfasern ⅔ zur Festigkeit des Seils bei.

Das Seil ist eine Feder

«Statische», d.h. dehnungsarme Seile (z.B. Stahlseil, Reepschnur, Bandschlinge) stoppen einen Sturz abrupt. Den dabei auftretenden Belastungen (dem Fangstoss) halten weder die Sicherungskette noch der Kletterer stand.
Ein Gummiseil würde den Stürzenden zwar ganz weich auffangen, doch würde die hohe Seildehnung den Sturz so weit verlängern, dass der Kletterer meistens auf dem Boden aufschlagen würde.
Bergseile liegen zwischen diesen beiden Extremfällen: Bei mässiger Dehnung beschränken sie den Fangstoss auf ein gerade noch erträgliches Mass.

 (Halb)statische Seile oder Reepschnüre dürfen nicht zur Sicherung eines Vorsteigers verwendet werden.

Sturzfaktor

Bei einem Sturz dehnt sich das Seil und absorbiert dabei die Sturzenergie, und zwar umso besser, je länger das gedehnte Seilstück ist. Die Härte eines Sturzes hängt folglich nicht nur von der Sturzhöhe, sondern auch von der ausgegebenen Seillänge ab. Sie wird mit dem Sturzfaktor bestimmt:

$$\text{Sturzfaktor} = \frac{\text{Sturzhöhe}}{\text{ausgegebene Seillänge}}$$

Die grösste Belastung erzeugt ein Sturz direkt in den Stand, bei dem wir den maximal möglichen Sturzfaktor 2 erreichen. Sichernder und Kletterer werden dabei einem sehr hohen «Fangstoss» von bis zu 1'200 kg[5] ausgesetzt. Normgerechtes Sicherungsmaterial sollte diese Belastung gerade noch aushalten. Wenn aber der Schnapper eines Karabiners offen ist, der Haken nicht absolut perfekt steckt, der Fels beim Klemmkeil nicht bombenfest oder das Eis um die Eisschraube herum nicht völlig kompakt ist, kann die Sicherungskette versagen.

Diese Maximalbelastung verhindern wir wie folgt:

- Sichern mit dynamischem Sicherungsgerät (siehe S. 152).
- Nach dem Stand so rasch wie möglich die erste Zwischensicherung anbringen.

Sturzfaktor: 8 m / 5 m = 1,6

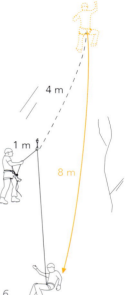

Auf Klettersteigen können Sturzfaktoren von mehr als 2 auftreten (Sturzhöhe von mehreren Metern in die etwa 1 m lange Selbstsicherungsschlinge). Solche Belastungen halten weder der Kletterer noch die Sicherungskette aus. Eine Klettersteigbremse als Stossdämpfer ist deshalb lebenswichtig (siehe S. 125).

Kann ein Bergseil reissen?

Ein Einfachseil hält etwa das Doppelte des maximal möglichen Fangstosses. Bei korrekter Seilhandhabung kann ein intaktes Seil also unmöglich reissen, ausser es verläuft über eine scharfe Kante. Zwillingsseile bieten diesbezüglich zwar eine höhere, aber ebenfalls keine absolute Sicherheit.

Seile mit bestandener UIAA Sharp-Edge-Resistant Prüfung erzielen in der Praxis keine bessere Kantenfestigkeit. Diese Prüfung wird nicht mehr verwendet.

Nach Kontakt mit Batteriesäure reisst ein Bergseil schon bei ganz geringer Belastung! Vorsicht, die Schädigung ist optisch kaum erkennbar.

[5] korrekt: 1'200 daN (deka Newton) bzw. 12 kN (kilo Newton).

Seilpflege

- Fabrikneue Seile sind maschinell aufgerollt. Wir rollen sie vor dem ersten Gebrauch sorgfältig ab, sonst entstehen Krangel.
- Verschmutzte Seile gelegentlich waschen: In der Waschmaschine mit dem Wollprogramm, mit einem milden Synthetik-Waschmittel oder besser ohne. Seil nicht schleudern und zum Trocknen im Schatten auslegen (nicht aufhängen).

Markieren der Seilmitte

Eine gut sichtbare Mittelmarkierung erleichtert das Abseilen und zeigt, ob das Seil im Klettergarten zum Umlenken reicht. Nur die von den Seilherstellern angebotenen Markierungsstifte verwenden! Andere Farben können schädliche Lösungsmittel enthalten.

Seiltypen und Techniken

 Einfachseil

- Einfache Handhabung.
- Geeignet zum dynamischen Sichern.
- Leichter als zwei Stränge von Halb- oder Zwillingsseilen.

 Halb- und **Zwillingsseile**

Halb- oder die dünneren Zwillingsseile benutzen wir paarweise. Beide Stränge zusammen sind schwerer als ein Einfachseil, doch haben wir genügend Seil zur Verfügung, um über die Route von Stand zu Stand abzuseilen.

⇨ Um bei einer Dreierseilschaft an jedem Seilstrang je einen Nachsteiger zu sichern (sog. «V», siehe S. 219) verwenden wir Halbseile, denn Zwillingsseile sind zu schwach und bei zwei Einfachseilen wird der Fangstoss bei einem Sturz des Vorsteigers zu gross.

Zwillingsseiltechnik

Übliche Technik im alpinen Sportklettern.
* Wir seilen uns an beiden Strängen der Halb- oder Zwillingsseile einzeln an.
* Im Sicherungsgerät und in den Zwischensicherungen verlaufen beide Seilstränge stets gemeinsam.

> Keine Zwillingsseiltechnik mit zwei Einfachseilen! Die zu geringe Seildehnung führt zu einem zu grossen Fangstoss (= zu harter Sturz). Ausnahme: Einfachseile die gleichzeitig die Zwillingsseilnorm erfüllen.

Halbseiltechnik

Bei der Halbseiltechnik klinken wir die beiden Halbseilstränge einzeln so in die Zwischensicherungen ein, dass möglichst wenig Seilzug entsteht. Wir achten darauf, die beiden Seile trotzdem einigermassen alternierend einzuhängen. Diese Technik benutzen wir vor allem auf sehr schwierigen Hochtouren, im Eisfall (siehe Kapitel «Steileis- und Mixedklettern» in «Bergsport Winter») und in den traditionell abzusichernden (englischen) Felskliffs.

* Der Fangstoss auf die Zwischensicherungen ist kleiner, weil ein einzelner Halbseilstrang eine weichere Feder darstellt als ein Einfachseil oder gar zwei parallel geführte Halbseilstränge.
* Bei seitlich weit auseinander gelegenen Zwischensicherungen entsteht weniger Seilzug.

> Zwillingsseile sind für diese Technik zu schwach.

Welches Seil für welche Tour?

Ein gutes Seil zeichnet sich aus durch ein ausgewogenes Verhältnis aller Eigenschaften. Seile mit einer herausragenden Kenngrösse haben Nachteile in anderen Eigenschaften (ganz dünne Seile sind rasch durchgescheuert, Multisturzseile sind schwer, superweiche Seile sind angenehm in der Handhabung aber rasch durchgescheuert usw.).

Verwendung	Seiltyp	Länge (m)	Besonderes
Klettergarten, Halle	①	50 bis 70	• In Halle kürzer
Alpines Sportklettern	⊘⊘ ½	50, selten 60	• Rückzug mit Einfachseil problematisch
Gletschertouren	①	40 bis 50	• Imprägniert • Seilreserve für Spaltenrettung • Auf verschneitem Gletscher ohne Eispassagen evtl. ein Halbseilstrang
Hochtouren	①	oft 50	• Imprägniert • Sehr schwierige Touren: oft 60 m Halbseile (Halbseiltechnik, Rückzug)
Eiswände	①	50 oder 60	• Imprägniert
Klettersteig	①	10 bis 20	

⇨ Neuwertige, imprägnierte Seile nehmen nicht nur weniger Wasser auf, sie vereisen auch weniger.

Seil aufnehmen

- Seil in Schlaufen (Schmetterling) aufnehmen, die einmal links, einmal rechts der Hand hängen.
- Letzte Schlaufe etwas kleiner (A). Etwa 2 m vor dem Seilende ein Schläufchen legen (B).
- Mit dem Seilende die Schlaufen inkl. dem Schläufchen ca. sechs mal satt umwickeln (C).
- Seilende durch das Schläufchen legen (D) und an der kürzeren Schlinge ziehen (E), bis das Schläufchen das Seilende einklemmt.

> Seil nicht in Ringform aufnehmen, sonst bilden sich Krangel!

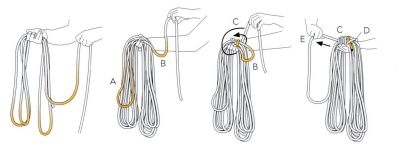

Seil in Schlaufen um den Hals legen, um nicht das ganze Seil in einer Hand halten zu müssen.

Seilsack

Ein Seilsack erhöht die Lebensdauer des Seils, indem er es vor Verschmutzung schützt. Zudem entfällt das mühsame Aufnehmen des Seils. Wir verwenden ihn im Klettergarten und evtl. in der Halle.

A Knoten (z.B. Achterknoten) in ein Seilende machen und auf die ausgebreitete Plane legen.
B Seil Meter für Meter auf die Plane legen.
C Das obere Seilende kann nun frei ablaufen und wird zum Vorsteigen verwendet.
D Vor dem Einrollen des Sacks das obere Seilende an einer der Schlaufen befestigen, damit wir es nach dem Öffnen gleich zur Hand haben.

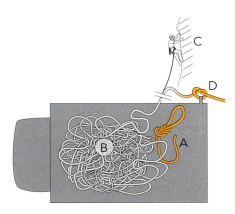

Knoten

Bergsteigerknoten müssen halten, kontrollierbar und auch nach einer hohen Belastung wieder lösbar sein. Knoten sind Schwachstellen, bei denen die Festigkeit von Seilen und Schlingen auf etwa die Hälfte reduziert wird. Bei Bandschlingen aus Polyäthylen («Spectra», «Dyneema») empfehlen wir, grundsätzlich auf Knoten zu verzichten (siehe S. 74).

Basisknoten

Achterknoten

- Anseilen (mit gestecktem Achterknoten, siehe S. 144).
- Fixieren von Seilen am Stand, bei Fixseil und Rettung.
- Seilverbindung zum Abseilen (bei ungefähr gleichen Seildurchmessern).

Führerknoten (Sackstich)

- Anseilen in Seilmitte. Nach Belastung schwierig zu lösen.

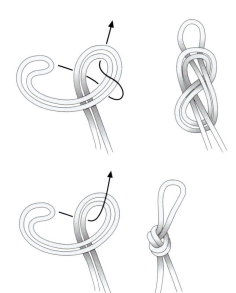

> Der Führerknoten kann an einer Felsecke anhängen und sich bei Zug von selbst öffnen *[Schubert, 2002]*. → Seile oder Schlingen besser mit dem Achterknoten knüpfen.

Doppelter Spierenstich

- Zusammenknüpfen von Seilen und Reepschnüren, auch bei unterschiedlichem Durchmesser.
- Nach Belastung schwierig zu lösen.

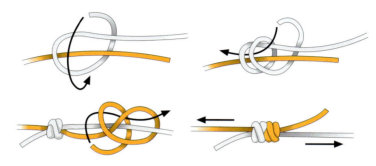

Mastwurf

- Fixieren von Seilen am Stand, bei Fixseil und Rettung.

Distanz kann leicht eingestellt werden (z.B. bei Selbstsicherung).

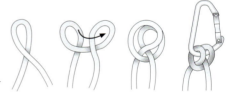

Ankerstich

- Anseilen in Seilmitte.
- Fixieren der Selbstsicherungsschlinge am Anseilgurt.
- Abbinden von Haken, Bäumen usw.

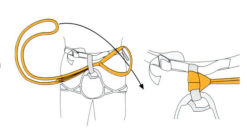

Sicherung

Halbmastwurf (HMS, VP)

- Partnersicherung
- Abbremsen

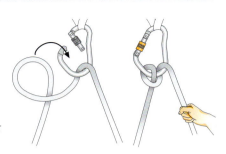

> Der Halbmastwurf darf nur in einem HMS-Karabiner (siehe S. 71) angewendet werden. Kontrollieren, ob der Karabiner gesichert ist.

Blockierungsknoten

- Blockieren von HMS oder Sicherungsgerät.
- Rettung

Selten gebraucht, aber wichtig.

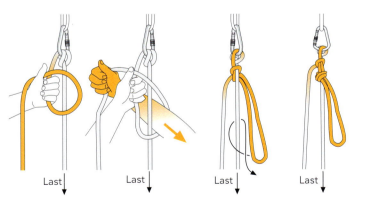

> Blockierungsknoten immer sichern.

Klemmknoten

Die Knoten klemmen auf Zug an der Schlinge. Zum Verschieben halten wir den Knoten selbst.

Prusik

- Handschlaufe auf dem Gletscher.
- Selbstsicherung beim Abseilen und am Fixseil.
- Spaltenrettung.

Reepschnur mit 5–6 mm Durchmesser verwenden. Dünnere Reepschnüre sind zu schwach, dickere klemmen nicht. Klemmt in beide Richtungen.

 Eine dritte Umdrehung erhöht normalerweise die Klemmwirkung.

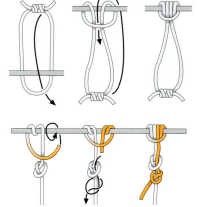

unten: gesteckt

Prohaska

- Sicherung an Fixseil.
- Fels- und Spaltenrettung.
- Auch als Rücklaufsperre geeignet (siehe unten).

Der Prohaska klemmt auch mit Bandschlingen, dicken Reepschnüren und an vereisten Seilen und ist leicht zu verschieben. Er ist dem Karabinerklemmknoten meistens vorzuziehen. Zwei oder max. drei Umdrehungen. Bevorzugte Klemmrichtung beachten.

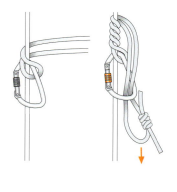

⇨ Reepschnur darf nicht auf Schnapper liegen. Karabiner sichern.

Kreuzklemmknoten

- Handschlaufe auf dem Gletscher.
- Selbstsicherung beim Abseilen.

Der Kreuzklemmknoten hält auch mit Bandschlingen und dicken Reepschnüren. Er verschiebt sich nicht so leicht. Bevorzugte Klemmrichtung beachten.

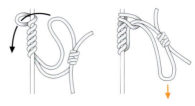

Rücklaufsperren

Rücklaufsperren verhindern das Zurückgleiten des Seils bei Flaschenzug und Selbstaufstieg (siehe Kapitel «Rettung»). Wichtig ist, dass sie nirgends aufliegen, auch nicht im Schnee.

Komfortabler sind spezifische Geräte wie z.B. der «Ropeman» (siehe S. 76).

Prohaska als Rücklaufsperre

Der Schiebeknoten Prohaska dient auch als zuverlässige, reibungsarme Rücklaufsperre.
- Umlenkung durch engen Karabiner mit möglichst rundem Querprofil.
- Bei passender Schlingenlänge ist der Wegverlust gering.

Garda

- Zwei *gleiche* Karabiner mit Dreieck- oder D-Form verwenden.
- Schraubkarabiner können Probleme verursachen.

Die Garda(-Bremse) hat viel Reibung, aber keinen Wegverlust.

Klemmt zuverlässiger, wenn die Karabiner mittels Ankerstich an einer Schlinge befestigt werden (statt im Zentralkarabiner eingehängt).

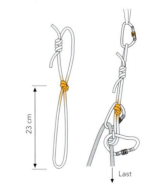
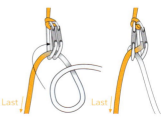

Anseilen

Anseilgurt

Hüftgurt
(Sportklettergurt, Sitzgurt)

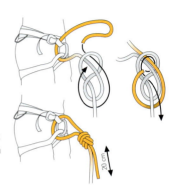

* Üblicher und bequemster Anseilgurt. Die Hüftgurt-Anseilmethode bietet nach heutigen Erkenntnissen denselben Sicherheitsstandard wie die kombinierte Anseilmethode *[Charlet 1996; Lutz und Mair 2002]*. Der Gurt muss gut festgezogen werden und optimal passen, was bei stark übergewichtigen Personen und bei Kindern mit erst schwach entwickelter Hüftpartie nicht gegeben ist.

⇨ Bei schwererem Rucksack problematisch.

Systemschnalle.   *Gurtverschluss, der zurückgefädelt werden muss.*

Kombinierte Anseilmethode: Hüft- und Brustgurt

* Ideal mit schwerem Rucksack (Kopf-oben-Position).
* Unpraktisch für Körpersicherung.
* Reepschnur mit mind. 8 mm Durchmesser verwenden.

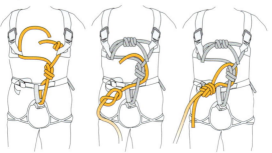

» Der höhere Anseilpunkt ist ungünstig zum Halten eines Spaltensturzes sowie beim Selbstaufstieg aus einer Gletscherspalte.

Mangelhafte Modelle

Alle anderen Anseilgurte sind bei der Möglichkeit von Stürzen oder freiem Hängen (also auch auf verschneiten Gletschern) ungenügend. Dies betrifft insbesondere:
- Ältere «Kombigurte» (zu hoher Anseilpunkt).
- Alleinige Verwendung des unteren Teils von alten, zweiteiligen Anseilgurten.
- Alleinige Verwendung eines Brustgurtes.
- Mit Reepschnüren oder Bandschlingen geknüpfte Anseilgurte.

Anseilen in der Seilmitte

Normalerweise binden wir uns direkt ins Seil ein, z.B. mit einem gesteckten Führerknoten oder mit dem Ankerstich.

Gesteckter Führerknoten

- Der Knoten wird nicht so voluminös wie bei einem (doppelt) gesteckten Achterknoten.
- Schlaufe wenn möglich mit Karabiner am Anseilring des Klettergurts sichern.

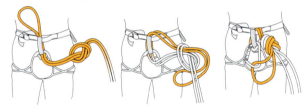

Ankerstich

- Einfache Möglichkeit mit geringem Seilverbrauch.
- Der Ankerstich lässt sich einfach am Seil verschieben, so dass wir am kurzen Seil stets die optimale Distanz einstellen können.

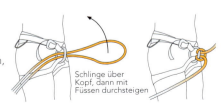

Schlinge über Kopf, dann mit Füssen durchsteigen

Anseilen mit Karabinern

Seilen wir uns für kurze Abschnitte oder auf sehr leichten Gletschertouren mit Karabinern an, beachten wir folgendes:
- Zwei Karabiner gegengleich verwenden, mind. einer davon mit Sicherung.
- Karabiner im Anseilring des Hüftgurts einhängen.

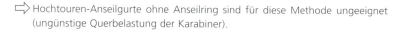

➪ Hochtouren-Anseilgurte ohne Anseilring sind für diese Methode ungeeignet (ungünstige Querbelastung der Karabiner).

Weiche

- Verbessert die Bewegungsfreiheit der mittleren Person einer Dreierseilschaft.
- Länge ca. 0,5 m (nicht ganz Armlänge).

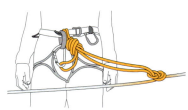

➪ Besser keine Weiche auf verschneitem Gletscher (Probleme bei der Spaltenrettung).

ⓘ Anseilen mit «direktem Seil» siehe S. 248, Kapitel «Hochtouren».

Improvisiertes Anseilen

- Gehen am kurzen Seil in sehr einfachem Gelände.
- Psychische Unterstützung.
- Führung lebhafter Kinder.

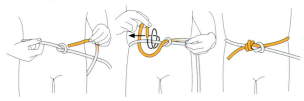

💣 Nur wo weder ein Sturz noch freies Hängen möglich sind! Nicht auf verschneitem Gletscher.

Seilverkürzung

Angeseilt wird an den Seilenden. Den Abstand zwischen den Seilschaftsmitgliedern passen wir mit der Seilverkürzung an.

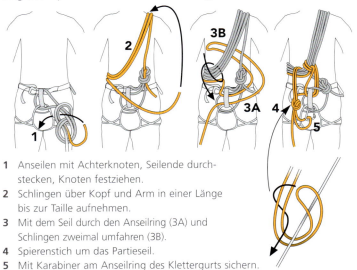

1. Anseilen mit Achterknoten, Seilende durchstecken, Knoten festziehen.
2. Schlingen über Kopf und Arm in einer Länge bis zur Taille aufnehmen.
3. Mit dem Seil durch den Anseilring (3A) und Schlingen zweimal umfahren (3B).
4. Spierenstich um das Partieseil.
5. Mit Karabiner am Anseilring des Klettergurts sichern.

Das Zurückstecken des Seilendes in den Achterknoten (Punkt 1) verhindert ein selbstständiges Lösen des Knotens, macht ihn aber auch schwieriger kontrollierbar.

Die Schlingen der Seilverkürzung werden ein zweites Mal umfahren, damit diese gleich lang bleiben und man sich bei der Spaltenrettung besser losseilen kann.

Wird statt eines einfachen ein doppelter Spierenstich verwendet (Punkt 4), braucht die Seilschlaufe nicht am Klettergurt gesichert zu werden (Punkt 5 entfällt).

Anseilen auf Gletscher

Günstig sind Seilschaften von drei bis ca. fünf Personen. Je grösser die Seilschaft, desto unregelmässiger wird das Tempo, vor allem für die Hinteren. Je weniger Leute am Seil sind, desto grösser müssen die Abstände gewählt werden. Dies gewährt einen grösseren Bremsweg im Falle eines Spaltensturzes.

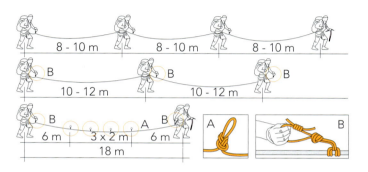

Bremsknoten erleichtern das Halten eines Spaltensturzes, erschweren aber die Spaltenrettung. Sie bremsen nur, wenn sich das Seil zuvor in der Spaltenlippe eingeschnitten hat. Der erste Knoten wird deshalb in 5 bis 6 m Entfernung angebracht, die restlichen in Abständen von 2 m. Bremsknoten werden nur eingesetzt, wo das Halten ein ernsthaftes Problem ist: Bei Zweierseilschaften und evtl. bei Dreierseilschaften auf steilen Gletschern.

⇨ In der Zweierseilschaft sind sowohl das Halten eines Spaltensturzes als auch die Spaltenrettung schwierig. Sie bleibt erfahrenen und gut ausgebildeten Personen vorbehalten.

Handschlaufe

Eine Handschlaufe erlaubt bei einem Spaltensturz das Anhängen der Last an die provisorische Verankerung und ist bei kleineren Seilschaften besonders wichtig. Alle Seilschaftsmitglieder befestigen sie in Gehrichtung, der Seilerste nach hinten. Verschiedene Handschlaufen sind möglich:

Schlinge mit Klemmknoten	◦ Reepschnur, Durchmesser ca. 6 mm.
	◦ An neuen, dünnen Seilen den Kreuzklemmknoten verwenden (Prusik rutscht, Prohaska verschiebt sich während des Gehens am Seil).
	◦ Keine Probleme bei Spaltenrettung.
Ins Seil geknüpft (Achterknoten).	◦ Bleibt am Ort.
	◦ Kann an der Unterseite der Schneelippe verklemmen und so ernste Probleme verursachen, wenn jemand nach einem Spaltensturz mit dem Schweizer Flaschenzug oder dem Mannschaftszug geborgen werden soll.
	◦ Erschwert Selbstaufstieg aus Spalte.
Schlinge mit Ropeman am Seil befestigt.	◦ Erleichtert den Bau eines Flaschenzugs und den Selbstaufstieg (siehe Abschnitt «Spaltenrettung»).
	◦ Ropeman muss für verwendeten Seildurchmesser zugelassen sein.

▷ Auch bei gestrecktem Seil müssen wir die Handschlaufe (bzw. deren Befestigung am Seil) mit der Hand erreichen.

Sichern

Im alpinen Gelände sind Stürze tabu, in der Halle und im Klettergarten an der Tagesordnung. Auf leichteren Klettereien und in gestuftem Gelände ist die Verletzungsgefahr bei einem Sturz beträchtlich. Überhängende Sportklettereien mit verlässlichen Zwischensicherungen in kurzen Abständen gelten als «sturzfreundlich».

Körper- oder Fixpunktsicherung

Klettergarten

Vom Boden aus sichern wir bequemer und präziser am Körper, d.h. wir befestigen das Sicherungsgerät im dafür vorgesehenen Ring des Klettergurtes. Damit reduzieren wir auch die auf Sicherungskette und Kletterer einwirkende Belastung, vor allem bei kleinen Stürzen.

Mehrseillängen-Touren

- Auf gut abgesicherten Mehrseillängenrouten sichern wir den Vorsteiger normalerweise am Körper.
- Im alpinen Gelände, wo das Risiko sehr harter Stürze besteht (hoher Sturzfaktor, siehe S. 132) oder wenn an einem Standplatz für den Sichernden Verletzungsgefahr besteht (z.B. hochschleudern in ein Dach direkt über dem Standplatz), sichern wir den Vorsteiger besser auf den Standplatz. Damit können wir etwas weniger genau sichern, doch wir reduzieren die Verletzungsgefahr des Sichernden. Weil bei harten, weiten Stürzen die zusätzliche Dämpfung durch den Körper des Sichernden nur noch gering ist, erhöht sich die auf Sicherungskette und Kletterer einwirkende Belastung durch die Standplatz-Sicherung nur unwesentlich.
- Den Nachsteiger sichern wir direkt am Standplatz.

Gewichtsunterschied

Körpersicherung nur anwenden, wenn der Kletterer maximal das 1½fache Gewicht des Sichernden hat. Sonst muss der Sichernde *von hinten* selbstgesichert sein, oder wir sichern (auch in Klettergarten und Kletterhalle) direkt auf die Verankerung. Diese muss die Qualität eines Standplatzes aufweisen.

Bei grossem Gewichtsunterschied
(Erwachsener mit Kindern) können
zwei Kinder dicht hintereinander
mit je einer eigenen HMS sichern.
Diese Methode ist geeignet zum
Einhängen eines Topropeseils, nicht
aber, um am Limit zu klettern.

Die Kunst des Sicherns

Grundhaltung und Reflexe

Nur bei korrekter Handhabung des Sicherungsgeräts, wenn das Bremsseil jederzeit in der geschlossen gehaltenen Bremshand liegt, halten wir jeden Sturz (siehe «Bedienung der Sicherungsgeräte» auf S. 158).

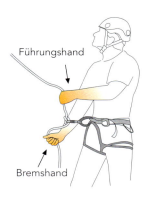

Die vordere Hand umfasst als Führungshand das Zugseil und dient bei einem Sturz als Frühwarnsystem. Sobald sie einen Ruck verspürt, drücken wir reflexartig beide Hände zusammen, die Bremshand noch bevor das Seil überhaupt durch diese durchgerutscht ist. Dieser Reflex funktioniert selbst dann, wenn unsere Aufmerksamkeit zum Zeitpunkt des Sturzes nicht dem Kletterer galt.

Die Führungshand hilft auch, den ersten Schlag zu dämpfen und unseren Körper zur Wand hin zu drehen, so dass wir uns besser vor einem Aufprall an der Wand schützen können.

Sichern in Bodennähe

Wir müssen unter allen Umständen verhindern, dass der Partner auf den Boden stürzt. In Bodennähe sichern wir besonders aufmerksam und relativ «hart».

Dynamisch sichern

Stürzt unser Kletterpartner weit über dem Boden oder dem letzten Band, so sichern wir «dynamisch», um einen harten Aufprall am Fels zu vermeiden. Dabei reduzieren wir den maximalen Fangstoss und nehmen einen etwas weiteren Sturz bewusst in Kauf. Dynamisch sichern heisst:
- Die Bremshand mit gestrecktem Arm vom Sicherungsgerät weg halten. Beim Sturz wird sie zum Sicherungsgerät hin gezogen. Halbautomatische Sicherungsgeräte (Grigri, Sirius usw.) blockieren schlagartig, so dass diese Möglichkeit entfällt.
- Im Moment des Zugs einen oder zwei Schritte nach vorne machen bzw. nach oben Mitspringen. Diese Möglichkeit entfällt am (Schlingen-)Stand.

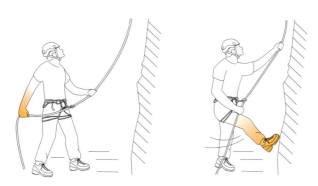

Schlappseil

Schlappseil vergrössert die Sturzhöhe unnötig und kann in Bodennähe leicht zu einem Sturz auf den Boden führen. Durch ständiges Beobachten des Kletterers (ohne Sichtkontakt des Seils) verhindern wir Schlappseil, ohne dabei den Kletterer durch Seilzug zu behindern.

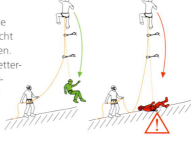

In gewissen Fällen (wenn die
Gefahr besteht, gegen eine
Dachkante zu prallen, oder
zum Überspringen eines gefährlichen Zwischenbandes)
müssen wir dem Partner
Schlappseil geben oder
äusserst dynamisch sichern.
Solche Stürze riskieren wir
besser nur mit einem sehr
routinierten Sicherer.

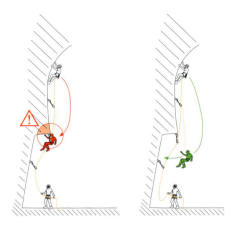

Rasches Seil-Ausgeben

Wenn wir sehen, dass unser Partner demnächst eine Zwischensicherung ein-
hängt, bereiten wir uns zum raschen Seil-Ausgeben vor:
* Bremshand gestreckt nach hinten, vordere Hand nahe beim Sicherungsgerät.
* Einen Schritt von der Wand weg stehen, das Gewicht auf dem hinteren
  Bein.

Beim Einhängen geben wir dem ganzen Arm voll Seil und gehen gleichzeitig
auf die Wand zu.

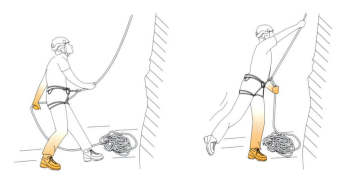

Position bei Körpersicherung

⇨ Wer beim Sichern sitzt oder sich gar hinlegt, sichert unpräzise und erhält beim Sturz des Vorsteigers einen kräftigen Schlag in den Rücken.

Bei einem Sturz wird der Sichernde in Richtung der ersten Zwischensicherung gezogen. Zu seinem eigenen Schutz gilt folgendes:

- Gewichtsunterschied beachten (siehe S. 150).

- Nahe der Wand stehen.
- Kein Hindernis (z.B. Rucksack, grosser Stein) vor den Füssen.

- Anfangs seitlich versetzt zum Kletterer stehen, damit dieser nicht auf den Sichernden stürzt.
- Körper zur Wand hin drehen, damit wir uns mit den Beinen vor einem Aufprall an der Wand schützen können.

- Fixpunktsicherung oder Körpersicherung mit enger Selbstsicherung wählen, wenn beim Hochgerissenwerden Verletzungsgefahr droht, z.B. wenn sich auf einer Mehrseillängenroute ein Dach direkt über dem Standplatz befindet.

- Bei schrägem Wandfuss von der unteren Seite her sichern, damit wir «bergauf» in Richtung Umlenkung gezogen werden.
- Selbstsicherung im abschüssigen oder absturzgefährdeten Gelände.

Stürzen

- Eine Hand ergreift das Seil beim Anseilknoten. Sie erlaubt es, unseren Körper in eine günstige Position zu bringen.
- Als Aufprallschutz halten wir die andere Hand auf Schulterhöhe vor den Körper und nehmen mindestens ein Bein mit leicht angewinkeltem Knie in hüfthohe Position.

> Wer sich in den Sturzraum eines anderen Kletterers begibt, riskiert, von ihm getroffen zu werden.

Sturztraining

Ein Sturztraining gibt dem Stürzenden Vertrauen in die Sicherung und die notwendige Übung, während dem Sturz die richtige Körperstellung einzunehmen. Es ist aber auch notwendig, um dynamisches Sichern zu erlernen: Wann genau laufen wir mit bzw. springen wir ab? Wie «hart» halten wir mit der Bremshand? Fürs Sturztraining ist die Kletterhalle ideal, weil dort auch mässig starke Kletterer im überhängenden Gelände üben können. Wir empfehlen folgendes Vorgehen:

- Sturztraining nur unter fachkundiger Aufsicht durchführen.
- Weit über dem Boden in einer gleichmässig überhängenden Wand springen. Nicht über einem Dach oder in der Nähe von Verschneidungen und Kanten springen.
- Mit ganz kleinen Stürzen beginnen, am Anfang nur hineinhängen.
- Direkt beim Haken zu springen, verhindert ein gefährliches Pendeln an den Fels. Der Sichernde steigert die Sturzhöhe, indem er allmählich mehr Schlappseil gibt.
- Eher fallen lassen als hinausspringen.
- Nur in zuverlässige Sicherungen springen und darunter noch eine weitere Sicherung einhängen.

Sicherungsgeräte

Wir beschränken uns auf gängige und empfehlenswerte Sicherungsgeräte. Wichtig ist, dass wir mit unserem Gerät vertraut sind und die korrekte Handhabung automatisieren. Der Wechsel zwischen verschiedenen Geräten kann die Gefahr von Umstellungsfehlern bergen.

⇨ Auch mit halbautomatischen Sicherungsgeräten wie Grigri, Sirius oder Antz müssen wir das Sichern erlernen und die Gebrauchsanweisung genau befolgen.

Bei allen Sicherungsgeräten muss die Bremshand das Bremsseil zu jeder Zeit vollständig umfassen. Dies gilt auch während dem schnellen Seil-Ausgeben, oder wenn wir mit der Bremshand am Seil nachfahren.

HMS

Zur Halbmastwurfsicherung benötigen wir lediglich einen HMS-Karabiner, d.h. einen grossen, birnenförmigen Karabiner mit Schraubverschlusssicherung (siehe S. 71). HMS-Knoten siehe Seite 141.
- Breiter Anwendungsbereich, auch auf alpinen Touren.
- Relativ hohe Bremswirkung, auch bei harten Stürzen geeignet.
- Die Bremswirkung ist bei jedem Eingabewinkel des Bremsseils gewährleistet.
- Krangelbildung bei falschem Eingabewinkel des Bremsseils.

Bremsseil nicht auf der Schnapperseite des Karabiners, sonst besteht die Gefahr, dass das Seil den Karabiner öffnet und sich aushängt.

 Der «Belay Master» oder das auf jeden HMS-Karabiner passende «Roblotape» verhindern das lästige Verdrehen des HMS-Karabiners im Anseilring (siehe S. 71).

 Die hier empfohlene Bedienung der HMS ist einfach und zudem sehr ähnlich zum Tuber, was die Ausbildung vereinfacht und allfälligen Umstellungsfehlern beim Wechsel des Sicherungsgerätes vorbeugt.

Tuber

Diese Kategorie umfasst eine Vielzahl von Geräten (ATC XP, Matrix, Revers(in)o, Piu, Tubus, VC usw.).
- Relativ geringe Bremskraft, ungeeignet bei hohem Sturzfaktor (ausser ATC XP).
- Bei Halbseiltechnik können die beiden Stränge getrennt bedient werden.
- Nachstiegssicherung nur mit den extra dafür vorgesehenen Modellen (z.B. Reverso, Matrix, Piu) möglich.
- Gute Abseilbremse.

Tuber bremsen nur, wenn wir das Bremsseil nach unten halten!

Ein Vorsteigersturz in den Stand (vor der ersten Umlenkung) ist kaum zu halten.

Grigri

Selbstblockierendes Sicherungsgerät für Einfachseile.
- Blockiert ruckartig, daher nur geeignet für mit Bohrhaken abgesicherte Einseillängenrouten, wo der Sichernde mitlaufen kann, um dynamisch zu sichern.
- Bremswirkung bei dünneren Seilen (unter 10 mm) nicht garantiert.

Der Hersteller beschreibt noch weitere Handhabungsmöglichkeiten zum Sichern. Wir empfehlen nur die nachfolgend beschriebene Gaswerk-Methode *[Britschgi, 2004]*, die als einzige sowohl das Bremshandprinzip als auch unsere Reflexe berücksichtigt.

Magic Plate

Selbstblockierendes Gerät zur Nachstiegssicherung, ideal bei zwei Nachsteigern. Die beiden Seilstränge lassen sich unabhängig voneinander bedienen.

Bedienung der Sicherungsgeräte

Seil ausgeben (Vorsteiger sichern)

- Daumen der Bremshand schaut zum Sicherungsgerät hin.
- Bremshand bleibt unten und umschliesst das Seil vollständig.
- Um wieder Seil geben zu können, mit der geschlossenen Bremshand dem Seil nach zurückfahren.

Zum schnellen Seil ausgeben die Arme ganz strecken.

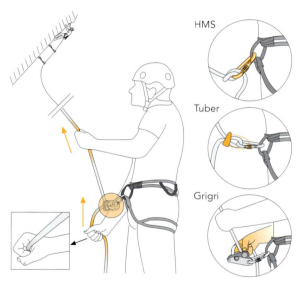

Seil einziehen (Toprope sichern)

- Daumen der Bremshand schaut zum Sicherungsgerät hin.
- Bremsseil nach schräg oben durchziehen und Bremshand *sofort* wieder nach unten nehmen.
- Um wieder Seil einziehen zu können, mit der geschlossenen Bremshand dem Seil nach zurückfahren.

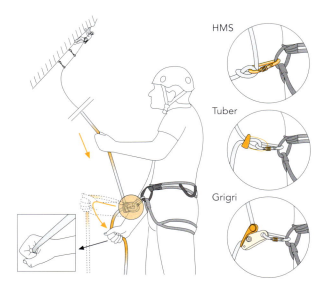

Nicht zu grosse Bewegungen machen, sonst können wir mit der Bremshand nicht mehr am Seil zurückfahren. (Dieses Problem betrifft vor allem Kletterer, welche früher die HMS mit einer anderen Seilhandhabung praktiziert haben).

Ablassen

Beide Hände umfassen das Bremsseil. Das Seil geben wir mit den Händen ein oder wir lassen es langsam durchrutschen. Die Bedienung der verschiedenen Sicherungsgeräte unterscheidet sich wesentlich.

HMS
- Bremsseil von *oben* eingeben (ein- und ausgehendes Seil müssen parallel sein), sonst bilden sich Krangel im Seil.

Tuber
- Bremsseil von *unten* eingeben, sonst ist die Bremswirkung aufgehoben.

Grigri
- Bremshand muss in tiefer Position das Seil ganz umfassen.
- Mit der anderen Hand Blockierung gefühlvoll lösen.

> Vorsichtig ablassen, denn die Gerätehandhabung widerspricht unseren Reflexen: Wenn wir erschrecken, ziehen wir am Entblockierungsbügel und heben damit die Bremswirkung auf.

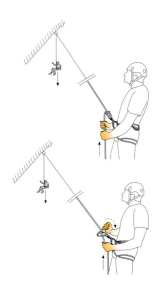

Nachsteiger sichern (vom Standplatz aus)

- Sicherungsgerät am Stand einhängen (keine Körpersicherung!).
- Um wieder Seil einziehen zu können, mit der geschlossenen Bremshand am Seil nach oben zurückfahren.
- Magic Plate und dafür vorgesehene Tuber (z.B. Reverso) blockieren selbständig.

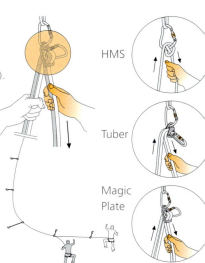

HMS

Tuber

Magic Plate

Seiltechnik **161**

> Für Nachstiegssicherung mit dem Tuber muss dieser anders eingehängt werden, was nur bei bestimmten Modellen möglich ist: Matrix, Revers(in)o, Piu.

Zum Sichern von zwei Nachsteigern an je einem Seilstrang Magic Plate oder dafür vorgesehene Tuber verwenden.

Blockieren

Zum Fixieren des belasteten Seils verwenden wir den Blockierungsknoten. Nach dem Lösen des Sicherungsknotens können wir ihn durch Zug am Bremsseil auch unter Belastung wieder lösen.

HMS
- Blockierungsknoten, siehe S. 141.

Tuber
- Zuerst mit dem Seil durch den Sicherungskarabiner fahren.
- Dann Blockierungsknoten wie bei HMS.

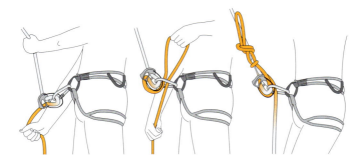

Lösen selbstblockierender Sicherungsgeräte

Viele der automatisch blockierenden Sicherungsgeräte (Magic Plate, Tuber) verunmöglichen das Ablassen des gestürzten Nachsteigers. Wir helfen uns wie folgt:

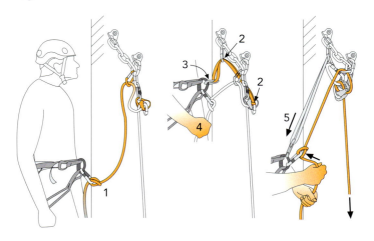

1 HMS im Anseilring des Klettergurts einhängen.
2 Schlinge am Querkarabiner des Sicherungsgeräts fixieren und am Stand umlenken.
3 Zur Umlenkung aufsteigen und Schlinge am Anseilring des Klettergurts fixieren.
4 Bremshand an HMS.
5 In Schlinge hängen und Nachsteiger mit HMS ablassen.

Abseilen

Ist das Gelände zu steil, um rasch und sicher abzuklettern, seilen wir ab. Weniger Geübte benötigen dazu allerdings viel Zeit.

Abseilbremsen

Abseilachter

- Empfehlenswerte Abseilbremse, trotz leichter Krangelbildung.
- Bei schnellem Abseilen wird der Abseilachter sehr heiss → vor dem Aushängen des Seils den Abseilachter mit einem Karabiner am grossen Ring festmachen.

Tuber

- Empfehlenswerte Abseilbremse, auch bei vereisten Seilen.
- Die beiden Seilstränge laufen getrennt, kein Verdrehen der Seile und keine Krangel.

Bei Seilen mit stark unterschiedlichen Durchmessern kann das dünnere Seil während dem Abseilen durch den Abseilring gezogen werden, so dass es plötzlich nicht mehr bis hinunter reicht. Gegenmassnahme: Seil so in die Verankerung einziehen, dass wir am dünneren Seil abziehen müssen.

Weitere Modelle

Das Magic Plate ist infolge der geringen Bremswirkung nur bei dicken Seilen empfohlen. HMS (extreme Krangelbildung) und Grigri (nur für Einfachseil) sind ungeeignet.

Abseilstand

Die Verankerung muss absolut zuverlässig sein, also etwa die Qualität eines Standplatzes aufweisen (siehe S. 215).

- Mindestens zwei verbundene Fixpunkte oder ein «bombensicherer» Fixpunkt wie z.B. ein Baum.
- Ein Karabiner oder Metallring reduziert die Reibung und beugt Schmelzverbrennungen beim Abziehen des Seils vor.
- Nicht so starke Fixpunkte (z.B. Normalhaken) gleichmässig belasten.

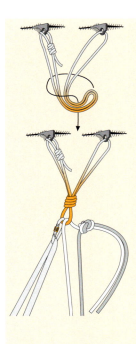

Abseilen an Schlingen

Notfalls dürfen wir auch direkt in einer Schlinge abseilen, weil sich (im Unterschied zum Toprope) das Seil beim Abseilen nicht bewegt und somit auch keine Reibungswärme entsteht, welche die Schlinge durchbrennen könnte.

- Vorhandene Schlingen kritisch prüfen und gegebenenfalls ersetzen. Insbesondere auf Hitzeschäden achten, wie sie beim Ausziehen des Seils entstehen können.
- Bandschlinge oder besser Reepschnur mind. 6 mm verwenden.
- Seil nicht zu schnell ausziehen.

👍 Einen alten Karabiner oder ein Maillon Rapide hängen zu lassen, schont die Schlingen und erleichtert das Ausziehen des Seils.

👍 Damit die Verankerung sicher und übersichtlich bleibt: die beste Schlinge belassen, eine neue dazu geben und alle anderen, alten Schlingen entfernen.

💣 Niemals Topropen oder Ablassen durch Schlingen, die Schlinge schmilzt durch (siehe S. 207)! Unmittelbar nach dem Abseilen das Seil ausziehen, solange wir noch wissen, dass an der Umlenkung nur eine Schlinge ist.

Abseilstand mit nicht verbundenen Fixpunkten.

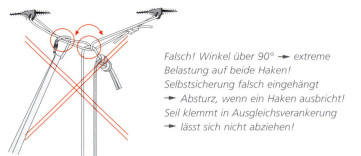

Falsch! Winkel über 90° → extreme Belastung auf beide Haken! Selbstsicherung falsch eingehängt → Absturz, wenn ein Haken ausbricht! Seil klemmt in Ausgleichsverankerung → lässt sich nicht abziehen!

Seile zusammenknüpfen

- Gut festgezogener Achterknoten, Enden ca. 50 cm.
- Bei unterschiedlich dicken Seilen direkt hinter dem Achterknoten einen zusätzlichen Führerknoten anbringen.
- Seil mit Knoten liegt felsseitig im Ring. So lässt es sich von unten besser abziehen.

Zusammenknüpfen von unterschiedlich dicken Seilen

[i] Die Seile scheuern weniger stark durch, wenn sie wie in der Rettung üblich, mit dem doppelten Spierenstich zusammengeknüpft werden. Zum Abseilen ist diese Seilverbindung aber ungeeignet, weil sich der Spierenstich (wie auch der gesteckte Achterknoten) an einer Kante nicht aufstellt und sich das Seil somit nicht über eine Kante abziehen lässt.

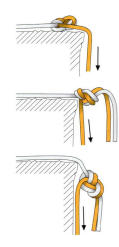

Der Achterknoten stellt sich an Felskanten auf, so dass sich das Seil besser abziehen lässt.

Vorgehen beim Abseilen

1) Selbstsicherung einhängen

Immer zuerst Selbstsicherung am Standplatz einhängen:
- Schlinge (Nabelschnur) mit Ankerstich am Anseilgurt befestigen.
- Karabiner mit Verschlusssicherung verwenden.

Als Nabelschnur eignen sich eine «Selbstsicherungsschlinge», eine «Daisychain» oder eine vernähte Polyamid-Bandschlinge von 120 cm Länge, in deren Mitte wir einen Achterknoten anbringen.

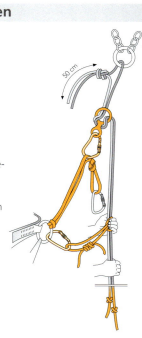

2) Klemmknoten anbringen

Einen Klemmknoten (z.B. Prusik, bei neuen, dünnen Seilen besser Kreuzklemmknoten, siehe S. 143) um beide Seile legen und mit gesichertem Karabiner am Anseilring fixieren.

Klemmknoten bereits anbringen, während der Untere abseilt.

> Für den Klemmknoten eine kurze Schlinge verwenden, damit er auch unter Belastung nicht in die Abseilbremse gelangen kann.

3) Abseilbremse einhängen

- Abseilbremse ins Seil einhängen, sobald dieses entlastet ist. Wenn wir das Seil zuerst etwas durch den Klemmknoten hochziehen, können wir die Abseilbremse am unbelasteten Seil leichter einhängen.
- Abseilbremse mit gesichertem Karabiner an der Nabelschnur einhängen (im unteren Ring der «Selbstsicherungsschlinge» oder unterhalb des Achterknotens).

Um bei ungeübten Personen Fehler zu vermeiden, deren Abseilbremse und Klemmknoten bereits am Seil einhängen, bevor der (erfahrene) Erste abseilt.

4) Check vor Aushängen der Selbstsicherung

- Seil richtig in der Verankerung und zusammengeknotet?
- Abseilbremse richtig eingehängt und an Nabelschnur fixiert?
- Klemmknoten korrekt und am Anseilring eingehängt?
- Seil sicher genügend lang oder Knoten an Seilenden (bei ungleich langen Seilen immer)?

5) Selbstsicherung aushängen

6) Abseilfahrt

- Wir verhindern ein Ausrutschen oder Auspendeln, indem wir breitbeinig stehen, weit nach hinten lehnen und möglichst in der Falllinie bleiben.
- Der Letzte achtet darauf, dass die Seile nicht in einem Riss verlaufen und nicht verdreht sind. Sonst können die Seile beim Abziehen verklemmen.

> Knoten im Seilende verhindern das Abseilen über das Seilende hinaus (→ Absturzgefahr!). Sie müssen vor dem Ausziehen des Seils unbedingt gelöst werden.

7) Unten angekommen

- Zuerst Selbstsicherung einhängen,
- dann 1–2 m Seil durch Abseilbremse und Klemmknoten ziehen, damit der Nächste seine Abseilfahrt möglichst bald beginnen kann.
- Erst jetzt Abseilbremse und danach Prusik aushängen.

⇨ Am Ende der untersten Abseilstelle, wenn keine Absturzgefahr mehr besteht: seitlich aus dem Gefahrenbereich weggehen.

Schutz vor Unachtsamkeit

Wir reduzieren Unfälle infolge Unaufmerksamkeit, wenn wir zuerst die neu angebrachte Sicherung belasten und erst dann die alte aushängen. Beispiele:
- Am Beginn der Abseilfahrt zuerst mit dem vollen Gewicht in die Abseilbremse hängen und Selbstsicherung erst danach aushängen.
- Am unteren Abseilstand die Selbstsicherung einhängen und so lange weiter abseilen bis unser Gewicht in der Selbstsicherung hängt. Abseilbremse erst dann lösen.

Bei Gedränge am Abseilstand die Selbstsicherung ständig gespannt halten. Damit verhindern wir, dass uns ein anderer Kletterer aus Versehen aushängt.

Seil ausziehen

- Sich merken, an welchem Seil wir ziehen müssen.
- Ohne Seil sind wir in der Wand blockiert, darum beide Seilstränge am neuen Stand behalten und das Zugseil sogleich in die neue Verankerung einfädeln. Das andere Ende erst loslassen, wenn es nach oben weggezogen wird.
- Wenn das Seil beim Abziehen klemmt, versuchen wir zuerst, es mit Schwingen zu lösen. Müssen wir im Notfall kräftig an einem verhängten Seil ziehen, besteht eine beträchtliche Steinschlaggefahr.

Damit wir nicht aus Versehen einen Knoten hinauf ziehen, das hinauf gehende Seil durch eine am Klettergurt befestigte Expressschlinge laufen lassen (nicht durch einen Karabiner am Stand, dort kann ein Knoten durchgehen, ohne dass wir den Ruck verspüren).

Abseilpisten

- Alle sind immer selbstgesichert.
- Erfahrenster seilt zuerst ab.
- Seil jeweils von unten/hinten her in den nächsten Abseilring einziehen. So kommt der Knoten felsseitig des Rings zu liegen und das Seil lässt sich später auch wieder abziehen.

Mit Gruppe über Abseilpiste abseilen

Mit der «J+S-Methode» können auch Gruppen rasch eine Abseilpiste bewältigen. Sie verlangt eine hohe Disziplin aller Teilnehmer. Zudem müssen alle Teilnehmer das Abseilen beherrschen.

- Zuoberst seilen als letzte Seilschaft die zwei erfahrensten Teilnehmer (weiss) «normal» ab mit zwei Seilen (A).
- Die anderen (orange) seilen am Einfachseil ab, der Leiter zuerst.
- Obere Seilschaft löst den Knoten (B) und wirft das Seil hinunter, aber erst wenn:
  1. Alle Leute vom unteren Seil am nächsten Abseilstand (C) selbst gesichert sind (schauen) *und*
  2. das Seil unten fixiert ist *und*
  3. von unten das o.k. zum Lösen des Seils gegeben wurde (rufen, inkl. Name desjenigen, der das Seil lösen soll) *und*
  4. die oberen Seile aus (A) abgezogen sind.

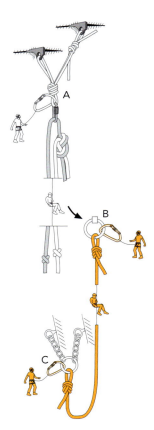

Beim Abseilen das Seil *nie entlasten,* damit es nicht aus Versehen zu früh ausgehängt werden kann.

Diese Technik nur bei Sicht- und Rufkontakt anwenden. Das kürzeste Seil als unterstes nehmen.

Überhängend oder schräg abseilen

Wie erreicht der Erste den nächsten Abseilstand, wenn dieser seitlich versetzt oder die Wand überhängend ist?
- Fortlaufend beide Seilstränge in Zwischensicherungen einhängen.
- Bei Überhängen rechtzeitig mit energischem Pendeln beginnen.
- Bei schrägen Abseillängen gerade abseilen. Auf Höhe des Standplatzes entweder zum Standplatz hinüber klettern oder der Wand entlang hin und her rennen, bis wir zum Standplatz pendeln.

Am unteren Abseilstand angelangt, fixieren wir beide Seilstränge (nicht gestreckt). Der Zweite hängt etwaige Zwischensicherungen aus. Am Schluss ziehen wir ihn am Seil zum Stand hinein.

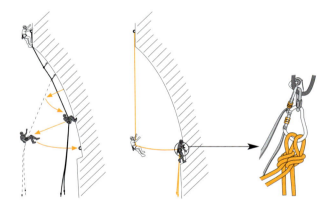

Abbremsen

Bei einzelnen Abseilstellen und weniger geübten Teilnehmern schneller als Abseilen. Der Leiter klettert ab oder er seilt am Schluss ab.

Check vor Aushängen der Selbstsicherung:

- Seilende am Stand fixiert?
- Teilnehmer richtig angeseilt?
- Sicherungskarabiner richtig eingehängt, HMS korrekt, Karabiner zugeschraubt?
- Hat der Leiter seine Hände am Bremsseil?

Unten angekommen:

- Zuerst Selbstsicherung anbringen, dann losseilen.
- Keine Abrutschgefahr: seitlich aus dem Gefahrenbereich weggehen.

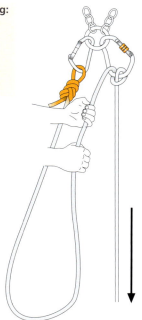

Wenn nicht absolut sicher ist, dass das Seil reicht, das freie Seilende am (oberen) Stand fixieren!

Für eine stärkere Bremswirkung den HMS-Karabiner so drehen, dass der HMS-Knoten im engen Karabinerradius liegt.

SAC – Bergsport Sommer

Felsklettern

Besser klettern	174
Bouldern	197
Halle und Klettergarten	199
Verankerungen im Fels	208
Mehrseillängen-Routen	214
Kniffs und Tricks für harte Routen	221

Besser klettern

Begriffe

Klettergarten Meistens Einseillängenrouten bis ca. 35 m Höhe. Wir sichern vom Boden aus und benutzen einen Metallring am Routenende als Umlenkung.

On sight Klettern einer Route im Vorstieg, über die wir nichts wissen und zuvor niemanden darin gesehen haben. Die Sicherungskette darf nicht belastet werden.

Flash Klettern einer Route im Vorstieg im ersten Versuch, ohne die Sicherungskette zu belasten. Im Unterschied zu «on sight» aber mit beliebigen Vorkenntnissen (beobachten anderer Kletterer, zugerufene Tipps usw.).

Rotpunkt Wir klettern eine Route im Vorstieg, ohne die Sicherungskette zu belasten. Zuvor haben wir die Route beliebig lange eingeübt («ausgecheckt», siehe S. 194).

Toprope Im Klettergarten wird das Seil am Routenende umgelenkt. Der Kletterer ist von oben gesichert, der Sichernde steht am Boden.

Allgemeines

Klettern ist ein ganzheitlicher Sport, der nebst Kraft, Technik und Beweglichkeit auch unsere geistigen Fähigkeiten fordert. Bei den vielen Einflussgrössen gibt es keine einfache Kochbuch-Anleitung, die uns Fortschritte im Klettern garantiert. Am Anfang jedes sinnvollen Trainings steht deshalb eine Standortanalyse. Sie bildet die Basis für den weiteren Aufbau.
- Wo stehe ich heute und welches sind meine Stärken und Schwächen?
- Was will ich erreichen und was kann ich dafür investieren?

Erst wenn diese Fragen geklärt sind, fragen wir uns, *wie* wir das Ziel erreichen.

[i] Empfohlene Bücher zum Klettertraining: *Sigrist [2003], Neumann [2003], Köstermeyer [2005], Albesa und Lloveras [2001].*

Feedback

Nur selten haben wir einen Klettertrainer zur Verfügung, der unseren Kletterstil analysiert. Um unserem Kollegen ein brauchbares Feedback geben zu können, konzentrieren wir uns abwechselnd auf einen Teilaspekt, z.B. auf die Fussarbeit, den Kletterfluss, die Bewegungsgenauigkeit usw.

Das Technikprotokoll zur Fehleranalyse kann unter www.sac-cas.ch heruntergeladen werden.

Wo lerne ich besser klettern?

Fortschritte machen wir nicht auf einer langen Klettertour, sondern im Klettergarten, der Kletterhalle und ganz besonders beim Bouldern. Nur dort können wir uns frei von Angst voll auf das Klettern konzentrieren und dabei auch neue Bewegungen ausprobieren und bekannte Bewegungen perfektionieren.

Gestaltung eines Klettertags

Klettern wir an einem Tag verschiedene Routen, so ist folgender Ablauf ideal:

Aufwärmen	Den Kreislauf aktivieren sowie die Muskeln bewegen und leicht andehnen.
Einklettern	Leicht einklettern reduziert das Verletzungsrisiko und steigert die Leistungsfähigkeit.
Technik	Techniktraining oder technisch anspruchsvolle Kletterei.
Maximalkraft	Schwierige Einzelstellen, Bouldern.
Kraftausdauer	Ausdauerrouten (Routen, die «harte Arme» geben).
Ausklettern	Zum Einleiten der Regeneration.

Klettern und Erholung

Klettern kann Erholung vom Alltag sein, doch müssen wir uns manchmal auch vom Klettern erholen. Es gelten grob folgende Regeln:
- Zwei Maximalkraft-Tage (z.B. Bouldern) müssen mind. drei Tage auseinander liegen (z.B. So, Mi)
- Ausdauerbelastungen können wir zwei aufeinander folgende Tage durchhalten, benötigen danach aber ebenso viele Erholungstage.
- Nach einem Maximalkrafttag können wir einen Ausdauertag anschliessen. Die umgekehrte Reihenfolge ist ungünstig.

In den Kletterferien werden wir diese Regeln kaum einhalten. Wer aber in der Mitte der Woche einen Ruhetag einlegt, wird an diesem nicht nur Land und Leute kennen lernen, sondern danach auch wieder motivierter und schwieriger klettern.

Kraft

Kraft ersetzt die Klettertechnik nicht, aber ohne Kraft ist schwieriges Klettern unmöglich. Das Ziel ist nicht, eine Route ohne Kraft hoch zu kommen, sondern mit der vorhandenen Kraft eine möglichst schwierige Route zu klettern.

Maximalkraft

Wie viel Kraft uns zur Verfügung steht, messen wir mit der Maximalkraft. Sie entspricht der Belastung, die wir ein einziges Mal ziehen können, bzw. demjenigen Griff, den wir gerade eine Sekunde lang halten können. Für das Klettern von Bedeutung ist die relative Maximalkraft, d.h. die Maximalkraft bezogen auf das Körpergewicht.

Maximalkraft setzen wir beim Bouldern und an der Schlüsselstelle ein. Vor einem erneuten Versuch benötigen wir mindestens fünf Minuten Pause.

Kraftausdauer

Bei Belastungen von ca. 50 bis 90% der Maximalkraft bildet sich im Muskel Milchsäure (Laktat), die nicht genügend schnell abtransportiert wird und den Muskel übersäuert (wir kriegen «harte Arme»). Die Erholungszeit beträgt ca. ¾ Stunden.

Ausdauerkraft

Belastungen unter ca. 50% der Maximalkraft können wir lange durchhalten, ohne dass es zu einer Übersäuerung der Muskulatur kommt.

Wie viel Kraft einem Kletterer wirklich zur Verfügung steht, ist in einer Route schwierig zu beurteilen. Dazu vergleichen wir besser die Hängezeiten an einem bestimmten Griff.

[i] Krafttraining zum Klettern siehe *Sigrist [1999]*.

Beweglichkeit

Nützlich ist eine gute Beweglichkeit vor allem in Hüft- und Schultergelenken. Dabei müssen wir die entsprechende Position aktiv einnehmen und unsere Bewegungen auch in extremen Körperpositionen noch präzise ausführen können.

Es haben nicht alle Personen gleich viel Kraft und es sind von Natur aus auch nicht alle gleich beweglich. Die Beweglichkeit nimmt normalerweise mit dem Alter ab, lässt sich aber mit Dehnungsübungen auch verbessern.

Beweglichkeitstraining siehe *Albrecht und Meyer [2005]*.

Greifen

- Wir sparen viel Kraft, wenn wir die Griffe möglichst «weich» halten (nur so fest wie nötig statt so fest wie möglich).
- Können wir Griffe als «Horn» oder mit dem Daumen halten, schonen wir die sonst stark belasteten Fingerbeuger. ➝ Grundsatz: möglichst verschiedene Muskeln einsetzen.
- Mit hängender Fingerstellung ist die Verletzungsgefahr geringer, als mit aufgestellten Fingern.

Leiste
- Kleine, scharfe Griffe halten wir mit aufgestellten Fingern.
- Oft wird auch noch der Daumen auf die Leiste genommen.
- Aufgestellte Finger bergen ein erhöhtes Verletzungsrisiko.

Aufleger
Grosse, runde, abschüssige Griffe («Aufleger, Sloper») halten wir mit hängenden Fingern.

Loch
- Zweifingerloch, hier mit hängenden Fingern gehalten.
- Löcher können wir besser halten, wenn wir die Finger richtig hinein «stopfen».

Zange, Pinch
- Wir drücken mit dem Daumen gegen die anderen Finger.
- Schmale Zangengriffe «Pinch» sind besonders kraftraubend.

Horn
- «Hörner» halten wir mit der Kleinfinger-Seite der Hand.
- An Hörnern können wir oft ausruhen und die bei normalen Griffen limitierenden Fingerbeuger entspannen.

Stützgriff
- Vor allem am Übergang ins flache Gelände, in Verschneidungen und Kaminen verwendet.
- Stützgriffe erlauben ein Entspannen der sonst stets beanspruchten Zugmuskulatur.

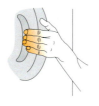

Seitengriff
- Die übliche Art, einen vertikalen Griff zu halten. Ermöglicht einen weiten Kletterzug.
- Der Daumen zeigt nach oben: mit Seitengriffen kommt es gut.

Gaston («auf Schulter»)

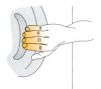

- Als Gaston sind vertikale Griffe meistens kraftraubender zu halten und ein weiter Kletterzug ist kaum möglich.
- Der Daumen zeigt nach unten.

Untergriff

- Untergriffe erlauben sehr weite Kletterzüge.
- Hoch oben, mit gestrecktem Arm, sind sie schwierig zu fassen. Am besten sind sie auf Hüfthöhe.

Untergriff merken, bevor wir mit dem Kopf vorbei geklettert sind. Danach sehen wir ihn nicht mehr.

Fingerklemmer

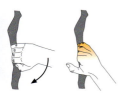

- Die Finger mit dem Daumen nach unten in den Riss stopfen.
- Finger-Grundgelenke um 90° anwinkeln.
- Mit dem Arm nach unten ziehen.

Handklemmer

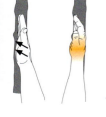

- Hand locker in den Riss führen, Daumen wenn möglich oben.
- Hand quer aufrollen: Mittelhandknochen des Daumens und «Knoden» des kleinen Fingers zueinander ziehen. Die Hand wird dicker und klemmt im Riss. (Nicht mit den Fingerbeugern ziehen!)

Einzelne Handklemmer zwischen Sintersäulen, in Löchern oder kurzen Rissen ergeben oft gute Ruhepositionen.

Evtl. Handrücken mit «Tape» (Leukotape) schützen, v.a. im rauen Kalk oder Sandstein.

In breiteren Rissen die Faust oder den ganzen Unterarm verklemmen. Noch breiter: siehe «Kamine» auf S. 193.

Treten

- Mit möglichst viel Gewicht auf den Füssen sparen wir Armkraft.
- Ein kleines Trittchen am richtigen Ort nützt oft mehr als ein grosser Tritt am falschen Ort.
- Auf kleinen Tritten und insbesondere für Löcher muss der Schuh eng sitzen (siehe S. 68).

Stehen auf dem Tritt

Leiste
- Auf schmalen, scharfen Leisten treten wir normalerweise mit dem Innenrist an.
- Wollen wir den Körper schräg zur Wand drehen, so stehen wir mit dem Aussenrist (siehe S. 188, «Eindrehen»).

⇨ Auch bei seitlichen Tritten mit dem vorderen Teil des Schuhs antreten. Sonst können wir weder den Fuss auf dem Tritt drehen noch einen Trittwechsel auf den anderen Fuss machen.

 Ein etwas härterer Kletterschuh hält besser.

Loch
- Löcher treten wir frontal.
- In einem kleinen Loch zu stehen, braucht viel Zehenkraft. Vorteilhaft ist ein enger, spitzer Schuh.

Reibungstritt
- Reibungstritte frontal treten.
- Ferse nach unten hängen lassen.

Ein weicher Schuh hält besser.

Stehen im Riss
- Fuss quer (hochkant) in den Riss einführen.
- Anschliessend den Fuss im Riss drehen.

Ziehen am Tritt
Tritte können wir nicht nur treten, sondern auch ziehen:
- mit der Ferse (Heelhook).
- mit dem Fussballen (Foothook).
- Ein Toehook (Ziehen mit den Zehen) erleichtert das «Aufsitzen» auf einen hohen Tritt. Im Unterschied zum Heelhook ist der Fuss beim Aufstehen bereits richtig auf dem Tritt positioniert.

Diese Techniken eignen sich nicht nur für Dächer und Kanten!

Unbelastet antreten

Damit wir den nächsten Schritt bequem machen können und Zeit haben, den Fuss exakt zu setzen, müssen wir das entsprechende Bein zuvor entlasten. Wir haben zwei Möglichkeiten:

1) Ganzes Gewicht auf Standfuss

Durch eine Verschiebung des Körperschwerpunkts über das Standbein entlasten wir das andere Bein.

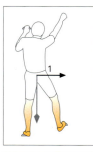

Ausgangslage: Ein am Körperschwerpunkt befestigtes Pendel zeigt zwischen die Füsse. Das zeigt, dass beide Beine belastet sind.

Den Körper so weit nach rechts verschieben, bis das ganze Gewicht auf dem rechten Fuss liegt (Pendel zeigt auf rechten Tritt).

Antreten mit dem unbelasteten, linken Fuss. Der Rest des Körpers bleibt unbewegt.

Das linke Bein ist noch unbelastet. Es bleibt genügend Zeit, den Tritt exakt anzutreten.

2) Stützen

Die Stütztechnik erlaubt ein unbelastetes Antreten, ohne dass der Körperschwerpunkt über das Standbein verschoben werden muss.

Der linke Fuss ist belastet (am Körperschwerpunkt belastetes Pendel zeigt auf ihn), wir können ihn ohne Kraftakt der Arme nicht anheben.

1 mit der linken Hand links aussen auf Hüfthöhe stützen. Beide Arme sind (möglichst) gestreckt.

Rechtes Bein und linker Arm stützen den Körper. Der linke Fuss liegt zwar unter dem Köperschwerpunkt, ist aber unbelastet.

2 Antreten mit dem unbelasteten, linken Fuss. Der Rest des Körpers bleibt unbewegt.

Das Gewicht wird vom linken Arm auf das linke Bein übertragen. Die Hand wird damit frei zum weiter Greifen.

Kletterregeln

Kletterregeln sind keine sturen Vorschriften, aber sie erleichtern oftmals das Klettern.
- Der Körperschwerpunkt gehört über die Standfläche: im steilen Gelände nahe an die Wand, auf der Platte aufrecht über die Füsse.
- Wir sind stabiler, wenn wir an drei Punkten Felskontakt haben, die nicht alle in einer Linie liegen.
- Beide Füsse bewusst positionieren. Ohne Tritt drücken wir den zweiten Fuss an die Wand, und in bestimmten Fällen lassen wir ihn auch bewusst am richtigen Ort in der Luft hängen.
- Während der Zugphase (siehe unten) ausatmen.
- Weich greifen, d.h. wir halten uns nur so fest wie nötig, nicht so fest wie möglich.

Standardbewegung

Die Standardbewegung beschreibt die einzelnen Phasen einer idealen Kletterbewegung im steilen Gelände (senkrecht oder überhängend). Nicht bei jedem Kletterzug führen wir alle Phasen durch, manchmal lassen wir einzelne Phasen aus. Beobachten wir aber einen Kletterer auf einer Route, so erkennen wir rasch systematische Fehler, d.h. nicht korrekte oder fehlende Phasen. Dort setzt ein erfolgreiches Techniktraining an.

Die 8 Phasen der Standardbewegung

1) Ziel festlegen	Sich für den nächsten Griff entscheiden.
2) Planen	Die erforderliche Kletterbewegung planen.
3) Vorbereiten	Mit der ausgeschüttelten Hand zurück an den letzten Griff.
4) Treten	Die Bewegung mit beiden Füssen vorbereiten, Arm(e) möglichst gestreckt.
5) Ziehen	Körper mit den Beinen hochstossen, soweit nötig von beiden Armen unterstützt.
6) Greifen	Mit gestrecktem Arm den Zielgriff erreichen, der Körper bewegt sich nicht.
7) Stabilisieren	Den Körper in eine stabile Position bringen.
8) Ruhen	Arm ausschütteln, Haken einhängen, chalken.

Felsklettern **185**

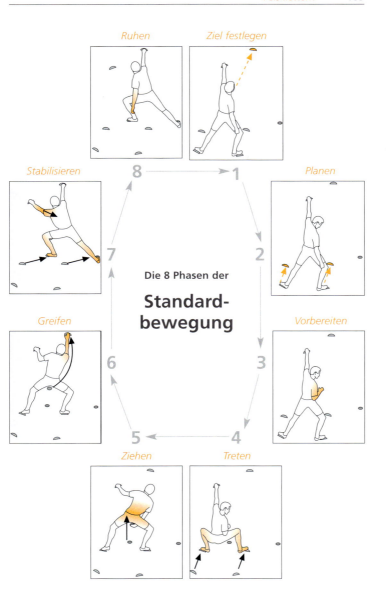

Technikelemente

Technikelemente sind kleine Bewegungsmuster. Je mehr solcher Elemente wir beherrschen, desto eher passt eines davon auf die zu meisternde Kletterstelle.

Je besser unser «Programm» für ein Technikelement sitzt, desto schwierigere Stellen können wir damit klettern. Die Korrektur eines schlechten Programms ist oftmals schwieriger, als ein Technikelement neu zu erlernen. Es lohnt sich deshalb, die Techniken von Anfang an richtig zu erlernen.

Technik Erwerbs-Training (TET)

In einem ersten Schritt machen wir uns bei tiefen Belastungen mit einem neuen Technikelement bekannt. Wichtig sind eine genügende Anzahl Wiederholungen (ca. 20 x) und eine saubere Ausführung.

Technik Anwendungs-Training (TAT)

Bevor wir ein neues Technikelement anwenden können, müssen wir es festigen. Zuerst erhöhen wir die Belastung, d.h. wir führen es an schwierigen Kletterpassagen durch. Damit lernen wir die Nuancen und verbessern unser Programm.
Danach müssen wir es sehr oft und unter zunehmend schwierigeren Bedingungen üben, denn in überraschenden Situationen, bei Ermüdung oder unter Stress sind nur die wirklich gut gefestigten Technikelemente verfügbar.

Frosch

Standardbewegung mit dem Körper frontal zur Wand.

Beide Arme sind möglichst gestreckt

1 Mit beiden Füssen hoch antreten. Der Rest des Körpers bleibt unbewegt, die Arme gestreckt.

Frosch-Stellung: Beide Beine sind mit stark angewinkelten Knien auf ungefähr gleich hoch gelegenen, mit Innenrist gestandenen Tritten. Die Arme sind möglichst gestreckt, die Schulter entspannt und der Körper tief und nahe an der Wand.

2 Körper mit beiden Beinen hochstossen, soweit nötig mit Zug von den Armen unterstützt.

3 Am toten Punkt, wenn der Körper praktisch oben ist, greifen wir rasch und entschlossen nach dem Zielgriff.

Der Zielgriff wird mit gestrecktem Arm erreicht.

Zum Üben merken wir uns den Zauberspruch: «treten – ziehen – greifen».

Eindrehen

Kraftsparendes Klettern von weiten Zügen an Seitengriffen. Eine der wichtigsten Techniken im steilen Fels und in der Kletterhalle.

Ausgangslage: linke Hand relativ hoch an *Seitengriff*.

1. Mit rechtem Fuss mit Aussenrist auf einen ziemlich genau unter dem Seitengriff gelegenen Tritt antreten. Körper dabei nach links eindrehen («Seitengriff anschauen»).

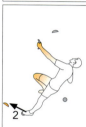

Gewicht wird vom rechten Fuss übernommen. Der ebenfalls belastete linke Arm bleibt (wenn möglich) gestreckt.

2. Mit linkem Fuss mit Innenrist links oben antreten, damit eine stabile Stellung erreicht wird.

Beine und linke Hand ergeben eine stabile Position. Wenn für den linken Fuss kein geeigneter Tritt vorhanden ist, wird er gegen die Wand gedrückt.

3. Mit dem rechten Bein den Körper so weit als nötig hochdrücken.
4. Mit rechter Hand nachgreifen.

Der Zielgriff wird mit gestrecktem Arm erreicht.

👍 Eindrehen in beide Richtungen üben!

Überkreuzen mit den Armen

Mittels Überkreuzen meistern wir Quergänge oder komplizierte Griffabfolgen ohne Handwechsel.

Der Zielgriff befindet sich jenseits des mit der anderen Hand gehaltenen Griffs.

1 Wir ergreifen (hier mit dem linken Arm) den Zielgriff *über* dem Haltearm durch.

2 Eine Körperrotation bringt den Schwerpunkt unter den neu gefassten Griff. Dabei wird der Körper bewusst tief belassen («in die Schulter hängen»). Die Arme bleiben gestreckt, die Knie sind angezogen und die Füsse drehen sich auf den Tritten.

Der Körper befindet sich unter der linken Hand, der Arm ist gestreckt. Die unbelastete rechte Hand kann weitergreifen.

Greifen wir *unter* dem Haltearm durch zum Zielgriff, sprechen wir von Unterkreuzen. Dies erfordert oft weniger Kraft zum Erreichen des Zielgriffs, doch ist das Auflösen meistens schwieriger als beim Überkreuzen (oder gar unmöglich).

Dynamisch klettern

«Ein statisch gekletterter Zug liegt noch nicht an unserem Limit...» Dynamische, uns unbekannte Züge bergen immer ein gewisses Sturz- und Verletzungsrisiko. Wir wagen sie nur bei guter Sicherung.

Beide Füsse sind genügend hoch positioniert, die Arme gestreckt und der Körper tief. Auch die Schultern werden bewusst hängen gelassen.

1 Die Bewegung beginnt bei den Füssen und pflanzt sich wellenartig durch den Körper nach oben fort. Der Hub erfolgt vorwiegend durch Stossen mit den Beinen, während die Arme den Körper möglichst nahe an die Wand bringen.

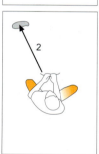

2 Erst wenn der tote Punkt der Aufwärtsbewegung (annähernd) erreicht ist, führen wir die eine Hand rasch zum Zielgriff. Während dieser Phase konzentrieren wir uns auf die Haltehand.

Der Zielgriff wird mit gestrecktem Arm erreicht und sofort voll belastet. Eine hohe Körperspannung verhindert das Nachschwingen der Füsse.

 Dynamische Züge gelingen nur, wenn wir sie wild entschlossen angehen. Zum Überwinden psychischer Blockaden empfehlen wir, solche Züge zuerst beim Bouldern zu üben.

Plattenklettern

- Fuss frontal aufsetzen und Ferse hängen lassen.
- Ganzes Gewicht auf die Füsse! Wir müssen das Gefühl haben, sie ständig «in den Fels hinein» zu drücken.

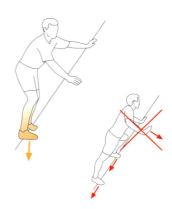

Wenn wir auf den Fels lehnen oder uns ganz ausstrecken, belasten wir die Tritte parallel zur Wand, und wir rutschen leicht aus.

Dülfer (Piaz)

- Beide Arme sind möglichst gestreckt.
- Je höher wir die Füsse nehmen, desto grösser ist der Anpressdruck und desto besser halten sie auch ohne Tritte und im steilen Gelände. Allerdings brauchen wir dabei auch viel mehr Kraft.

Auch kleinste Tritte ausnutzen und Füsse nur so hoch hinauf nehmen, dass wir gerade nicht abrutschen.

Verschneidung

- Wenn wir in einer Verschneidung hochspreizen, ist die Wand für uns «flacher». Kriechen wir in den Verschneidungsgrund hinein, so kommt unser Körper ausserhalb der Standfläche zu liegen, und wir müssen uns mit den Armen hineinziehen.
- Griffe wenn möglich stützen. Dabei kann der Fuss durchaus bei der Hand platziert werden.

In Verschneidungen wenn immer möglich aussen bleiben!

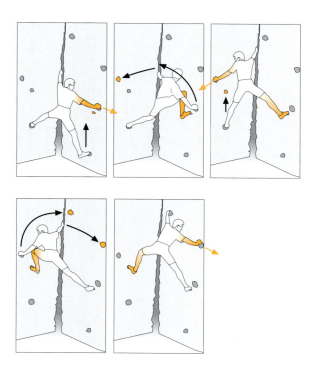

Kamin

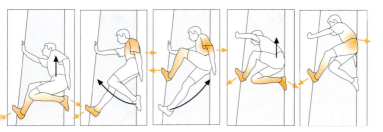

Je nach Breite des Kamins verwenden wir verschiedene Techniken. Allen gemeinsam ist folgendes:
- Wir verwenden beide, einander zugeneigten Wände.
- Wir stützen uns mit den Armen ab, damit wir ein Bein oder den Rücken entlasten und höherschieben können.
- Wenn immer möglich bleiben wir ganz aussen im Kamin. Kriechen wir hinein, so müssen wir bei Engstellen oder am Kaminende oftmals schwierig nach aussen klettern.

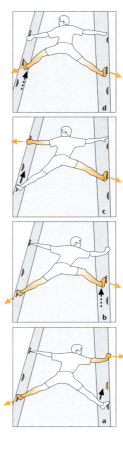

Taktik

Um schwierig zu klettern, benötigen wir nicht nur Kraft und Technik, sondern auch eine gute Strategie, wie wir uns in der Route verhalten.

Aus-Checken

Eine Route, die zu schwierig ist, als dass wir sie «on sight» klettern könnten, checken wir aus. Dabei klettern wir nicht so hoch wie wir kommen, sondern ruhen uns systematisch an jedem Haken aus und überlegen uns, ob es für die soeben gekletterte Stelle wohl noch eine leichtere Lösung gibt und wie wir weiterklettern wollen. Dabei schätzen wir ab, wie schwierig ein Kletterzug so weit oben in der Route noch sein darf. Danach versuchen wir, die Route genau so zu klettern, wie wir sie uns eingeprägt haben. Misslingt ein Versuch, überlegen wir uns, ob es vielleicht nicht doch eine leichtere Variante gibt.

 Auch die leichten Stellen exakt anschauen, sonst verlieren wir dort zu viel Kraft und kommen bereits ausgepumpt an die Schlüsselstelle.

 Unmittelbar vor einem Rotpunktversuch die Route noch einmal in Gedanken durchgehen. So erinnern wir uns besser an die einzelnen Bewegungen und wir fördern ein positives Denken, indem wir die Route (in Gedanken) können.

 Um bis zum nächsten Klettertag nicht alles zu vergessen, ist es manchmal hilfreich, die entscheidenden Passagen aufzuzeichnen.

Ruhepunkte

Um uns erholen zu können, suchen wir uns Ruhepunkte, z.B.
- Position, an der wir frei stehen können oder uns nur wenig halten müssen: Flachere Wandpartie, Verschneidung, Hook mit den Füssen (siehe S. 181) usw.
- Sehr guter Griff.
- Griff, der die Beugemuskulatur der Finger schont: Horn, Daumengriff, Handklemmer, oder auf dem wir den Handballen oder Unterarm auflegen können (siehe S. 178).
- Knieklemmer
- Ellbogenklemmer

Schütteln

Beim Schütteln halten wir uns mit einer Hand. Den anderen Arm lassen wir baumeln und «schütteln» ihn, um die Muskulatur zu entspannen und die Durchblutung zu fördern. Damit sich der geschüttelte Arm schneller erholt als der Haltearm ermüdet, achten wir auf folgendes:
- Eine möglichst kraftsparende Position suchen («Ruhepunkt», siehe oben) und den Haltearm wenn möglich strecken.
- Den ganzen Arm leicht ausschütteln, nicht nur die Hand.
- Rechtzeitig mit schütteln beginnen. Sind wir bereits völlig ausgepumpt, so braucht es schon einen riesigen Griff, damit wir uns noch erholen können. Um möglichst fit am Schüttler anzukommen, lohnt es sich, auch die darunter gelegenen Kletterzüge gut auszuchecken.
- Ideal sind Positionen, an denen wir abwechselnd beide Arme schütteln können.

Ausdauerrouten «hochschütteln»: Von Beginn weg an jedem besseren Griff einige Sekunden schütteln. Damit vermeiden wir, schnell übersäuerte Arme zu kriegen.

Tempo

Wie schnell wir klettern ist abhängig von der Route und unseren konditionellen Fähigkeiten.
- Je schneller wir klettern, desto eher reicht unsere Kraft bis zum Routenende.
- Forcieren wir das Tempo zu stark, leidet die Präzision.
- Nicht immer ist schnelles Klettern der Schlüssel zum Erfolg, manchmal können wir uns auch eine Route «hochschütteln», indem wir möglichst «schlapp» Klettern und unsere Arme regelmässig mit Schütteln (siehe oben) regenerieren.

Je besser wir eine Route kennen, desto schneller und gleichzeitig präziser können wir sie klettern.

Zum Aus-Checken einer Route gehört auch ein Plan, wo wir wie schnell klettern und in welchen Positionen wir versuchen, uns auszuruhen.

Atmung

- Während dem Klettern das Atmen nicht vergessen!
- In der Zugphase ausatmen (siehe S. 184).
- An Ruhepunkten auf eine ruhige und konstante Atmung achten.

Psyche

Um eine schwierige Route zu klettern, müssen wir motiviert sein und den ständigen Willen haben, den Umlenker zu erreichen. Mit einem gesunden Selbstvertrauen und positivem Denken haben wir mehr Erfolg. «An dem Griff gebe ich alles, dann erreiche ich den Henkel» bringt uns weiter, als «Nein, das ist ja fürchterlich anstrengend».

Sturzangst

Sturzangst ist ein natürlicher, tief im Menschen verankerter Selbstschutz. Auf Hochtouren und in schlecht abgesicherten Klettertouren ist sie ein guter Begleiter des Bergsteigers. Bevor wir versuchen, die Sturzangst zu überwinden, müssen wir uns vergewissern, dass ein Sturz auch wirklich harmlos ist:
- Sturzfreundliches Gelände (siehe S. 155)
- Solide Sicherungen in kurzen Abständen (siehe S. 208)
- Sichernder ist routiniert und aufmerksam (siehe S. 151)

Angst auch vor harmlosen Stürzen hat verschiedene Ursachen:
- Angst, loszulassen. Bei einem Sturz verlieren wir schlagartig die Selbstkontrolle und legen unser Schicksal in die Hände des Sichernden. Dies wird erleichtert, wenn wir den Sichernden kennen und ihm vertrauen und er uns von unten motivierend zuruft, so dass wir wissen, dass seine volle Aufmerksamkeit auf uns gerichtet ist.
- Fehlendes Vertrauen ins Material. Hier kann ein Sturztraining Abhilfe schaffen.
- Schlechte Erfahrungen. Oftmals klettern Leute zusammen, die nie stürzen. Wenn doch einmal jemand stürzt, wird er meistens sehr hart gesichert (denn woher sollte der Sichernde das dynamische Sichern beherrschen?).

[i] Sturz- und Sicherungstraining siehe S. 155

Bouldern

Boulder ist das englische Wort für Felsblock. Unter «bouldern» verstehen wir seilfreies Klettern in Absprunghöhe, sei es an einem Felsblock, am Fuss einer Felswand oder über der Hochsprungmatte in der Kletterhalle.

Beim Bouldern können wir angstfrei eine Stelle beliebig oft versuchen und andere Kletterer genau beobachten. Wir sind dadurch in der Lage, unglaublich schwierige Stellen zu klettern. Dabei verbessern wir Technik und Maximalkraft in hohem Masse.

Bouldern beansprucht unsere Muskeln im Bereich der Maximalkraft und belastet auch die Gelenke entsprechend. Zwischen zwei ernsthaften Versuchen empfiehlt sich eine Pause von mindestens fünf Minuten, auch dann, wenn wir den Boulder im ersten Versuch nicht geschafft haben.

In den meisten Bouldergebieten wurde der Fels sauber gereinigt und der Boden darunter so weit als möglich planiert. Geniesse das Stück Fels und behandle es mit Respekt.

Abstreifteppich

Vor dem Klettern streifen wir die Schuhe auf einem kleinen Türvorleger-Teppich ab. Wer mit schmutzigen Schuhen bouldert, läuft Gefahr abzurutschen und poliert die Tritte schneller ab.

Griffe reinigen

Bevor wir einen Boulder verlassen, reinigen wir die Griffe vom Magnesia. Wir benutzen dazu eine Zahnbürste und eine an einem Stock befestigte harte Kleider-, Schuh- oder Abwaschbürste. Besonders in feuchten Gebieten (z.B. Fontainebleau) entsteht sonst eine Magnesiapaste, die lange nass bleibt und sich in feuchtem Zustand nicht entfernen lässt.

Crash-Pad

Eine oder besser mehrere Absprungmatten («Crash-Pads») sorgen bei einem Sturz für weiche Landungen und schützen unsere Fussgelenke vor kleinen Wurzeln und anderen Unebenheiten.

- Je grösser und dicker das Crash-Pad, desto besser zum Bouldern, aber desto sperriger beim Transport.
- Harte Crash-Pads schützen besser. Rollbare Crash-Pads sind zu weich, wir schlagen sie leicht durch.
- Um das Risiko einer Fussverletzung zu reduzieren, soll die Nut von faltbaren Crash-Pads schräg zur Oberfläche verlaufen.

Gespenst

Im Sandstein können wir versuchen, mit einem «Gespenst» die Reibung der Tritte zu erhöhen. Dazu wickeln wir getrocknetes Baumharz («Poff») in einen Lappen ein. Zuerst schlagen wir mit dem Kopf des Gespensts etwas Poff auf die Tritte, danach schlagen wir mit dem hinteren Teil des Tuchs auf die Tritte ein, um überflüssiges Poff und lose Sandkörner zu entfernen.

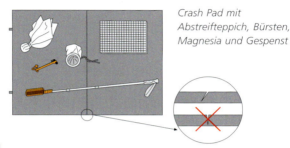

Crash Pad mit Abstreifteppich, Bürsten, Magnesia und Gespenst

Spotten

«Spotten» bezeichnet die Hilfestellung des nicht kletternden Partners und ersetzt beim Bouldern die Seilsicherung. Wir können den Kletterer zwar nicht halten, aber wir verlangsamen seinen Sturz und leiten ihn Fuss voran auf das Crash-Pad.

- Arme fast durchstrecken und Daumen an den Zeigefinger anlegen, um Fingerverletzungen vorzubeugen («Skifahrerdaumen»).
- Bei flacheren Bouldern spotten wir beim Körperschwerpunkt. Bei Dachbouldern stützen wir den Oberkörper und erzeugen damit eine Drehbewegung des Kletterers, die ihn auf die Füsse leitet.
- Bei höheren Bouldern oder ungünstigem Absprunggelände sind oft mehrere Spotter nötig.
- Mit der Höhe des Boulders steigt das Verletzungsrisiko auch für die Spotter. Jeder entscheidet selbst, bis zu welcher Höhe er es verantworten kann, unter den Kletterer zu stehen. Sehr hohe Boulder («High Balls») sind eher Soloklettereien als Boulder, und eine Sicherung ist nur noch mit dem Seil möglich.

Auch am Einstieg von Kletterrouten oder in der Kletterhalle kann das Spotten des Vorsteigers sinnvoll sein.

Boosten

Beim Boosten unterstützen wir den Kletterer, indem wir ihn am Rücken leicht nach oben drücken und ihm so Gewicht abnehmen. Mit dieser Technik üben wir einen Zug ein, der für uns so schwierig ist, dass wir ihn erst klettern können, wenn wir die Bewegung bereits perfektioniert haben.

Halle und Klettergarten

Partnercheck

Jeder Kletterer (auch der erfahrenste!) ist irgendeinmal unaufmerksam, und so geschehen regelmässig Unfälle infolge unfertiger Knoten, falsch eingehängter Sicherungsgeräte, nicht verriegelter Karabiner oder zu kurzer Seile. Der einzig wirksame Schutz vor solchen Nachlässigkeiten ist, sich konsequent vor dem Losklettern *gegenseitig* zu kontrollieren.

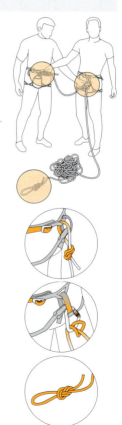

1) Kletterer richtig angeseilt?
- Verschluss Klettergurt.
- Seil am richtigen Ort eingebunden.
- Achterknoten korrekt.

2) Sicherung korrekt?
- Verschluss Klettergurt.
- Karabiner richtig eingehängt und zugeschraubt (Kontrolle durch Draufdrücken).
- Sicherungsgerät korrekt eingehängt (Grigri: Blockierung durch Zug am Seil prüfen).

3) Seil lang genug?
Wenn nicht absolut sicher:
- Knoten ins Seilende machen oder
- der Sichernde seilt sich am anderen Seilende an oder
- Seilende fixieren, z.B. am Seilsack oder einem Baum.

Zwischensicherungen einhängen

Expressschlinge und Seil einhängen

Wir müssen die Expressschlinge (siehe S. 72) und das Seil korrekt einhängen. Sonst besteht die Gefahr, dass sie sich bei einem Sturz von selbst aushängen oder ein ungünstig belasteter Karabiner bricht.

- Expressschlinge so in den Haken einhängen, dass die Schnapper beider Karabiner von Kletterer und Fels wegschauen.

- Das Seil läuft dem Fels entlang, dann durch den Karabiner zum Kletterer hin.

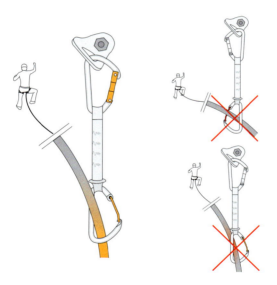

Felsklettern **201**

Ein Karabiner kann brechen, wenn er auf Knick oder quer belastet wird:

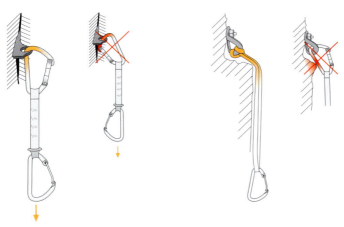

Bei quer liegenden Ösen (Ringbohrhaken!) Karabiner «von unten» einhängen.

Bei ungünstiger Position des Hakens eine Schlinge einfädeln.

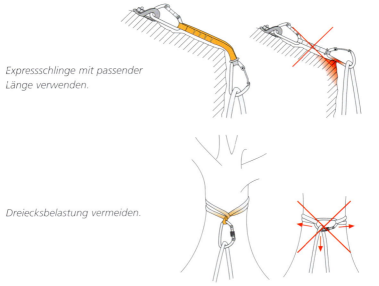

Expressschlinge mit passender Länge verwenden.

Dreiecksbelastung vermeiden.

Expressschlinge immer mit dem gleichen Karabiner im Haken einhängen, um Brauen am unteren Karabiner zu vermeiden. Der Seilzug wird verringert und die Lebensdauer des Seils erhöht.

Brauen und Kerben im oberen Karabiner. *Unterer Karabiner, vom Seil poliert.*

Position beim Klinken

Das Einhängen («Klinken») des Seils in die Zwischensicherung ist ein heikler Moment. Wir benötigen Schlappseil und setzen uns damit der Gefahr eines Bodensturzes aus.
- Aus stabiler Position mit möglichst gestrecktem Haltearm klinken.
- Normalerweise klinken wir etwa auf Ellbogenhöhe des Haltearms. Zu hohes Klinken ist kraftaufwändig und erhöht die Sturzweite, wenn es nicht gelingt.

> Das Einhängen der zweiten, dritten und oft auch vierten Zwischensicherung sind heikle Momente, denn es besteht die Gefahr eines Bodensturzes. Sind wir uns nicht sicher, ob das Klinken gelingt, so ist das Halten an der Schlinge angebracht – auch wenn wir dadurch unsere Rotpunktbegehung vermasseln.

Seilführung

Verläuft das Seil im Zickzack oder reibt es am Fels, so können wir es nur noch mit grossem Kraftaufwand nachziehen. Wir reduzieren diesen «Seilzug», indem wir in die ungünstig gelegenen Fixpunkte eine lange oder zwei Expressschlingen einhängen.

Halbseiltechnik verwenden (siehe S. 135).

Im Vorstieg achten wir darauf, nie zwischen das Seil und den Fels zu treten. Sonst besteht im Falle eines Sturzes eine hohe Verletzungsgefahr.

Das Seil darf nie hinter dem Bein durch laufen. Bei einem Sturz droht sonst ein Rückwärtssalto.

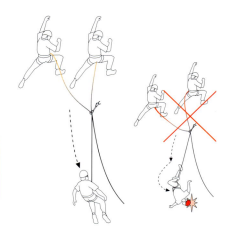

Fädeln

Wie kriegen wir das Seil durch einen geschlossenen Metallring an der Umlenkung? Die folgende Lösung funktioniert auch bei engen Umlenkringen und erfüllt die Sicherheitsstandards.
- Selbstsicherung am Umlenkring mit Nabelschnur und gesichertem Karabiner (A).
- Ein genügend langes Stück Seil hochziehen (B) und mit einem Mastwurf in gesichertem Karabiner *am Anseilring* des Klettergurts fixieren (C).
- Losseilen, Seilende durch den Umlenkring fädeln (D).
- Neu Anseilen (E), Knoten kontrollieren und dann den Mastwurf (F) lösen.
- Der Sicherungspartner spannt das Seil an (G). Der Kletterer zieht sich näher zur Umlenkung heran, hängt ins umgelenkte Seil und löst *erst dann* seine Selbstsicherung (H). So verhindern wir Missverständnisse mit fatalen Folgen.

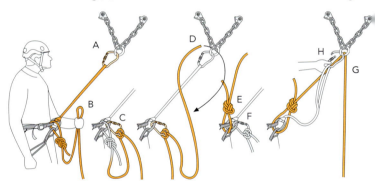

Wer das Fädeln beherrscht, darf an Stelle von Nabelschnur und Schraubkarabiner eine normale Expressschlinge verwenden. Allerdings nur unter der Bedingung, dass das Seil noch in der darunter gelegenen Zwischensicherung eingehängt ist.[6]

Vor dem Losklettern absprechen, ob abgeseilt oder abgelassen wird.

➪ Das Wort «Stand» bedeutet auf Mehrseillängenrouten, dass sich der Vorsteiger selbstgesichert hat und der Sichernde die Partnersicherung lösen soll. Dieses Wort ist beim Fädeln tabu, da der Sichernde die Partnersicherung vor dem Ablassen nie aushängen darf.

> Selbstsicherung erst aushängen wenn wir uns vergewissert haben, dass der Sichernde aufpasst! Am besten zuerst in das umgelenkte Seil hängen und erst dann die Selbstsicherung aushängen oder zumindest Blickkontakt mit dem Sichernden aufnehmen.

Abbauen

Um beim Ablassen die Expressschlingen mitnehmen zu können, hängen wir uns im überhängenden Gelände oder bei schrägem Routenverlauf mit einer Expressschlinge am aufwärts laufenden Seil ein. Das Aushängen der untersten Zwischensicherung verlangt Vorsicht:

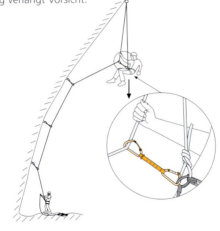

- Der Sichernde steht nahe der Wand und verkleinert damit den Umlenkwinkel des Seils in der Zwischensicherung.
- Vor dem Aushängen der letzten Zwischensicherung hängt der Kletterer die Expressschlinge am aufwärts laufenden Sei aus, sonst reisst er den Sichernden mit nach aussen.
- Die Pendelbahn muss frei sein! Vorsicht vor Aufprall am Boden oder Hindernissen wie Bäumen oder Felsblöcken.

[6] Damit verstossen wir gegen das Prinzip, uns am Standplatz stets mit einem Karabiner mit Verschlusssicherung (oder zwei ungesicherten Karabinern) selbstzusichern. Dies ist hier ausnahmsweise zulässig, weil wir vom Partner noch immer mit dem Seil gesichert werden.

In stark überhängenden Routen kann sich der Kletterer am zweituntersten Haken einhängen und so die untersten zwei Expressschlingen leicht aushängen. Vor dem Auspendeln stellt sich der Sichernde leicht seitlich unter die Umlenkung und spannt das Seil voll an.

 Manchmal ist es besser, von der letzten Zwischensicherung abzuklettern.

Toprope

Das Seil läuft durch eine Umlenkung am Ende der Route und der Sichernde steht auf dem Boden.
- Die Umlenkung muss die Qualität eines Standplatzes haben (siehe S. 215).
- Als Umlenkung dient ein geschlossener Metallring oder ein Karabiner mit Verschlusssicherung. Notfalls genügen auch zwei Normalkarabiner, deren Schnapper in die entgegengesetzte Richtung schauen.
- Das Seil muss ziemlich gerade von oben kommen. Bei schrägen oder stark überhängenden Routen dürfen wir nur Toprope klettern, wenn das Kletterseil in den Zwischensicherungen eingehängt ist. Will danach noch jemand klettern, so hängen wir beim Herunterkommen das Seil wieder in die Zwischensicherungen ein.

⇨ Vorsicht auf die Seildehnung bei langen Toprope-Routen → Seil auf den ersten Klettermetern sehr straff einziehen, sonst droht ein Bodensturz.

Umlenkung nicht überklettern. Sonst kann sich das Seil aushängen (v.a. bei «IQ-» und «Sauschwanzhaken», aber auch bei ungesichertem Karabiner).

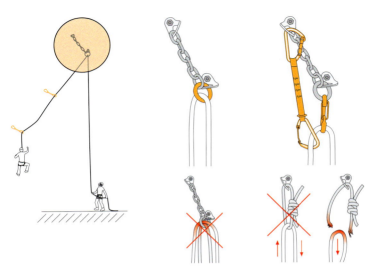

> Umlenkung nur durch Metall. Reepschnüre, Bandschlingen oder Seilstücke brennen durch!

Umlenkung in nicht gesichertem Karabiner

Folgendes Vorgehen verhindert ein Aushängen des Seils aus einem fixen Normalkarabiner:
- Der Vorsteiger klinkt das Seil in den Fixkarabiner. Zum Toprope-Klettern hängt er darunter eine zusätzliche, unbelastete Expressschlinge so ein, dass der Schnapper in die Gegenrichtung schaut.
- Der letzte Kletterer hängt sich voll ins Seil und entfernt *erst dann* die zusätzliche Expressschlinge.

Auch bei einem Metallring am Umlenkstand die oberste Expressschlinge als zusätzliche Sicherung im Sicherungsseil belassen.

> Auch in Klettergärten droht Steinschlag → sich nicht unnötig unterhalb eines Kletterers aufhalten. Wer nicht sichert, tritt etwas zu Seite.

Verankerungen im Fels

Bohrhaken

Das Setzen von Bohrhaken will gelernt sein. Korrekt gesetzte Bohrhaken in solidem Fels halten jeder beim Klettern möglichen Belastung stand. Mechanisch verspreizte Bohr- oder geleimte Klebehaken sind in alle Richtungen belastbar. Bohrhaken in regelmässigen Abständen sind beim Plaisirklettern Standard.

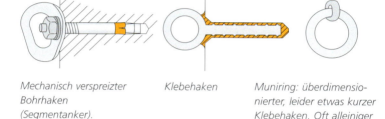

Mechanisch verspreizter Bohrhaken (Segmentanker).

Klebehaken

Muniring: überdimensionierter, leider etwas kurzer Klebehaken. Oft alleiniger Fixpunkt am Standplatz.

⇨ Vorsicht bei Aluplättli, viel Rost, Ringbohrhaken, Durchmessern unter 10 mm und bei Selbstbohrdübeln, insbesondere wenn diese mit einem Chromstahlplättli kombiniert wurden (bei dieser Kombination rostet nicht das Plättli sondern der Dübel, was von aussen nicht erkennbar ist).

Normalhaken

Wir führen Normalhaken auf ernsthaften Kletter- und Hochtouren mit und schlagen sie mit dem Hammer in Felsrisse. Auf älteren Routen, aber auch auf «so..so..» abgesicherten Plaisirklettereien treffen wir oft auf Normalhaken. Ihre Festigkeit lässt sich nicht zuverlässig abschätzen und variiert von hoch bis gering. Je nach Rissform, -breite und -tiefe verwenden wir verschiedene Hakentypen:
- Hartstahlhaken halten eher mehr als Haken aus weichem Stahl, lange Haken mehr als kurze (sofern sie ganz eingeschlagen sind).
- In einem vertikalen Riss erzeugen Diagonal- und Querhaken ein Drehmoment und halten damit besser als Längshaken.

- In Schlagrichtung hält ein Haken sehr wenig.
- Ein Haken hält nicht mehr als das Gestein, in dem er steckt: Haken nicht hinter hohle Schuppen schlagen und möglichst nicht alle Haken in denselben Riss.
- Haken lösen sich mit der Zeit von selbst und sollten regelmässig nachgeschlagen werden.
- Vorhandene Haken können im Fels drin durchrosten, ohne dass wir es von aussen sehen. Trau keinem, der älter ist als du...
- Herausstehende Haken abbinden.

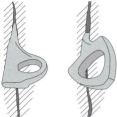

Quer- und Drehmomenthaken in vertikalem Riss. *Ungünstige Belastungsrichtung in Schlagrichtung.* *Mit Ankerstich abgebundener Haken.*

Zum (Nach-)Schlagen von Haken auf anspruchsvollen Hochtouren einen Pickel mit Hammerkopf mitführen.

Alle Normalhaken einhängen, aber besser nicht hinein stürzen.

Mobile Sicherungen

Wir benötigen zum Klettern nicht alle zwei Meter einen Bohrhaken. Mit etwas Übung können wir vielerorts mobile Sicherungen anbringen, die einen Sturz halten. Allgemein gilt:
- Bandschlingen oder Reepschnüre mit mind. 8 mm Durchmesser (oder dünnere mehrfach) verwenden.
- Bandschlingen oder Reepschnüre nicht über scharfe Kanten führen.
- Öffnungswinkel α immer kleiner als 90°, besser unter 60°.
- Karabiner weder quer belasten noch Knicken.

Wenn wir keine genügend lange Schlinge haben, verwenden wir am Standplatz das Seil.

Lange Schlingen mitführen

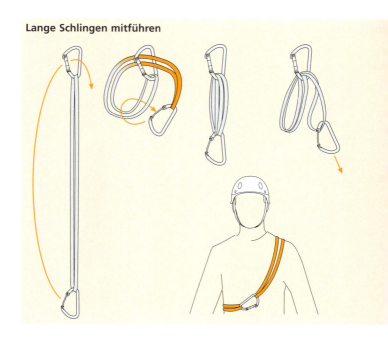

Sanduhr

Als Sanduhr wird ein «Tunnel» im Fels bezeichnet, durch den wir eine Schlinge ziehen.
- Mindestens etwa 5 cm Dicke.
- Gesunder, rissfreier Fels.

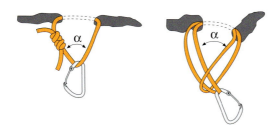

Klemmblock

Ein Klemmblock ist ein grosser, fest verkeilter Stein, den wir wie eine Sanduhr abbinden.
- Schräg verkeilte Steine auf ihrer oberen Seite abbinden, horizontal liegende in der Mitte.
- Nur stabile Klemmblöcke abbinden, denn ein ausgerissener Block ist sehr gefährlich.

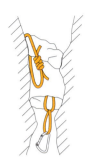

Bäume und Sträucher

- Schlinge ganz unten anbringen, um den Hebelarm zu minimieren.
- Ein gesunder Baum kann alleine als Standplatz verwendet werden.
- Abgestorbene (dürre) Bäume halten normalerweise nicht mehr viel.

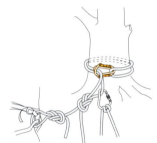

Felszacken

Eine Schlinge über einen genügend grossen, wirklich stabilen (angewachsenen) Felszacken dient als Verankerung.
- Nur eine Belastungsrichtung.
- Schlinge darf nicht abrutschen.
- Abknoten kann das Herausheben durch Seilbewegungen verhindern.

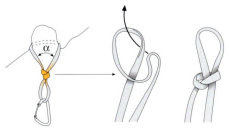

Klemmkeile

Klemmkeile eignen sich zum Absichern schmaler, sich nach unten oder vorne verengender Risse.

- Nur in eine Richtung belastbar. Das Stahlkabel muss in Belastungsrichtung schauen.
- Klemmkeil muss beidseitig möglichst vollständig aufliegen.
- Fels muss kompakt und genügend «dick» sein. Hinter hohlen Schuppen und kleinsten Felsecken hält der Keil nicht.
- Klemmkeil mit einem Ruck an der Expressschlinge im Riss festziehen, damit er durch die Seilbewegungen nicht herausgehoben wird. Beim Vorbeiklettern darauf achten, dass wir die Expressschlinge nicht mit dem Knie anheben und so den Klemmkeil unbeabsichtigt herausheben.

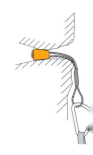

Keil in Längsriss. *Besonders in Löchern können wir den Keil auch drehen.*

Entfernen der Klemmkeile

Ein gut gelegter Klemmkeil, der einem Sturz standgehalten hätte, ist oft schwierig zu entfernen.

- Seil aus Expressschlinge aushängen.
- Den Keil gegen die Zugrichtung stossen (mit Kabel oder «Grübler»). Wenn er sich nicht bewegt die Expressschlinge ergreifen und den Keil mit einem kleinen Ruck entgegen der Zugrichtung lösen.
- Stahlkabel des Keils ergreifen und diesen aus dem Riss heraus heben.

Mit einem «Grübler» können wir einen fest sitzenden Keil mit einem Schlag entgegen der Zugrichtung lösen. Wir empfehlen ihn für Touren, auf denen viele Keile gelegt werden.

Friends

«Friends», so der Name des Originals dieser Klemmgeräte, eignen sich zum Absichern relativ breiter, paralleler Risse. Sie funktionieren nach dem Kniehebelprinzip und erzeugen einen hohen Anpressdruck auf den Fels.

- Alle Segmente müssen angewinkelt sein und am Fels aufliegen.
- Der Fels muss kompakt und massiv sein.
- Nur in Richtung des Stahlkabels belasten.
- Beim Vorbeiklettern darauf achten, dass wir die Expressschlinge nicht mit dem Knie anheben, da sonst die Gefahr besteht, den Friend in eine falsche Richtung zu drehen.
- Ältere Modelle mit starrem Steg nicht auf Knick belasten.

Schmale, parallele Risse sind selten sehr tief, so dass oft nur die schmaleren Modelle mit drei Segmenten Platz finden. Allerdings werden diese Modelle beim Vorbeiklettern auch leichter aus der ursprünglichen Setzlage verschoben. Ab ca. 3 cm Breite sind vier Segmente nötig, sonst verkippt der Friend im Riss.

Friends weder hineinwürgen (schwirig zu entfernen), noch ganz «offen» legen (kann durchrutschen).

Damit die Friends in parallelen Rissen zuverlässig klemmen, müssen die Segmente Querrillen aufweisen. In nach aussen offenen Rissen halten die Friends normalerweise nicht.

In einem parallelen Riss ist der Anpressdruck doppelt so hoch wie der Zug auf den Friend.

*Korrekt gelegter Friend:
Alle Segmente liegen angewinkelt am Fels auf.*

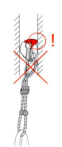
Falsch! Friends halten nur, wenn alle Segmente angewinkelt am Fels anliegen.

Nur bei bestimmten Modellen (z.B. Camalot) zulässig! Kein Anpressdruck, d.h. der Camalot wirkt als Klemmkeil und hält nur in einer Rissverbreiterung.

Mehrseillängen-Routen

Auf längeren Klettereien wird die Seilhandhabung anspruchsvoller als im Klettergarten. Zudem gewinnen Ausrüstung, Wetter, Zu- und Abstieg an Bedeutung.

Ablauf

Auf Mehrseillängenrouten sind immer alle Seilpartner gesichert: Am Stand mit einer Selbstsicherung und beim Klettern durch den Seilpartner. Zur Kommunikation verwenden wir:

Vorsteiger hat Standplatz erreicht und seine Selbstsicherung eingehängt:	«Stand»
Nachsteiger hängt Partnersicherung aus.	
Vorsteiger hat loses Seil eingezogen und Partnersicherung am Stand eingehängt:	«Nachkommen»
Nachsteiger löst Selbstsicherung und steigt nach.	

⇨ Sind viele Seilschaften unterwegs, rufen wir die Seilkommandos zusammen mit dem Namen des Partners.

Partner hört nichts

Hören und sehen wir unseren Seilpartner nicht, so verständigen wir uns z.B. wie folgt:
- Drei Mal kräftiges Ziehen und Loslassen des Seils = Standplatz. Klettern wir mit zwei Seilsträngen, ziehen wir als Signal an einem Strang rasch mehrere Meter ein.
- Loses Seil ist eingezogen und die Partnersicherung eingehängt: drei Mal ziehen am Seil = nachkommen.

⇨ Diese Signale vor dem Losklettern festlegen.

Standplatz

Das Versagen des Standplatzes kann zum Seilschaftsabsturz führen. Deshalb verwenden wir in aller Regel mindestens zwei verlässliche, voneinander unabhängige Verankerungen (Redundanz, siehe S. 54). Ausnahme sind Standplätze an einem «bombensicheren» Fixpunkt wie z.B. einem dicken Baum.

Die beiden Fixpunkte am Standplatz immer so verbinden, dass der Ausbruch eines Fixpunkts nicht zu einem Absturz führt.

Herunterhängende Seile verfangen sich leicht an Felszacken, in Rissen, Sträuchern oder an Hakenösen, ganz besonders bei starkem Wind. Wir vermeiden Probleme, wenn wir am Standplatz mit dem Seil Ordnung halten. An Schlingenständen legt der Sichernde das Seil am besten in kleinen, geordneten Schlaufen über seine Beine.

Gesicherte Karabiner am Standplatz

Wenn wir nur an einem einzigen Karabiner gesichert sind (Stand an einem einzigen «bombensicheren» Fixpunkt, Stand mit Zentralkarabiner, aber auch Selbstsicherung am Abseilstand, HMS oder Befestigung von Sicherungsgeräten) müssen wir einen Karabiner mit Verschlusssicherung verwenden.
Sichern wir uns an mehreren Fixpunkten (z.B. «Expressstand», siehe unten), so genügen Normalkarabiner. Trotzdem empfehlen wir auch hier die einfache Regel «sich immer mit mindestens einem gesicherten Karabiner am Stand einhängen».

Stand mit Zentralkarabiner

- Besonders einfach.
- Ideal für Gruppen.
- Gleiches Vorgehen, ob wechselnder Vorstieg oder immer derselbe Vorsteiger.
- Nur bei Bohrhaken.

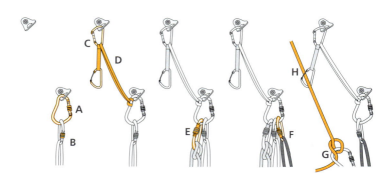

- Grossen Karabiner mit Verschlusssicherung als «Zentralkarabiner» im unteren Bohrhaken einhängen und sichern (A).
- Selbstsicherung mit Nabelschnur im Zentralkarabiner einhängen (B).
- Expressschlinge im oberen Bohrhaken einhängen (C).
- Bandschlinge mit Ankerstich im Zentralkarabiner befestigen und zu oberem Haken verbinden (D). Wenn die Schlinge zu lang ist, diese mit einem Achterknoten verkürzen.
- HMS-Karabiner in Zentralkarabiner einhängen und damit Nachsteiger sichern (E).
- Nachsteiger sichert sich mit Nabelschnur an Zentralkarabiner (F).
- HMS-Karabiner auf Körper wechseln (G).
- Seil in der Expressschlinge des oberen Bohrhakens als 1. Zwischensicherung einhängen (H).
- Vorsteiger kontrolliert Sicherung, hängt Selbstsicherung aus und klettert los.
- Nach dem Klinken der ersten soliden Zwischensicherung das Seil aus der Expressschlinge im oberen Standbohrhaken aushängen.

Verwenden wir zur Selbstsicherung das Partieseil (mit Mastwurf) anstelle der Nabelschnur, so können wir die Länge der Selbstsicherung anpassen und wir brauchen die störende Nabelschnur nicht umzubinden.

Express-Stand

- Ideal für Zweierseilschaft bei wechselndem Vorstieg.
- Benötigt wenig Material.
- Funktioniert auch bei weit entfernten Fixpunkten.
- Nur bei Bohrhaken.

Expressstand bei wechselndem Vorstieg («Überschlagen»).
- Selbstsicherung mit Achterknoten im Partieseil im unteren Bohrhaken einhängen (A).
- Expressschlinge in oberen Bohrhaken einhängen (B).
- Gestrecktes Seil mit Mastwurf im oberen Karabiner der Expressschlinge fixieren (C).
- Sicherungsgerät im Seilring einhängen und damit Nachsteiger sichern (D).
- Wenn der Nachsteiger den Stand erreicht hat, fixiert er sich am Stand, z.B. mit Nabelschnur (E).
- Neuer Vorsteiger wird mit 2. HMS-Karabiner am Körper gesichert (F).
- Expressschlinge im oberen Bohrhaken als 1. Zwischensicherung einhängen (G).
- Sicherung kontrollieren, Seil aus HMS-Karabiner im Seilring entfernen und losklettern.

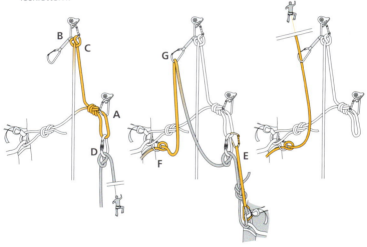

Bei gleichem Vorsteiger ergeben sich folgende Anpassungen:
- Im unteren Bohrhaken zwei Karabiner einhängen. Die Selbstsicherung im unteren Karabiner anbringen (A).
- Expressschlinge in oberen Bohrhaken einhängen (B).
- Gestrecktes Seil mit Mastwurf im unteren Karabiner der Expressschlinge fixieren (C).
- Sicherungsgerät im Seilring einhängen (D).

- Nachsteiger an beiden Bohrhaken mit Mastwurf im jeweils oberen Karabiner fixieren (E).
- Partnersicherung am Körper einhängen (F). Expressschlinge im oberen Bohrhaken für 1. Zwischensicherung verwenden (wie oben, G).

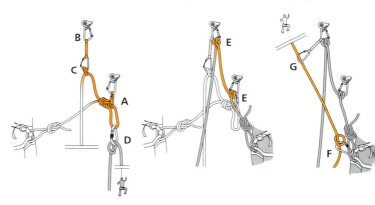

Erste Zwischensicherung am Standplatz

Wir verhindern einen direkten Sturz in den Stand, indem wir die erste Zwischensicherung in den oberen Standbohrhaken einhängen. Weil dabei die Gefahr besteht, dass der Sichernde bei einem Sturz des Vorsteigers seine vordere Hand an der Umlenkung einklemmt, hängen wir das Seil aus der Expressschlinge am Stand aus, sobald der Vorsteiger den nächsten Bohrhaken geklinkt hat.

Wenn wir direkt an den Fixpunkten des Standplatzes sichern, benutzen wir den oberen Bohrhaken nicht als Umlenkung: Unser Sicherungsgerät könnte sich in der Zwischensicherung verkeilen.

Den Standplatz nur bei Bohrhakenständen als erste Umlenkung benutzen, denn die Belastung auf die Verankerung ist bis zu viermal höher (siehe S. 253).

Mit dem Tuber können wir einen Sturz vor der ersten Zwischensicherung normalerweise nicht halten. Benutzen wir den Standplatz nicht als Umlenkung, so droht dem Vorsteiger bis zur ersten Zwischensicherung ein Sturz über die gesamte Länge unseres Seils!

[i] Ohne Bohrhaken am Stand empfehlen wir eine Ausgleichsverankerung gemäss S. 251.

Dreierseilschaft

Auf schwierigeren Kletterrouten eignet sich das sogenannte «V»: Der Vorsteiger benutzt zwei *Halbseile*, normalerweise in Zwillingsseiltechnik (siehe S. 135). Die beiden Nachsteiger, jeder an einem Seilstrang, steigen gleichzeitig nach.

- Die Nachsteiger halten untereinander genügend Abstand ein, um sich bei einem Sturz nicht zu gefährden.
- Bei Quergängen und in Überhängen hängt der erste Nachsteiger nur seinen Seilstrang aus der Expressschlinge aus, sonst droht dem zweiten Nachsteiger ein Pendelsturz.
- Zur Sicherung der Nachsteiger eignen sich selbstblockierende Sicherungsgeräte, bei denen die Seilstränge getrennt verlaufen (z.B. Magic Plate, dazu vorgesehene Tuber). Allerdings ist es bei einigen dieser Geräte schwierig, Seil zu geben (wenn jemand kurz zurücksteigen will, siehe S. 162).

Zwillingsseile sind für die V-Technik zu schwach.

Gruppentechniken

Route «entschärfen»

Klettern wir als Gruppe dieselbe Route, so kann der Leiter die Route entschärfen, indem er zusätzliches Material mitführt und dieses an heiklen Stellen für die hinteren Seilschaften belässt:

- Der Leiter richtet die Standplätze mit Zentralkarabinern ein, die erst von der letzten Seilschaft mitgenommen werden (siehe S. 215).
- An neuralgischen Stellen für die hinteren Seilschaften belassene Klemmkeile oder andere mobile Sicherungen ziehen wir gut im Fels fest, damit sie auch bei mehrfachem Ein- und Aushängen nicht aus ihrer Position verrücken. Auch die Expressschlinge hängen lassen, sonst werden belassene Klemmkeile gerne übersehen.

- Grosse Hakenabstände lassen sich entschärfen, indem wir im oberen Haken zusätzlich zur Expressschlinge noch eine sehr lange Schlinge einhängen. Die nachfolgenden Seilführer können die Zwischensicherung damit zweimal klinken.

👍 Die routinierteste Seilschaft steigt möglichst rasch ein; die anderen Seilschaften warten auch so noch lange genug am Einstieg.

In verlängerten Zwischensicherungen klinken wir das Seil zweimal ein. Der Nachsteiger achtet darauf, dass er die lange Schlinge nicht aus Versehen hoch zieht.

Doppel-V (Tatzelwurm)

Mit dieser Methode benötigen wir auf einer Sportklettertour nur einen einzigen Vorsteiger.
- Der Leiter (A) klettert im »V« mit zwei Halbseilen vor.
- Er sichert gleichzeitig Nachsteiger B und C nach. C zieht ein oder zwei weitere Seile nach und hängt diese bei schrägem oder überhängendem Routenverlauf in die Zwischensicherungen ein, aber ohne von unten gesichert zu werden.
- B sichert den Leiter (A) beim Vorstieg der nächsten Seillänge, während C am nachgezogenen Seil einen oder zwei weitere Nachsteiger (D, E) nachsichert.

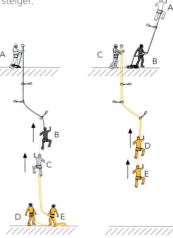

👍 Klettert der Leiter in einer Zweierseilschaft mit Halbseilen, kann er mit dieser Methode eine nachfolgende Seilschaft ins Schlepptau nehmen, wenn deren Vorsteiger nicht mehr weiter kommt.

Kniffs und Tricks für harte Routen

Für viele Probleme beim Klettern gibt es einfache Lösungen!

Kleiner Mann, was nun?

Wenn der Haken etwas zu hoch steckt, um ihn vom grossen Tritt aus einzuhängen, hilft eine steif mit Tape umwickelte Expressschlinge. Empfehlenswert vor allem für kleingewachsene Kletterer auf «harten» alpinen Sportklettereien.

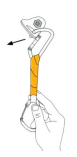

Es gibt Spezialkarabiner, die bis zum Einklinken offen bleiben und danach verriegeln.

Wie kommt das Seil in den ersten Haken?

Einen gefährlich hohen ersten Haken hängen wir mit dem Cheating Stick ein. Wir benötigen dazu einen Ast oder Treckingstock und einen ganz dünnen Streifen Tape (Klebband).

Seil in hohe Expressschlinge einklinken

Wenn in einem gefährlich hohen ersten Haken bereits eine Expressschlinge hängt, klinken wir das Seil wie folgt ein:
* Einen halben Führerknoten (A) gemäss Abbildung über einen Stock legen (B) und durch Zug am orangen Seil fixieren.
* Schlinge über Karabiner schieben (C) und durch Zug am grauen Seil einklinken (D).
* Stock entfernen, am orangen Seil den Knoten herunterziehen (E) und lösen.

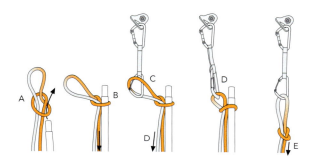

Haken verlängern

Ist ein Haken etwas zu hoch gebohrt, «verlängern» wir ihn für einen Rotpunktversuch mit einer langen Schlinge. Bei gefährlich weitem Hakenabstand kann es sinnvoll sein, den Haken doppelt zu hängen: zuerst in der Verlängerung, dann nochmals in der Expressschlinge (siehe S. 220).

Seil vorgehängt lassen

Haben wir eine Route ausgecheckt, und trauen uns nicht, z.B. den 2. Haken aus freier Kletterei zu klinken, so hängen wir beim Ablassen die darüber gelegenen Zwischensicherungen aus. Nach dem Ausziehen bleibt das Seil im 2. Haken umgelenkt.

Technisch klettern

Oftmals genügt es, im unteren Haken «aufzustehen», um an der Schlüsselstelle den nächsten Haken zu klinken oder den nächsten guten Griff zu erreichen.

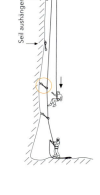

⇨ Ein Sturz mit dem Bein in der Schlinge hätte böse Folgen. Wenn wir frei weiter klettern, ziehen wir als erstes den Fuss aus der Schlinge.

Quergang nachsteigen

Mit einem Seilquergang kann der Nachsteiger einen gefährlichen Pendelsturz verhindern.

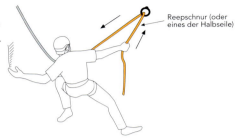

Reepschnur (oder eines der Halbseile)

Sturz ins Leere – wie komme ich wieder hinauf?

Erreicht der Nachsteiger nach einem Sturz den Fels nicht mehr, so muss er am Fixseil aufsteigen oder mit einem Flaschenzug hochgezogen werden, siehe Kapitel «Rettung».
Als Vorsteiger ziehen wir uns am Gegenseil hoch. Erreichen wir dieses nicht, arbeiten wir uns mit der Klimmzug-Methode hoch:

Sichernder hängt sich voll ins Seil.

Gestürzter macht Klimmzug.

Gestürzter lässt das Seil ruckartig los.

Nach einem Sturz zuerst zur Zwischensicherung hochziehen und dort eine längere Pause machen. So können wir den nächsten Versuch ausgeruht starten.

Karabiner passt nicht in Hakenöse

Alte Schlingen halten zu wenig, können es aber verunmöglichen, den Haken direkt einzuhängen. Lässt sich die Schlinge nicht entfernen, hängen wir den Haken mit einem Klemmkeil ein.

☞ Einen besonders schmalen Karabiner mitführen (natürlich trotzdem Kletterkarabiner gemäss EN-Norm).

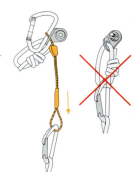

Am Bohrhaken fehlt das Plättli

Ist noch eine Mutter vorhanden, legen wir einen kleinen Klemmkeil darüber, sonst binden wir die Gewindestange mit einem Ankerstich ab. Dass wir besser nicht hineinstürzen, versteht sich.

Zu wenig Schraubkarabiner

Fehlende Karabiner mit Verschlusssicherung ersetzen wir durch zwei Normalkarabiner mit dem Schnapper in entgegengesetzter Richtung.

Keine Abseilbremse

Hat nur ein Kletterer keine Abseilbremse, so bremsen wir ihn ab (siehe S. 171). Muss auch der Letzte ohne Bremse abseilen, verwenden wir die Karabinerbremse.

Die Bremswirkung ist je nach Form und Grösse der verwendeten Karabiner stark unterschiedlich. Die Selbstsicherung mittels Klemmknoten ist deshalb besonders wichtig.

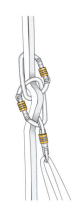

Rückzug

Hat der Bohrhaken unter der Schlüsselstelle nur eine kleine Öse, diese nicht mit einem Maillon Rapide verbarrikadieren, sondern einen Karabiner «opfern». Die Erstbegeher, die die Bohrhaken meistens selbst bezahlt haben und alle nachfolgenden Kletterer danken dir dafür.

Beim Abbauen kann die im Falle eines Hakenausbruchs drohende Sturzhöhe durch einen mitgeschobenen Prusik reduziert werden.

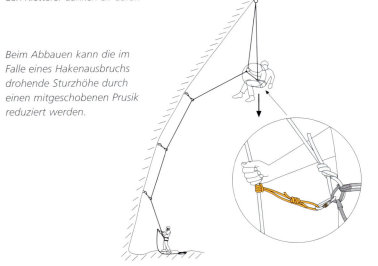

Aufstieg am Fixseil und Lösen einer blockierten Abseilbremse siehe Kapitel «Rettung».

Hochtouren

Technik in Schnee und Eis	228
Verankerungen in Schnee und Eis	235
Gletschertouren	241
Kombinierte Touren	244

Technik in Schnee und Eis

Zu Fuss

Die Tritte sollten in einer auch für kleine Teilnehmer angenehmen Distanz angeordnet werden und möglichst dem ganzen Schuh Platz bieten. Dazu müssen wir evtl. mit dem Fuss mehrmals nachschlagen oder mit dem Pickel nachhelfen (siehe S. 232). Leicht hangwärts geneigte Tritte verhindern ein Abrutschen.

Aufstieg

- Die Tritthöhe so wählen, dass wir bei Bedarf auch in den Stufen absteigen können.
- Bei rutschigem Schnee den Tritt nur langsam belasten, damit sich der Schnee verfestigen kann.

Frontal
Im flachen und im steilen Gelände steigen wir in der Falllinie auf. Je nach Steilheit und Schneehärte können wir dazu den Pickel in der Stütz-, Kopfstütz- oder Ankertechnik benutzen (siehe S. 231).

Zickzack
Im mässig steilen Gelände steigen wir meist bequemer in einer Zickzack-Spur auf.
- Die bergseitige Hand hält den Pickel (siehe S. 231).
- Eine grosse Plattform beim Richtungswechsel steigert die Sicherheit und erleichtert den Handwechsel des Pickels.

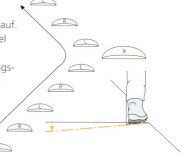

Im steilen Gelände gibt eine Anordnung der Tritte gemäss Abb. S. 230 mehr Stabilität.

Abstieg

Vorwärts

Meist ist es bequemer, vorwärts abzusteigen. Wir behalten dabei die Übersicht über das Gelände und die Seilkameraden unter uns.

- Unbedingt Rücklage vermeiden. Dazu Pickel oder Treckingstöcke *vor* den Füssen einstecken.
- Beim Abstieg in der Falllinie lassen wir uns auf die Ferse des vorderen Fusses fallen, damit sie sich in den Schnee einrammt. Das Knie bleibt dabei leicht angewinkelt.
- Stollen an den Schuhen schlagen wir mit dem Pickel oder am anderen Schuh ab.

Rückwärts

Im steilen Gelände steigen wir rückwärts, mit dem Gesicht zum Berg, ab. Wir wenden dabei dieselbe Technik an wie im frontalen Aufstieg. Weil dies kraftraubend und im Abstieg relativ langsam ist, beschränken wir diese Technik auf wirklich steiles Gelände.

> Treckingschuhe haben weichere Sohlen und sind bei hartem oder steilem Schnee problematisch → rechtzeitig Steigeisen verwenden!

Mit Steigeisen

Das Gehen mit Steigeisen birgt die Gefahr, sich mit den Zacken am anderen Bein zu verfangen. Dies vermeiden wir folgendermassen:

- Immer breitbeinig gehen (verbessert auch den Stand).
- Enge Gamaschen oder Hosen mit engem Beinabschluss tragen, keine losen Riemen.
- Keine herabhängenden Schlingen an Rucksack oder Anseilgurt.

> Oft sind Stollen an den Steigeisen die Ursache eines Rutschers. Antistollplatten an den Steigeisen verhindern dies weitgehend und gehören deshalb an alle Steigeisen.

> Scharfe Zacken greifen im harten Eis und bei Kletterpassagen besser. → Steigeisenzacken mit einer Flachfeile regelmässig von Hand nachschleifen (nicht mit der Schleifmaschine, der Stahl darf nicht zu heiss werden).

Allzackentechnik

Die Allzackentechnik eignet sich für mässig steiles Gelände. Wir kombinieren sie normalerweise mit dem Stützpickel (siehe unten).

- Das talseitige Bein macht die Distanz, das bergseitige die Höhe.
- Den Fuss so kippen, dass *alle* Zacken ins Eis eindringen.
- Bei hartem Eis die Zacken einschlagen.
- Im Abstieg unbedingt Rücklage vermeiden, dazu den Pickel möglichst vor den Füssen einstecken.
- Beim Abstieg in der Falllinie leicht in die Knie gehen und die Füsse leicht V-förmig aufsetzen.

➪ Die Tritte so anordnen, dass kein Überkreuzen der Beine stattfindet. Sonst droht die Gefahr, mit den Steigeisen am Hosenbein, in der Steigeisenbindung oder an der Gamasche einzuhängen.

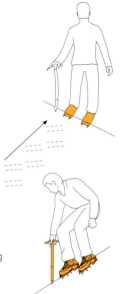

Frontzackentechnik

Im Steilgelände schlagen wir die Frontzacken ein. Meistens verwenden wir zusätzlich einen oder zwei Pickel für die Kopfstütztechnik oder zwei Steileispickel für die Ankertechnik.

- Die Fussstellung ist hüftbreit.
- Vor dem Einschlagen der Steigeisen den Vorderfuss heraufziehen, die Ferse hängt leicht nach unten.
- Gesetztes Steigeisen nicht mehr bewegen.
- Gelände ausnutzen, immer so viele Zacken im Eis wie möglich.

ℹ️ Steileisklettern siehe Kapitel «Steileis- und Mixedklettern» in «Bergsport Winter».

Pickel

Pickel-Typen siehe S. 77.

Im flachen Gelände unterstützen Treckingstöcke das Gleichgewicht. Im steileren Gelände gibt der Pickel mehr Halt und erleichtert das Stoppen eines Rutschers.

Stützpickel (Spazierstock)

- Der Pickel gehört in die bergseitige Hand.
- In steilen Passagen Pickel und Beine nicht miteinander, sondern nacheinander bewegen.
- Im steileren Gelände rammen wir aus Sicherheitsgründen den Schaft des Pickels tief in den Schnee. Das Benutzen von vorhandenen Pickellöchern spart Kraft.
- Die Pickelhaue schaut nach hinten, um im Notfall mit einem Handgriff die Pickelbremse anzuwenden (siehe S. 234).

Im flachen Gelände und bei weichem Schnee kann die Haue nach vorne zeigen, um sich beim Umfallen nicht daran zu verletzen.

Kopfstützpickel

Wir verbessern den Halt bei der Frontzackentechnik, indem wir uns auf den Pickelkopf stützen.

- Den Pickel nicht am Schaft, sondern am Kopf halten und mit der Handfläche darauf abstützen.
- Haue auf Hüfthöhe in den Schnee drücken.
- Die Pickelspitze berührt den Schnee.
- Mit allen Pickelmodellen möglich; den besten Halt geben Ankerpickel.

Ankertechnik

Im Steileis dienen uns ein oder zwei Steileispickel als Griffe.

- In Mulde schlagen.
- Pickel nicht seitlich verkanten.
- Am Ende der Bewegung aus dem Handgelenk schlagen.
- Im Steilgelände nicht gerade über dem Kopf schlagen, sonst fällt uns das gelöste Eis ins Gesicht.

Zum Lösen den Pickel anheben (so herausnehmen, wie wir ihn eingeschlagen haben) und notfalls am Pickelkopf nach oben schlagen. Pickel nicht seitlich hin und her biegen, sonst kann die Haue brechen.

[i] Diese Technik wird in «Bergsport Winter», Kapitel «Steileis- und Mixedklettern» ausführlich beschrieben.

Ritzen

Wenn in heiklen Passagen der Schnee zu hart ist, um zu Fuss eine Spur zu machen, helfen wir mit der Haue oder der Schaufel des Pickels nach. Im Idealfall genügt ein einziger Schlag, wobei wir die Haue fast parallel zur Schneeoberfläche führen.

Stufen schlagen

Bei kurzen, eisigen Passagen ist Stufen schlagen nach wie vor eine gute Variante. Ideal ist ein sog. Führerpickel (Haue ohne Zacken). Die üblicherweise mitgeführten Universalpickel eignen sich nur bedingt. Um ein Herausrutschen zu verhindern, schlagen wir die Stufen nach innen geneigt.

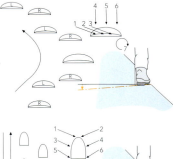

Pickel versorgen

Damit wir beide Hände frei, den Pickel aber trotzdem griffbereit haben, stecken wir ihn hinter den Rucksack.

> Vor dem Ablegen des Rucksacks den Pickel herausziehen. Er fällt sonst hinunter.

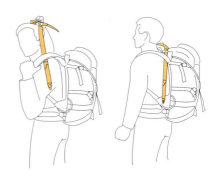

Abfahren auf Firn

Mässig geneigte, leicht aufgesulzte Firnhänge können wir auf den Schuhen abfahren.

- Rücklage unbedingt vermeiden (auch mit Pickel)!
- Zum Beschleunigen drücken wir die Fussspitzen nach unten, so dass die Sohlen parallel zum Schnee sind. Zum Bremsen benutzen wir die Ferse.
- Kontrolliert und nicht zu schnell abfahren.
- Besonders in der Nähe von Steinen und am Ende des Schneefelds besteht die Gefahr, einzubrechen und bei hohem Tempo kopfüber zu stürzen.
- Nicht im Grund von Rinnen abrutschen; darunter könnte sich ein Bach befinden.

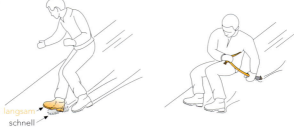

> Diese Technik nur anwenden, wenn wir uns ganz sicher sind, dass wir auch wieder bremsen können.

> Bäche schmelzen im Laufe der Zeit von unten her einen immer grösseren Tunnel aus dem Schnee. Besonders in schneegefüllten Rinnen besteht deshalb die Gefahr, einzubrechen und evtl. zu ertrinken.

Stoppen eines Rutschers (Pickelbremse)

Wirkungsvolles Bremsen im steilen Schnee ist nur auf dem Bauch und mit den Füssen nach unten möglich (Liegestütz-Stellung). Es gilt, schnell in diese Stellung zu gelangen. Mit Steigeisen winkeln wir die Knie an, ausser bei weichem Schnee und Absturzgefahr.

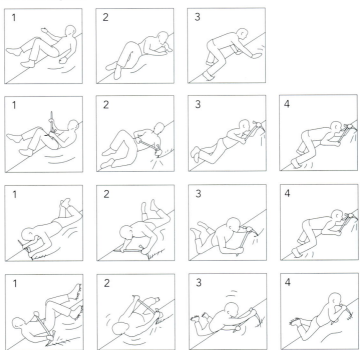

⇨ Pickel richtig halten: Bei Abrutschgefahr halten wir die Haue nach hinten. Bei ganz weichem Schnee halten wir den Pickel umgekehrt, um mit der Pickelschaufel bremsen zu können.

Richtiges Bremsen will geübt sein. Wir achten auf folgende Sicherheitsstandards:
- Kurzes, nach unten auslaufendes Schneefeld.
- Glatte Schneeoberfläche ohne Steine.
- Übungen ohne Steigeisen.

Verankerungen in Schnee und Eis

Verankerungen im Fels siehe S. 208.

Verankerung im Schnee

T-Schlitz

Zuverlässigste Verankerung im Schnee.
- Belastungsseite des Schlitzes leicht überhängend, damit der Anker nicht herausgezogen wird.
- Für maximale Festigkeit Bandschlinge oder Reepschnur von mind. 8 mm Durchmesser (oder dünnere mehrfach) verwenden.
- Schlitz (von hinten) mit Schnee füllen und diesen festtreten.
- Nur in angegebene Richtung belasten.

Den Schnee vor der Verankerung unversehrt belassen. Ausnahme: Feuchter und sehr weicher Schnee kann verdichtet werden.
- Schlinge mit Ankerstich im Schwerpunkt des Pickels befestigen.
- Pickel sollte möglichst T-Norm erfüllen (siehe S. 77).

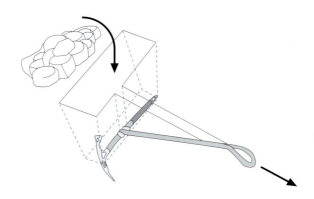

Bei weichem Schnee einen grösseren Gegenstand vergraben, z.B. den Rucksack.

Als Abseilverankerung einen grossen, kantigen Stein vergraben.

Abalakow – Pickelverankerung

Korrekt gesetzt, gräbt sich der Pickel unter Belastung noch tiefer in den Schnee ein und die Verankerung hält im mittelharten Firn ca. 2,5 kN (≈250 kg).
- Spezielle Stahlseilstrippe (Abalakow – Schlinge) gemäss Abbildung am Pickel befestigen.
- Pickel mit der Haue quer zur Zugrichtung ganz in den Schnee einrammen. Winkel zwischen Pickel und Belastung ca. 50°.
- Stahlseil in den Schnee einschneiden.
- Nur in angegebene Richtung belasten.

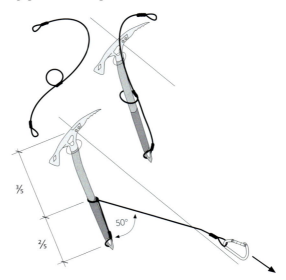

⇨ Diese Verankerung ist genial, aber heikel. Korrektes Setzen braucht Übung. Sie ist vorwiegend zur Sicherung des Nachsteigers geeignet.

⇨ Das Stahlseil hält nur an Pickeln mit Gummiüberzug am Schaft. Bei anderen Pickeln muss das Stahlseil mit einer Arretierungsschraube am Schaft fixiert werden.

⇨ In der ursprünglichen Form konnte die Schlinge nicht an der Pickelspitze fixiert werden. Ohne Arretierungsschraube wird sie beim Einstecken des Pickels oft hinauf geschoben.

Firnanker

Firnanker («Deadman») verwenden wir vor allem in steilen Firnflanken.
- Firnanker mit dem Hammer des Steileispickels einschlagen.
- Stahlseil in den Schnee einschneiden.
- Nur in vorgesehener Richtung belasten!

Diese Verankerung ist heikel, das Setzen braucht viel Übung. Bei falschem Belastungswinkel verkippt der Firnanker, und er wird schon bei geringer Belastung ausgerissen.

Die Schneebeschaffenheit ist nicht in allen Gebirgen der Welt gleich. Auf Expeditionen können andere Schneeverankerungen sinnvoll sein (z.B. Firnschwerter).

Sitzpickel

Der «Sitzpickel» ist eine schwache, aber rasch erstellte Verankerung, die wir nur bei sehr kleiner Belastung anwenden. Zum Nachsichern des Seilzweiten ist er dem Steckpickel vorzuziehen.
- Schlinge mit Ankerstich am Pickelschaft befestigen und Pickel leicht nach hinten geneigt (mit Haue quer) vollständig in den Schnee einrammen.
- In stabiler Position auf den Pickel sitzen, Gesicht in Belastungsrichtung. Die Schlinge zwischen den Beinen durch nehmen und am Anseilring des Anseilgurtes einhängen.

- Den Karabiner zur Partnersicherung (HMS) mittels Ausgleichsverankerung an der Schlinge befestigen.

Das Seil immer straff einziehen, damit bei einem Rutscher des Nachsteigers kein Schlag auf die Verankerung wirkt.

⇨ Eine kurze Schlinge verwenden, sonst lässt sich das Seil nicht straff einziehen.

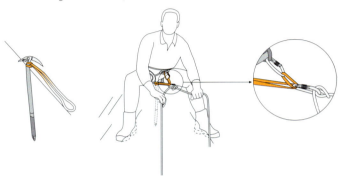

Der Sitzpickel ist eine schwache Verankerung! Er hält weder einer Sturzbelastung stand, noch genügt er als Verankerung für eine Spaltenrettung!

Steckpickel

Den «Steckpickel» (eingesteckter Pickel als Verankerung) empfehlen wir nur als provisorische Verankerung. Zum Beispiel nach einem Spaltensturz, bis zum Bau der definitiven Verankerung.
- Pickel durch Handschlaufe stecken.
- Auf Pickel stehen/knien bleiben.

Der Steckpickel ist eine sehr schwache Verankerung, an der schon das Nachsichern des Seilzweiten problematisch ist. Wir empfehlen, eine solidere Verankerung anzubringen!

Wichtig: Während ganzer Belastungsdauer auf dem Pickel verbleiben bzw. ihn oben zurückhalten!

Testen einer Verankerung

Zeigen wir zu didaktischen Zwecken, was eine Verankerung taugt (z.B. dass ein eingesteckter Pickel praktisch nichts hält), sichern wir die Verankerung zurück (Herausschnellen kann zu Verletzungen führen).

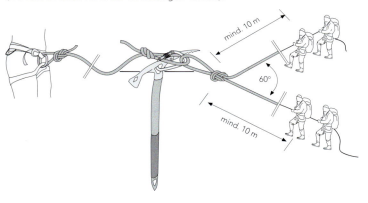

Erstellen einer Verankerung unter Zug: siehe Abschnitt «Spaltenrettung».

Verankerung im Eis

Verankerungen im Eis sind leichter anzubringen und solider als solche im Schnee.

Eisschraube (-Röhre)

- Morsches Eis wegkratzen.
- Röhre senkrecht zu Eisoberfläche und Belastungsrichtung ganz eindrehen.
- Bei hoher Temperatur oder direkter Sonnenbestrahlung besteht Ausschmelzgefahr: Röhre 10–15 ° nach hinten neigen und mit Schnee oder Eissplittern zudecken.
- Bei dünnem Eis eine kürzere Eisschraube verwenden. Kann sie trotzdem nicht ganz eingedreht werden, mit Ankerstich oder Mastwurf abbinden.

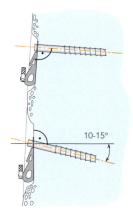

Die Festigkeit von Eisschrauben hängt stark von der Eisqualität ab. In perfektem Eis hält eine 17 cm lange Qualitäts-Eisschraube ca. 20 kN.[7]

 Nur gut geschliffene Qualitäts-Eisschrauben aus Stahl und mit Kurbel lassen sich in jedem Eis rasch und mit einer Hand eindrehen.

 Bei langer Belastung oder Wärme schmelzen die Eisschrauben aus. Für Rettungsübungen o. ä. besser Eissanduhren verwenden.

Eissanduhr

- Morsches Eis wegkratzen.
- Mit langer Eisschraube (mind. 19 cm) im 60° Winkel zwei Löcher bohren, die sich möglichst weit hinten treffen.
- Durchziehen einer Reepschnur mit dem (Abalakow-) Hooker.
- Reepschnur zusammenknüpfen, Winkel max. 60°.
- Nur in angegebener Richtung belasten.

Wenig empfindlich auf Ausschmelzen. Festigkeit bei 15 cm Seitenlänge im kompakten Eis ca. 10 kN (≈1'000 kg) bei Verwendung einer 8 mm Reepschnur. Bei dünneren Reepschnüren weniger (→ evtl. mehrfach nehmen).

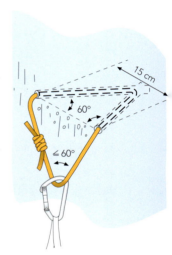

Ein Hooker kann mit einem Draht selbst gefertigt werden. Im Notfall kann statt dem Hooker auch das Stahlkabel eines Klemmkeils oder die Abalakow-Schlinge verwendet werden.

---

[7] also ca. 2'000 kg. Von den Normen werden folgende Festigkeiten gefordert: EN 10 kN, UIAA 15 kN.

Gletschertouren

Bei einem Gletschertrecking erleben wir die Gebirgswelt, ohne grössere technische Schwierigkeiten meistern zu müssen. Trotzdem befinden wir uns im Hochgebirge:
- Wir benötigen wetterfeste Bekleidung und müssen uns bei Nebel orientieren können.
- Auf verschneiten Gletschern müssen wir anseilen, korrekt am gestreckten Seil gehen und im Falle eines Spaltensturzes das Opfer retten können.
- Besonders nach Regen wird die Eisoberfläche so glatt, dass wir selbst auf flachen Gletschern Steigeisen benötigen.
- Ein Pickel ist hilfreich beim Erstellen einer Verankerung und zum Schlagen einzelner Stufen an exponierten Stellen.

Treckingstöcke mitnehmen.

Wissenswertes zum Gletscher siehe auch S. 21.

Verhältnisse

Gletschertreckings sind den ganzen Sommer über möglich. Ende Sommer treffen wir vermehrt auf Blankeis, und die Spalten sind nicht mehr so gut eingeschneit. Gletscherbäche, Gletschertische und dergleichen machen das Trecking aber interessanter als im Frühsommer.
Auch beim Gletschertrecking bevorzugen wir die Morgenstunden.
- Auf dem gefrorenen Schnee gehen wir angenehmer als im nachmittäglichen Matsch.
- Bei hartem Schnee ist die Spaltensturzgefahr geringer.
- Im sommerlichen Gebirge entladen sich am Nachmittag oft Gewitter.

Spuranlage

Gletscherspalten sind Zugrisse im Eis. Sie entstehen bevorzugt an folgenden Stellen (siehe S. 23):
- dort wo der Gletscher (in Fliessrichtung) steiler wird;
- bei Buckeln und konvexen Geländeformen;
- im Randbereich.

Mit einer guten Spuranlage meiden wir diese Stellen und ziehen flacheres, regelmässiges, eher muldenförmiges Gelände vor. Grundsätzlich sind aber auf allen Gletschern an jeder Stelle Spalten möglich.
- Quer auf die Spalten zugehen und diese möglichst im rechten Winkel überqueren.
- Pausen in spaltenarmen Geländeformen einlegen, nicht zu dicht zusammen stehen und vorgängig mit dem Pickel sondieren, ob wir uns nicht auf einer dünnen Schneebrücke befinden.

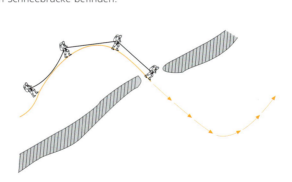

Seilsicherung auf Gletscher

Verschneiter Gletscher

Anseilen am langen Seil (siehe S. 148) ist auf dem verschneiten Gletscher eine elementare Sicherheitsmassnahme. Das Seil muss immer gestreckt sein, es darf den Schnee in der Mitte nur leicht berühren. Wenn wir fast draufstehen, ist es viel zu schlaff. Eine gute Spuranlage erleichtert die Seilführung.

Auf einem steilen, verschneiten Gletscher wägen wir ab, ob wir gegen die Abrutschgefahr am kurzen Seil oder gegen die Spaltensturzgefahr am langen Seil gehen. Ist keine der beiden Gefahren vernachlässigbar klein, müssen wir in Seillängen sichern (siehe Abschnitt «Kombinierte Touren»).

Gleichmässige Steigung

Am gestreckten Seil richtet sich bei ungleichmässiger Steigung das Tempo immer nach derjenigen Person, die sich gerade im steilsten Abschnitt der Spur befindet. Die Leute vor und nach dem Steilstück müssen langsamer gehen und der Aufstieg wird zu einem ständigen Stop and Go.

Enge Kehren

Wir reduzieren enge Kehren auf das Nötigste und begehen sie wie folgt:
- Normalerweise muss das Seil auch im Bereich der Kehre gestreckt sein. Dies bedingt ein wiederholtes Warten der Seilschaftsmitglieder.
- Wenn ein Spaltensturz praktisch ausgeschlossen werden kann (und nur dann!) und zudem mindestens drei Leute am Seil sind, wartet der Hintere nicht. Er läuft mit konstanter Geschwindigkeit weiter, bis er selber bei der Kurve ist. Nach der Kurve muss das Seil nach vorne wieder gestreckt sein. Es gibt keine Wartezeiten, ein Spaltensturz des Seilführers nach oder des Seilletzten vor der Kehre wäre aber fatal.

Blanker Gletscher

Auf dem blanken (schneefreien) Gletscher sehen wir die Spalten und seilen deshalb an, wenn Abrutsch- oder Absturzgefahr besteht. Einbrechen durch das Gletschereis ist (praktisch) ausgeschlossen.

Kombinierte Touren

Wo wird wie gesichert?

Aus Zeitgründen können wir im alpinen Gelände nicht systematisch von Stand zu Stand sichern. Mit einer dem Gelände, den Verhältnissen und dem Können der Teilnehmer angepassten Seilführung halten wir das Risiko trotzdem möglichst tief.

Gelände Verhältnisse	Situation und Gruppenzusammensetzung	Sicherung
Technisch leicht (aber trotzdem abrutschgefährdet)	Einzelner Schritt	Hilfe stehen
	Nur kurzes Stück	Fixseil
	Genügend Seilführer für alle Seilschaften vorhanden.	Kurzes Seil (Seilverkürzung)
	Nicht genügend sichere Seilführer vorhanden	• Sichern wie im schwierigen Gelände oder • der geübte Seilführer geht mehrere Male • oder umkehren
Schwierig oder steil	Nur kurzes Stück	Fixseil
	Genügend Seilführer vorhanden	• Halblanges Seil, • Sichern in Seillängen
	Nicht genügend Seilführer vorhanden	• Umkehren oder • der geübte Seilführer geht mehrere Male oder • Seilschaften «zusammenhängen» (nur bei Sicherung mit Standplätzen!)

[i] «Leicht» darf nicht blind von der Schwierigkeitsbewertung übernommen werden, sondern ist auch vom Können der Teilnehmer und den Verhältnissen abhängig.

⇨ Zeitdruck, Gruppendruck und Selbstüberschätzung können im alpinen Gelände fatale Folgen haben.

Hilfe stehen

Stehen wir bei ganz kurzen Kletterpassagen unter den schwächeren Kletterer, so können wir ihm die Tritte anzeigen, ihn stossen und bei einem allfälligen Sturz verhindern, dass er rücklings stürzt. Von oben können wir an seiner Hand ziehen.

Nur bei ganz kurzen Passagen mit einem ausgeprägten Band darunter Hilfe stehen. Sonst besteht die Gefahr, zusammen hinunter zu stürzen.

Kurzes Seil

Anwendung gemäss Tabelle S. 244. Beim Gehen am kurzen Seil sind alle Seilschaftsmitglieder gleichzeitig unterwegs, was ein rasches Vorwärtskommen erlaubt. Weil wir auf eine Fixpunktsicherung verzichten, ist aber grundsätzlich ein Seilschaftsabsturz möglich. Der Seilführer darf unter keinen Umständen stürzen, die ganze Seilschaft würde mitgerissen. Zudem muss er einen Ausrutscher des oder der Teilnehmer(s) halten können. Das kurze Seil erfordert somit einen erfahrenen Seilführer, eine angepasste Seilschaftsgrösse, und es bleibt auf leichteres Gelände beschränkt. Bei schwierigeren Passagen lässt der Seilführer die Seilschlaufen los und wechselt auf das halblange Seil (siehe S. 249).

Mit dem kurzen Seil können wir keinen Sturz halten. Korrekt angewandt, können wir damit aber den *Beginn* eines Ausrutschers oder Stolperns des Nachsteigers stoppen:
- Auf ca. 4–8 m anseilen (evtl. etwas mehr, wenn wir wiederholt auf das halblange Seil wechseln).
- Der Seilführer nimmt Schlingen in die Hand, die letzte eng um die Hand oder besser als mit einem Führerknoten ins Seil geknotete Handschlaufe.
- Zwischen den Personen ist nur sehr wenig Seil (ca. 1 m bei Querungen, 1,5 m auf- oder abwärts) – so wenig, dass gewisse Teilnehmer über zu wenig Bewegungsfreiheit jammern.
- Das Seil muss immer straff sein. Der Seilführer bewegt seinen Arm so, dass das Seil zum Nachsteiger ständig unter leichtem Zug steht. Nur so spürt er jeden Anfang eines Rutschers und kann diesen durch sofortigen Zug am Seil stoppen.
- Der Seilführer ist sowohl im Auf- wie auch im Abstieg oberhalb des Seilzweiten. Er hat die Schlingen in der Talhand. Im Abstieg nimmt der Vorausgehende das Seil auf die Bergseite.

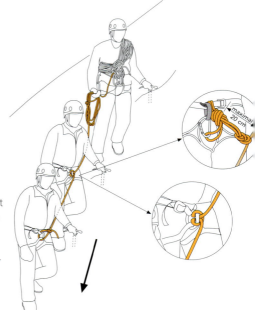

Bei einer Dreierseilschaft kann der Seilführer den Seildritten besser kontrollieren, wenn der Mittlere mit einer «Mini-Weiche» von *maximal 20 cm* angeseilt wird (siehe S. 146).

> Das Seil muss sehr kurz und immer straff sein. Nur durch sofortigen Zug am Seil kann ein Stolpern oder Ausrutschen aufgefangen werden.

> Die maximale Seilschaftsgrösse wird dem Gelände angepasst. Schon zwei Nachsteiger zu halten ist schwierig und erfordert ein sehr gutes Gleichgewicht.

> Braucht der Seilführer beide Hände zur Fortbewegung, so kann er einen Sturz des Nachsteigers nicht halten. Es muss eine andere Sicherungstechnik gewählt werden.

Richtungswechsel im Aufstieg
Im heiklen Gelände stehen die anderen still, solange ein Seilschaftsmitglied mit dem Richtungswechsel beschäftigt ist.
- Der Seilführer steigt zuerst über das Seil, dann wechselt er Pickel und Seilschlaufen in die jeweils andere Hand.
- Der Seilzweite steigt über das hintere Seil und wechselt danach den Pickel in die andere Hand.
- Der Unterste braucht nur den Pickel in die andere Hand zu nehmen.

Richtungswechsel im Abstieg
Im heiklen Gelände stehen die anderen still, solange ein Seilschaftsmitglied mit dem Richtungswechsel beschäftigt ist.
- Der Unterste wechselt den Pickel in die andere Hand und nimmt das Seil über den Kopf auf die andere Seite (oder er dreht sich bergwärts um).
- Der Seilzweite wechselt den Pickel in die andere Hand und nimmt das von oben kommende Seil über den Kopf auf die andere Seite.
- Der Seilführer wechselt Pickel und Seilschlaufen in die jeweils andere Hand.

Grat
Am Grat ohne Wechte schreiten wir auf der Gratschneide am kurzen Seil. Wir seilen eher etwas länger an (ca. 8 m), der Seilführer hält somit etwas mehr Schlaufen (Sprungseil) in der Hand. Im Falle eines Sturzes lässt er die Schlingen los und springt auf die andere Gratseite.
Oft ist es besser, wenn der Seilführer seinen Pickel zwischen Rücken und Rucksack verstaut (siehe S. 233) und das Seil mit beiden Händen hält. Geht der Seilführer auf einem flachen Grat *hinten*, so kann er schneller auf den Sturz eines Teilnehmers reagieren.

> Bei schwierigen, auf beide Seiten verwechteten Graten kann auch das halblange Seil angewendet werden.

Direktes Seil

Das direkte Seil eignet sich für Dreierseilschaften zum Traversieren von Schnee und Eisflanken. Der Seilführer hält das Seil zwischen den beiden Nachsteigern und geht oberhalb der Spur. Die Nachsteiger traversieren in der Spur und werden dabei vom Seilführer an je einem eigenen Seilstrang gesichert. Die Seilhandhabung ist für den Seilführer schwieriger, die Kontrolle der Nachsteiger aber besser.

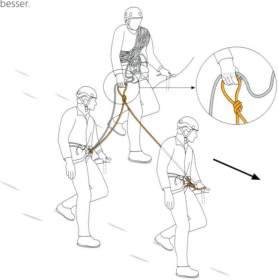

Vom «kurzen» auf das «direkte» Seil wechseln wir wie folgt:
- Wir seilen den Seilzweiten mittels Ankerstich an (siehe S. 140), damit wir ihn ohne Losseilen am Seil verschieben können. Beim Wechsel auf das direkte Seil vergrössern wir den Abstand zwischen den beiden Nachsteigern, knüpfen eine Handschlaufe in die Mitte des Seils zwischen ihnen und nehmen diese in die Hand.
- Ist der Seilzweite mit einer Weiche angeseilt, nehmen wir diese in die Hand. Evtl. müssen wir sie durch Nachziehen des Knotens erst etwas verlängern.

Auf- und Abstieg in Firnflanke

In nicht zu steilen Flanken steigen wir bei gutem Trittschnee miteinander am kurzen Seil auf, ohne dieses zu halten. Damit hat auch der Seilführer beide Hände frei und kann zwei Pickel verwenden. Das Seil verläuft zwischen den Beinen des Vorsteigers und ist immer straff. Den Abstand wählen wir so, dass wir den Nachsteiger gerade nicht mit den Steigeisen gefährden.

Wir sparen Kraft, wenn wir mit einem Pickel die Anker- und mit dem anderen die Kopfstütztechnik anwenden.

> Diese Variante nur beim Auf- oder Abstieg in der Falllinie verwenden.

Wenn wir mit beiden Pickeln zur Ankertechnik übergehen, ist die Flanke vermutlich so steil oder der Schnee so hart, dass wir einen Rutscher des Nachsteigers kaum mehr halten können und besser die Sicherungsmethode wechseln (z.B. Standplatzsicherung mit T-Schlitz oder Dead Man, siehe S. 235).

Halblanges Seil

Anwendung gemäss Tabelle S. 244.
Angewandt im mittelschwierigen felsigen Gelände, oft im Wechsel mit Gehen am kurzen Seil. Wir seilen auf ca. 8 bis 15 m an und haben zwei verschiedene Sicherungsmöglichkeiten:

Von Fixpunkt zu Fixpunkt

Das Gelände ist zu schwierig, um miteinander zu klettern, der Vorsteiger benötigt aber noch keine Zwischensicherungen.
- Der Nachsteiger hat das Seil zweimal um einen soliden Zacken gelegt und ist so selbstgesichert.

- Der Vorsteiger wird vom Seilzweiten um einen Felszacken gesichert und klettert zum nächsten Zacken (max. 10 bis 15 m).
- Der Vorsteiger nimmt das Seil um den Zacken und sichert so den Zweiten nach (die Seilreibung am Zacken macht einen Sturz des Seilzweiten «von Hand» haltbar).

⇨ Seil immer straff einziehen und darauf achten, dass es nicht hinter dem Zacken herausrutscht.

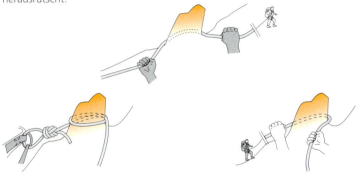

Ist das Gelände einfach, kein Zacken vorhanden und der Seilführer absolut sicher unterwegs, so lässt er den Nachsteiger ungesichert an absturzsicherer Stelle warten und überwindet die folgende Passage ungesichert. Danach sichert er den Nachsteiger um einen Zacken nach.

Ist kein Zacken zum Sichern des Nachsteigers vorhanden, das Gelände nicht zu steil und der Seilverlauf gerade, so behelfen wir uns notfalls wie folgt:
- So weit als möglich zurücktreten.
- An Felsen anlehnen und mit den Füssen nach vorne abspreizen.
  (Der Körper muss tief sein, sonst wirkt bei einem Sturz des Nachsteigers ein grosser Hebelarm.)
- Seil um Schulter oder Hüfte nehmen und sehr straff einziehen.

Diese Variante birgt ein erhöhtes Risiko und sollte nur angewandt werden, wo kein Zacken vorhanden ist. Ein Sturz des Seilführers führt zum Seilschaftsabsturz.

Gemeinsam am gestreckten Seil klettern

Diese Sicherungsmethode eignet sich vor allem für flache, gezackte Felsgrate. In den Flanken sind nur selten genügend geeignete Felszacken vorhanden.

Alle Personen der Seilschaft klettern gleichzeitig. Um einen Seilschaftsabsturz zu verhindern, muss zwischen jedem Seilschaftspartner immer mindestens eine solide Zwischensicherung vorhanden sein. Meistens führen wir dazu das Seil hinter einem stabilen (angewachsenen) Felszacken durch.

> Klettern wir am halblangen Seil gemeinsam, müssen wir immer einen Fixpunkt verwenden. Sonst führt ein Ausrutschen einer beliebigen Person zum Seilschaftsabsturz.

Sichern in Seillängen

Anwendung gemäss Tabelle S. 244.
Im schwierigen Gelände sichern wir von Standplatz zu Standplatz und hängen Zwischensicherungen ein.

Sicherungstechnik siehe Kapitel «Felsklettern».

Ausgleichsverankerung

Bei *Standplätzen ohne Bohrhaken* empfehlen wir eine Ausgleichsverankerung, mit der wir beide Verankerungen gleichmässig belasten. Die geringe Fehlertoleranz verlangt, dass wir diese korrekt ausführen.
- Verbindung mit Bandschlinge oder Reepschnur mind. 8 mm.
- Auch mit mehr als 2 Verankerungen möglich.

Je nach Lage der Fixpunkte unterscheiden wir zwei Varianten:

 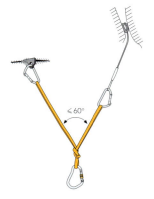

Variante 1)
- Empfehlenswert, wenn Fixpunkte übereinander liegen.
- Anfällig auf Steinschlag.

Variante 2)
- Funktioniert nur als Ausgleichsverankerung wenn Fixpunkte nebeneinander liegen.
- Geeignet für Abseilstellen.

Der Winkel der Ausgleichsverankerung sollte möglichst unter 60 °, unter allen Umständen aber unter 90 ° liegen.

Den Standplatz nicht wie bei Bohrhaken als Umlenkung benutzen, denn dadurch wird die Belastung auf den Fixpunkt vervierfacht!

Weil in Polyäthylenschlingen (glatt, weiss, etwa 8 mm Breite) keine Knoten gemacht werden sollen, eignen sich diese nicht für die vorgestellten Ausgleichsverankerungen.

[i] Die vorgestellten Varianten sind der «klassischen» Ausgleichsverankerung vorzuziehen, da bei dieser der Ausbruch der oberen Verankerung zu einer hohen Schlagbelastung auf den unteren Fixpunkt führt.

[i] Standplatz an Bohrhaken siehe S. 215.

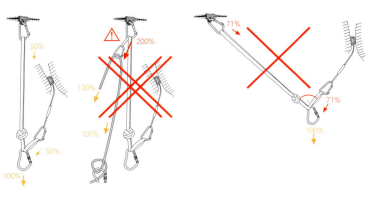

Standplatz an Felszacken

Oft verwenden wir einen soliden Felszacken als Verankerung für unseren Standplatz und legen eine Bandschlinge oder eine geknüpfte Seilschlaufe darüber. Felsköpfe können Belastungen nur nach unten aufnehmen. Um zu verhindern, dass die Schlinge bei Zug nach oben über den Zacken weggehoben wird, spannen wir sie nach unten ab, oder wir benutzen zumindest unseren Körper als Gegengewicht. Dazu stellen wir uns unter die Schlinge und sichern den Vorsteiger auf den Körper.

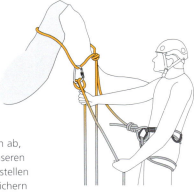

Zackenschlinge nur in vorgesehene Richtung belasten!

Fixseil

Anwendung gemäss Tabelle S. 244.
Für kürzere Passagen eine sichere Lösung.
- Bei Bedarf Selbstsicherung mittels Klemmknoten.
- Bei kurzen, sehr steilen Passagen erleichtern in kurzen Abständen ins Seil geknüpfte Knoten den Auf- oder Abstieg.

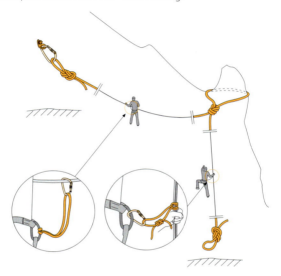

Unteres Seilende fixieren oder zumindest einen grossen Knoten machen.

Seilfrei

Nur wenn *alle* Mitglieder einer Gruppe so sicher unterwegs sind, dass ein Sturz praktisch ausgeschlossen werden kann, dürfen wir auf die Seilsicherung verzichten. Einen solchen Entscheid müssen wir uns gut überlegen und nebst den technischen stets auch die psychischen Aspekte berücksichtigen.
- Wenn wir nicht wissen, ob es oben noch schwieriger wird (z.B. plötzlich Blankeis unter dem Schnee) oder wenn es zwischen durch Stellen gibt, wo eine Seilsicherung angezeigt ist, wählen wir das kurze Seil. Sonst ist die

Gefahr gross, dass wir auch dort nicht anseilen, getreu dem Motto «Bisher ging alles gut, so wird es auch da noch gut gehen...».
- Die Entscheide werden vom Tourenleiter gefällt, beim seilfreien Gehen sind aber die Technik, die Psyche und die Zuverlässigkeit des schwächsten Teilnehmers massgebend. Dieser kann die Gefahren oft nicht selber beurteilen.

Vorsicht auf gruppendynamische Prozesse! Hat sich z.B. der Gruppenstandard «Wir sind uns einig» ausgebildet (siehe S. 97) und lautet die Devise «Wir können das alle auch ohne Seil», dann wird manch ein Gruppenmitglied trotz aufkommender Unsicherheit seilfrei weiter gehen.

Bei einer Garantenstellung (Tourenleiter - Teilnehmer) ist seilfreies Gehen problematisch und auf sehr leichtes Gelände zu beschränken.

Abstiegstechnik: Alpini-Methode

Mit dieser Methode kann eine Gruppe von selbstständigen Seilschaften rasch und sicher über eine schwierige Stelle absteigen.
- Die 1. Seilschaft (orange) richtet die Verankerung ein. Der Seilführer bremst daran seinen Seilpartner mittels HMS ab.
- Der Seilführer der 2. Seilschaft (grün) bremst seinen Seilpartner mittels HMS ab.
- Der Seilführer der 1. Seilschaft seilt am Seil der 2. Seilschaft ab, ohne sich von seinem Partieseil zu lösen.
- usw.
- Der Seilführer der letzten Seilschaft klettert ab oder er seilt (am doppelten Seil) ab.

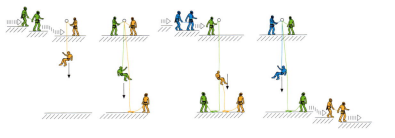

Ablassen ohne Losseilen

Mit dieser Methode wird der Seilzweite schnell über eine *kurze* Steilstufe abgelassen, ohne sich losseilen zu müssen. Diese Methode erfordert an der Abseilstelle einen grossen Metallring, denn Schlingen brennen beim Hinunterlassen durch (siehe S. 207), während sich bei zu kleinem Ring das Seil nicht ausziehen lässt.

- Selbstsicherung am Abseilstand mit Nabelschnur (A).
- Den Seilpartner abbremsen, z.B. mit HMS (siehe S. 171).
- Das Seil vom Klettergurt her beginnend als Schlaufe durch den Abseilring durchziehen (B).
- Schlaufe mit Karabiner im Anseilring einhängen und den Karabiner sichern (C).
- Der unten stehende Seilpartner lässt mit der HMS (D) seinen Partner ab.
- Unten angekommen: Schlaufe aus dem Anseilring lösen und durch Zug am «eigenen» Seilstrang die Seilschlaufe durch den Abseilring ausziehen (E).

⇨ Diese Methode ist wenig fehlertolerant und muss sorgfältig ausgeführt werden. Sie wird nur routinierten Bergsteigern empfohlen.

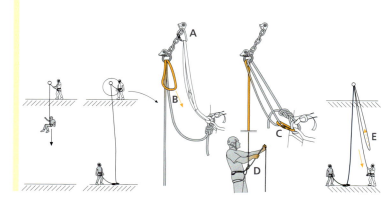

Klassische Hochtouren

Verhältnisse

Die Schwierigkeiten und Gefahren kombinierter Touren hängen stark von den Verhältnissen ab und es ist oft schwierig, einen geeigneten Zeitpunkt zu finden. Nebst guten Schnee- und Temperaturverhältnissen sollten wir für längere Touren auch schönes, gewitterfreies Wetter abwarten und uns vorgängig an die Höhe akklimatisieren (siehe S. 262).

Ideal für Hochtouren sind normalerweise die Monate Juli und August. Bei schneelastigen Touren oft schon etwas früher, bei Grattouren mehrheitlich im Fels auch an schönen Septembertagen.

- Nach Neuschneefällen kann es auch im Sommer lawinengefährlich sein, und besonders in Nordflanken bleibt der Schnee lange liegen.
- Bei starker Ausaperung droht in Flanken, Couloirs und Rinnen vermehrt Steinschlag.
- Im Herbst sind die Tage deutlich kürzer.

Können wir die Verhältnisse von zu Hause aus nicht abschätzen, fragen wir mit Vorteil den Hüttenwart. Ein gutes Kriterium für die Verhältnisse ist, ob die fragliche Tour zur Zeit von den lokalen Bergführern geführt wird.

Zeitplan

Aus Sicherheitsgründen sollten wir Hochtouren zeitig beenden. «Zeitig» lässt sich nicht mit einer Uhrzeit angeben, sondern ist von vielen Faktoren abhängig. So kann ein ostseitiges Couloir schon kurz nach Sonnenaufgang gefährlich werden, während wir an einem Felsgrat noch längere Zeit unterwegs sein dürfen. Das Hereinbrechen der Nacht ist auf Sommertouren nur selten ein Kriterium bei der Zeitplanung.

- Mit der tageszeitlichen Erwärmung wird der Schnee rutschig. Es bilden sich vermehrt Stollen an Schuhsohlen und Steigeisen und die Ausrutschgefahr nimmt zu.
- Mit dem Aufweichen der Schneedecke steigt die Gefahr von Spaltenstürzen.
- Mit der Sonneneinstrahlung erhöht sich die Gefahr von Steinschlag und Nassschneerutschen.
- Im Sommer werden die Berge am Nachmittag und Abend oft in Quellwolken gehüllt, und es drohen Schauer und Wärmegewitter.

Routenführung

Die Routenführung entnehmen wir der Führerliteratur und der Landeskarte. Oft ist es eine der Hauptschwierigkeiten, der idealen Route zu folgen.

 Den unteren Teil des Anstiegs vorgängig erkunden, damit wir uns am Morgen im Dunkeln nicht verirren.

Besonders schwierig ist die Wegfindung im Abstieg in uns unbekanntem Gelände:
- Von oben sind die Steilstellen nicht einsehbar.
- Bei Abrutschgefahr klettert der Seilführer oben. Der weniger geübte Teilnehmer muss als Seilerster die Route wählen.

Wenn möglich meiden wir Couloirs und Rinnen und halten uns an Grate oder Rippen, denn diese
- haben eine bessere Felsqualität;
- bieten bessere Sicherungsmöglichkeiten (Felszacken);
- erleichtern uns die Übersicht (wir sehen beide Flanken und können uns bei Bedarf für die bessere Möglichkeit entscheiden);
- haben seltener vereiste oder frisch verschneite Felsen;
- sind kaum dem Steinschlag ausgesetzt.

Sicherungsstifte

An einigen besonders unfallträchtigen Stellen oft begangener Hochtouren wurden Sicherungsstangen angebracht (z.B. Jungfrau, Blüemlisalphorn, Dent Blanche). Diese verhindern einen Seilschaftsabsturz aber nur, wenn wir die Seilverkürzung lösen und von Stange zu Stange sichern, oder wenigstens das Seil als Zwischensicherung darin einhängen.

⇨ Genügend langes Seil mitführen!

[i] Felsklettern und Felsverankerungen siehe Kapitel «Felsklettern».

Eiswände

Material

Nebst Sicherungsmaterial für Firn und Eis benötigt jeder zwei Steileispickel mit einer guten Spitze, die sich auch im Firn einrammen lässt.
Steigeisen mit horizontalen Frontzacken bieten mehr Halt im Schnee, vertikale Frontzacken beissen besser im Eis. Für den Abstieg sind Antistollplatten dringend empfohlen.

Verhältnisse

Kalter Winterschnee haftet nicht auf steilem Eis. Die Eiswände werden daher meistens erst im Frühjahr (April, Mai) eingeschneit. Ideale Verhältnisse mit durchgehendem Trittschnee treffen wir am ehesten im Frühsommer an. Anfangs Sommer apern die Eiswände aus, eine Begehung wird schwierig und oft besteht ein hohes Steinschlagrisiko. Einige Tage nach einem grösseren Schneefall, wenn der Schnee verfestigt und die Lawinengefahr zurückgegangen ist, können auch mitten im Sommer günstige Verhältnisse herrschen.
Im Verlauf des Sommers wird das Überschreiten des Bergschrunds immer schwieriger.

Zeitplan

Der hohe Sonnenstand und der frühe Sonnenaufgang erfordern gerade im Frühsommer einen sehr zeitigen Aufbruch.
- Sobald die Sonne oberhalb gelegene Felsen erwärmt, erhöht sich die Steinschlaggefahr.
- Schon in den Morgenstunden weicht der Schnee auf, es wird rutschig und es drohen Nassschneelawinen.

Routenführung

- Oft durchzieht eine ausgeprägte Lawinen- und Steinschlagrinne die Eiswand. Diese zu queren ist schwierig und sehr gefährlich. Schon am Bergschrund achten wir darauf, die richtige Seite dieser Rinne zu wählen.
- Besonders bei Blankeis klettern wir seitlich vom Stand weg, damit gelöste Eisschollen nicht unseren Seilpartner gefährden.

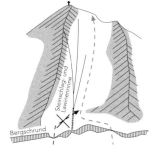

- Sich nicht in der Falllinie anderer Kletterer aufhalten.
- Eine Linie wählen, auf der wir uns möglichst nicht unter Felsen und Eistürmen (Séracs) befinden.

Standplatz in Eiswänden

Gut verfirnte Wände sind relativ einfach zu ersteigen, und das Sturzrisiko geübter Bergsteiger ist ziemlich klein. Den Nachsteiger können wir an einer Firnverankerung (T-Schlitz, Firnanker, Abalakow-Schlinge) sichern. Weil wir normalerweise nur eine einzige Verankerung am Standplatz und keine Zwischensicherungen haben, ist ein Sturz des Vorsteigers nur mit äusserst dynamischem Sichern und viel Glück zu stoppen. Blanke Eiswände sind schwieriger, anstrengender und zeitraubender zu ersteigen, lassen sich aber besser absichern. Harte Stürze mit hohen Sturzfaktoren (siehe S. 132) vermeiden wir, indem wir die Eisschrauben zu Beginn der Seillänge in kurzen Abständen setzen.

⇨ Das Seil nicht vollständig ausgeben, damit noch eine Seilreserve zum dynamisch Sichern besteht.

⇨ Nicht mit dem Tuber sichern, wenn ein Sturz in den Stand möglich ist!

Sinnvolle Verteilung der Zwischensicherungen bei einem 50 m Seil: Der Sturzfaktor wird möglichst klein gehalten und eine minimale Seilreserve gewahrt.

Synchron klettern in Eiswänden

Um Zeit zu sparen, können sehr routinierte Alpinisten in (blanken!) Eiswänden miteinander am langen Seil klettern. Ein Tibloc (siehe S. 76) verhindert, dass der Nachsteiger bei einem Sturz den Vorsteiger hinunterreisst.

- Es kann vorkommen, dass ein Tibloc nicht von Anfang an greift. Weil ein Durchrutschen des Seils beim synchron Klettern fatale Folgen haben kann, empfehlen wir, jeweils an zwei Eisschrauben je ein Tibloc einzuhängen.
- Bei einem Sturz des Vorsteigers kommen wir mangels dynamischer Sicherung an die Grenze der Belastbarkeit der obersten Zwischensicherung.

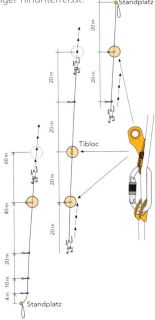

Tibloc korrekt einhängen (das Seil muss bei einem Sturz des Vorsteigers im Karabiner umgelenkt werden) und unbedingt einen gesicherten Karabiner mit *rundem* Querprofil verwenden!

Miteinander klettern im Firn siehe S. 249.

Kombinierte (Nord-)Wände

Kombinierte (Nord-)Wände sind vielleicht die Königsdisziplin des Alpinismus, bei der wir Hochtouren, Fels- und Eisklettern miteinander kombinieren. Die technischen Schwierigkeiten der Einzelstellen sind meistens nicht so hoch und treten in den Hintergrund gegenüber den Gesamtanforderungen der Tour. Schlechte Absicherung, Stein- und Eisschlag, meistens brüchiger Fels, eine oft komplizierte und von den Verhältnissen abhängige Routenführung, die Länge der Tour und schlechte Rückzugsmöglichkeiten erfordern viel Erfahrung und die richtige Taktik. Weil die Verhältnisse kaum je in der ganzen Wand perfekt sind, müssen wir immer mit vereisten oder verschneiten Passagen rechnen.

Ein Materialverlust bringt uns in einer kombinierten Wand rasch in Bedrängnis. Daher kann es sinnvoll sein, die Handschuhe anzubinden und Handschlaufen an den Pickeln zu benutzen.

 Wer das technische Können, aber noch keine Erfahrung auf solchen Touren besitzt, vertraut sich besser einem «alten Hasen» oder einem Bergführer an.

Verhältnisse

In den letzten Jahren sind viele Wände im Sommer stark ausgeapert. Das ausgeschmolzene Geröll erhöht die Steinschlaggefahr. Empfehlungen:
- auf genügende Schneeauflage achten;
- Temperaturen unter dem Gefrierpunkt sind sicherer.

Entsprechend werden die klassischen Nordwände immer öfter im Winter durchstiegen. Dabei kann sich der Zu- und Abstieg schwieriger gestalten als üblich.

 Grosse Wände weisen nur selten günstige Verhältnisse auf. Auf ein bestimmtes Datum hin zu planen, ist wenig erfolgversprechend und verleitet uns, bei ungünstigen Bedingungen einzusteigen und ein hohes Risiko einzugehen. Besser ist es, die Route eingehend zu studieren und dann lange genug zu warten, bis die Verhältnisse wirklich gut sind, um dann kurzfristig «zuzuschlagen».

Höhenanpassung (Akklimatisation)

In der Höhe nimmt der Luftdruck und damit der Partialdruck des Sauerstoffs ab. Auf dem Gipfel des Mt. Blanc ist noch etwa halb so viel Sauerstoff vorhanden wie auf Meereshöhe. Unser Körper kann sich diesen Bedingungen anpassen, braucht aber Zeit dazu.

Die Sofortreaktion des Körpers auf eine grössere Höhe nennen wir Adaption. In dieser Anpassungsphase (=Adaptionsphase) ist unsere Leistungsfähigkeit stark beeinträchtigt. Die möglichen Beschwerden (akute Bergkrankheit, siehe S. 272) sind zwar ungefährlich, aber unangenehm, und sie reduzieren unsere Konzentration und Leistungsfähigkeit zusätzlich. Weil aus der akuten Bergkrankheit heraus ein Höhenhirnödem entstehen kann, müssen wir die Beschwerden genau beobachten.

Im Schutz der Adaption schreitet die Akklimatisation voran, unser Körper passt sich allmählich der grösseren Höhe an. Nach wenigen Tagen ist dieser Prozess abgeschlossen, und wir erreichen annähend dieselbe Leistungsfähigkeit wie im Flachland.

Mit einer guten Akklimatisation minimieren wir das Risiko einer Höhenkrankheit. Die dafür notwendige Zeit ist nicht bei allen Menschen gleich, die untenstehenden Empfehlungen sind nur grobe Richtwerte. Ein guter Trainingszustand verkürzt die Akklimatisationszeit nicht, doch gilt:

- leichte körperliche Betätigung (kleinere Touren) fördert den Akklimatisationsprozess;
- Wir ertragen die Höhe besser, wenn wir genügend schlafen und viel trinken;
- keine Überanstrengung!

Schwere Höhenkrankheiten (Höhenhirn- und Höhenlungenödem) treten erst nach 24 bis 48 Stunden Höhenaufenthalt auf. Deshalb ist nicht die Gipfel-, sondern die Schlafhöhe die kritische Grösse der Akklimatisation. Für sie gelten folgende Empfehlungen:

- die erste Nacht auf maximal 2'500 m ü.M. (Schwellenhöhe);
- danach tägliche Steigerung um maximal 500 m.
- Sind wir zu schnell aufgestiegen, übernachten wir mindestens zweimal auf der gleichen Höhe, bevor wir die Schlafhöhe erneut steigern.

Nach rund zehn Tagen im Flachland haben wir unsere Akklimatisation praktisch vollständig verloren, selbst wenn wir zuvor wochenlang in grosser Höhe waren.

Medikamente zur Höhenanpassung

Es gibt Medikamente, welche die Höhenbeschwerden der Anpassungsphase verringern. Weil sie den Akklimatisationsprozess nicht verbessern, kann nach ihrer Einnahme das lebensbedrohliche Höhenhirnödem ohne vorhergehende Beschwerden plötzlich auftreten. Wir raten vor der prophylaktischen Einnahme solcher Präparate ab und dies nicht nur, weil wir für einen fairen Sport sind.

Dieser Abschnitt gilt für die Alpen. Für grössere Höhen siehe *Berghold und Schaffert, 2004*.

Erkennen und behandeln von Höhenkrankheiten siehe S. 271.

SAC – Bergsport Sommer

Rettung

Erste Hilfe	266
Biwak	273
Evakuieren	274
Kameradenrettung im Fels	275
Spaltenrettung	282
Organisierte Rettung	290

Erste Hilfe

Geschrieben durch Experte Hans Jacomet, leitender Arzt Rega.

Was tun bei einem Unfall oder einer Krankheit im Gebirge?

Ruhe bewahren, Übersicht gewinnen

Schauen – Situation überblicken:
- Was ist geschehen? Sturz, Blitzschlag...
- Wer ist wie beteiligt? Unfall oder Erkrankung, wie viele Opfer?
- Wer ist wie betroffen? Schwerer Unfall mit Lebensgefahr?

Denken – Gefahren erkennen: Absturz, Steinschlag usw.
- Gefahr für Helfer?
- Gefahr für weitere Personen?
- Gefahr für das Opfer?

Handeln
- Für die eigene Sicherheit sorgen.
- Opfer an sicheren Ort bringen oder sichern.
- Kurze Beurteilung der Opfer.

⇨ Bei Unfällen im Gebirge müssen wir die Opfer vor Kälte und Nässe schützen und gegebenenfalls gegen Absturzgefahr sichern oder evakuieren.

Alarmieren

Je besser die Alarmierung, desto schneller erreicht uns die richtige Hilfe (siehe S. 290).

Lebenswichtige Funktionen prüfen

Den Patienten ansprechen oder leicht kneifen. Wenn der Patient nicht antwortet, stellen wir uns folgende Fragen (ABC-Schema):

Atemwege frei?

Vorsichtige Mundinspektion.
Wenn Fremdkörper oder Erbrochenes
die Atmung behindern, diese unverzüglich
entfernen. Kopf vorsichtig nach hinten
strecken und Kinn anheben. Dabei die
Halswirbelsäule möglichst wenig bewegen
und mit einer Hand stabilisieren. Falls ein
zweiter Helfer vorhanden ist, stabilisiert
dieser die Halswirbelsäule mit beiden Händen.

Beatmung notwendig?

Den Patienten beobachten: Sind sichtbare Atembewegungen vorhanden? Mit einem Ohr an der Nase und am Mund des Patienten horchen, ob er atmet. Wenn keine Atmung vorhanden ist oder Zweifel an der Atmung des Patienten bestehen, sofort mit der Beatmung beginnen:

Den Patienten in Rückenlage bringen.
Kopf vorsichtig leicht nach hinten strecken,
Unterkiefer gegen Oberkiefer drücken und
Mund mit dem Daumen schliessen.

Beatmung Mund (Retter) zu Nase (Patient).
Vorsichtig und nicht mit zuviel Druck beatmen. Pro Minute 10–12 Atemstösse,
pro Atemstoss 0,7 bis 1 Liter Luft abgeben.

10–12 Mal/Minute

Circulation vorhanden?

Zeigt der Patient keine Lebenszeichen, dann besteht mit grosser Wahrscheinlichkeit ein Herz- Kreislaufstillstand. Ausgebildete Helfer können versuchen, den Puls zu tasten, aber ohne dafür wertvolle Zeit zu verlieren.

Wenn kein Kreislauf oder keine Lebenszeichen vorhanden sind, beginnen wir unverzüglich mit der Herz-Lungen-Wiederbelebung (Reanimation).

- Ausgebildete Helfer komprimieren dazu 30 x den Brustkorb des Patienten und beatmen dann den Patienten 2 x.
- Nicht ausgebildeten Helfern empfehlen wir dringend den Besuch eines Reanimationskurses.

Wenn der Patient reagiert oder Lebenszeichen aufweist, hat er mit Sicherheit keinen Herz- Kreislaufstillstand. Wenn er keine Antwort gibt, ist er **bewusstlos.**
- Jeden Bewusstlosen in stabile Seitenlage bringen.
- Jeder Bewusstlose ist ein potenzieller Rückenverletzter ➔ vorsichtig umlagern.

Gesamtbeurteilung des Patienten

Patienten systematisch von Kopf bis Fuss untersuchen auf:
- Schmerzende Stellen?
- Schwellungen?
- Abnorme Stellung von Gliedmassen?
- Blutungen?
- Wunden?
- Gefühlsstörungen?
- Bewegungseinschränkungen?

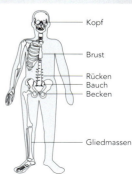

Weitere Massnahmen

Blutungen stillen, Wunden verbinden

Eine starke Blutung kann zu einem
lebensbedrohenden Schockzustand
führen.

- Starke Blutungen mit einem
  Druckverband stillen.
- Wunden möglichst steril
  verbinden.

Richtig lagern

Die richtige Lagerung hilft mit, eine drohende Lebensgefahr abzuwenden,
einen verletzten Körperteil ruhig zu stellen und Schmerzen zu lindern.

Schocklagerung

Falls der Patient einen schwachen und
raschen Puls aufweist und kalt schwitzt, besteht
der Verdacht auf einen Schockzustand.

- Patienten mit Kopf und Oberkörper
  flach lagern.
- Beine wenn möglich anheben.

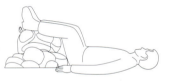

Verdacht auf Rückenverletzung

Bei Verdacht auf eine Rückenverletzung:
Patienten vorsichtig flach lagern.

- Diese Lagerung nur anwenden, wenn
  genügend geschulte Helfer vorhanden sind.
- Die Halswirbelsäule ist dabei zu stabilisieren.

Lagerung mit erhöhtem Oberkörper

Diese Lagerung ist angezeigt bei:

- Anzeichen von Atemnot
- Verdacht auf Brustkorbverletzung
- Herzproblemen
- Hitzschlag

Lagerung bei inneren Verletzungen

Bei Verdacht auf innere Verletzungen lagern wir den Patienten mit angewinkelten Beinen.

Verschiedene Lagerungen können auch kombiniert werden.

➪ Patienten optimal vor Kälte und Nässe schützen!

Verletzungen stabilisieren

Die gute Fixation eines verletzten Gliedes ist die beste Schmerzbehandlung. Bei der Fixation eines gebrochenen Knochens fixieren wir die Verletzung (Fraktur) und die beiden benachbarten Gelenke.

Im Gebirge eignet sich besonders der Sam-Splint® für Fixationen.
- Schiene in der Mitte falten, so dass wir zwei Flügel erhalten.
- Zum Verstärken der Schiene mit dem Daumen aus beiden Flügeln eine U-förmige Schale formen.
- Schiene um den verletzten Knochen legen und mit elastischen Binden oder Pflaster sichern.

Spezielle Anwendungen

- Bei Verdacht auf Verletzungen der *Halswirbelsäule* die Schiene locker um den Hals wickeln, um die Halswirbelsäule behelfsmässig zu stabilisieren. Beim Anlegen der Schiene den Kopf festhalten, um ihn nicht unnötig zu bewegen.
- Zur Ruhigstellung von *Handgelenk* und *Unterarm* die Schiene auch um den Ellenbogen legen.
- Zum Schienen des *Sprunggelenks* falten wir die Schiene um den Fussballen.

Um ein *Bein* oder *Knie* ruhig zu stellen, benötigen wir zwei Sam-Splints.

Nothilfe bei Beinbruch: Treckingstöcke als Schiene verwenden, beide Beine zusammenbinden. Bei Armbruch: Arm am Körper fixieren.

Überwachung des Patienten

Benötigen wir professionelle Hilfe, so überwachen wir den Patienten bis zum Eintreffen der Helfer. Auch während dem Abtransport kontrollieren wir den Allgemeinzustand einer verletzten oder kranken Person regelmässig. Bei einer Veränderung des Zustands handeln wir unverzüglich. Wird z.B. der Patient bewusstlos, bringen wir ihn unverzüglich in Seitenlage.

Die Überwachung des Patienten ist ohne Hilfsmittel möglich:

Ansprechbarkeit:	Gibt der Patient immer klar Antwort, trübt er ein oder wird er bewusstlos? War er bewusstlos und erwacht allmählich?
Puls:	Pulsfrequenz, Pulsstärke, Regelmässigkeit
Atmung:	Atemfrequenz, Atembewegungen, Zeichen der Atemnot
Pupillen:	Reaktion, Weite, Symmetrie der Pupillen
Haut:	Hautfarbe, Schweiss, Temperatur

Wir dürfen einem Patienten uns bekannte Schmerzmittel geben, am besten solche in Tropfenform. Zusammenstellung der Tourenapotheke siehe S. 298.

Höhenkrankheiten

Ursachen

Mit zunehmender Höhe sinkt der Luftdruck und damit die Sauerstoffmenge in der Luft. Bereits ab 2'500 m ü.M. können Höhenprobleme auftreten. Jeder zweite Bergsteiger, der rasch auf über 4'000 m Höhe steigt, hat nach 6–12 Stunden Anzeichen der Höhenkrankheit.

Höhenkrankheiten werden begünstigt durch:
- Zu schnellen Aufstieg.
- Körperliche Überanstrengung.
- Verminderte Atmung im Schlaf.
- Individuelle Veranlagung.

Vorbeugung

Gut an die Höhe anpassen («akklimatisieren», siehe S. 262).

Erkennen der verschiedenen Höhenkrankheiten

Wir unterscheiden drei Typen von Höhenkrankheiten:

Akute Bergkrankheit
Die akute Bergkrankheit tritt in der Anpassungsphase auf (siehe S. 262). Zur Diagnose genügen zwei der folgenden Zeichen:
- Kopfschmerzen, Schlaflosigkeit, Gleichgültigkeit
- Übelkeit, Appetitlosigkeit
- evtl. Schwellungen (Gesicht, Finger, Zehen)

Höhenhirnödem
Aus der akuten Bergkrankheit kann das Höhenhirnödem entstehen. Warnzeichen dieser lebensbedrohlichen Hirnschwellung sind:
- Erbrechen
- Schwindel
- Gangunsicherheit
- Bewusstseinsstörungen

Höhenlungenödem
Das Höhenlungenödem kann unabhängig von einer akuten Bergkrankheit eintreten. Warnzeichen dieser lebensbedrohlichen Lungenkrankheit sind:
- Zunehmende Atemnot zuerst bei Anstrengung, dann auch in Ruhe.
- Schnelle Atmung.
- Rasselnde Atmung, Husten mit evtl. rötlich-schaumigem Auswurf.
- Häufig Verschlechterung in der Nacht.

Massnahmen bei Zeichen von Höhenkrankheiten

- Abstieg oder Abtransport in tiefe Lage (siehe S. 274).
- Sauerstoff, wenn vorhanden.
- Überdrucksack, wenn vorhanden.
- Medikamente nach Verordnung eines Arztes.

Höhenhirn- und Höhenlungenödem sind lebensgefährlich → Warnzeichen ernst nehmen und sofortiger Abstieg oder Abtransport in tiefe Lage.

Blasen und Druckstellen

Blasen an den Füssen sind nichts Bedrohliches, aber schmerzhaft und häufig. Behandeln wir sie nicht korrekt, besteht die Gefahr einer Infektion. Blasen verhindern wir wie folgt:
- Neue Schuhe gründlich eintragen und dabei herausfinden, wie stark wir sie festziehen müssen.
- Feine Innensocken oder Socken mit Frotteepolster anziehen.
- Bei Anzeichen von Druckstellen sofort den Schuh neu binden.
- Druckstellen rechtzeitig abpflastern.

Behandlung:
- Blase nicht aufstechen, sondern mit «Compeed» abkleben und dieses die nächsten Tage auf der Wunde belassen.
- Geplatzte Blasen desinfizieren, dann sauber abdecken.

Erfrierungen und allgemeine Unterkühlung siehe «Bergsport Winter»

Biwak

Wenn wir infolge Unfall, einbrechender Dunkelheit oder Verirren blockiert sind, versuchen wir uns in einem Notbiwak so gut wie möglich vor Wind und Niederschlag zu schützen. Den besten Schutz bietet eine Schneehöhle, falls wir sie graben können. Ist dies nicht möglich, suchen wir eine geschützte Stelle, wie z.B. eine Gletscherspalte, eine Felsnische oder einen überhängenden Felsblock.

Verletzte und erschöpfte Personen müssen wir besonders gut vor dem Auskühlen schützen. Dazu gehört:
- An geschützten Ort bringen: Windschatten oder besser Schneehöhle.
- Warme und trockene Kleidung anziehen.
- Wenn möglich, einen Biwaksack einsetzen. Rettungsdecken sind bei starkem Wind schwierig handhabbar.
- Auf gut isolierende Unterlage betten.
- Heisse, gezuckerte Getränke geben (nur wenn Patient noch sicher schlucken kann!).
- Körperwärme von anderen Gruppenmitgliedern.

Schneebiwak sowie Medizinische Versorgung von Unterkühlten siehe «Bergsport Winter».

Evakuieren

Bei Flugwetter werden Verletzte je nach Schwere der Verletzung mit dem Helikopter ausgeflogen (siehe S. 290 Abschnitt «Alarmierung»). Bei schlechtem Wetter dauert die organisierte Rettung länger. Wir wägen ab, ob wir den Patienten an einem geschützten Ort betreuen und auf die organisierte Rettung warten können, oder ob wir ihn selber abtransportieren müssen. Letzteres ist bei einem nicht gehfähigen Patienten ein schwieriges und schmerzhaftes Unterfangen.

Sitz auf (Trecking-)Stöcken

Zwei Retter stehen nebeneinander und schieben mehrere Stöcke quer durch die Rucksackträger. Die Stöcke werden gepolstert, der Verletzte setzt sich darauf und legt seine Arme um die Schultern der Retter.

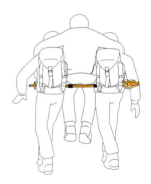

Seilsitz

Seil in Ringen von ca. 170 cm Umfang aufnehmen und den Verletzten so in die Schlingen setzen, dass er vom Verschluss am Rücken gestützt wird.

Rucksacksitz

Grossen Rucksack leeren, umkehren (Deckel nach unten) und Träger verlängern. Der Verletzte steht in die Träger. Der Retter polstert seine Schultern und schultert den Rucksack.

Kameradenrettung im Fels

Nicht bei jedem Zwischenfall benötigen wir die organisierte Rettung, und bei schlechtem Wetter dauert es manchmal zu lange, bis uns diese erreicht. Je alpiner unsere Tour, desto besser sollten wir die improvisierte Kameradenrettung beherrschen.

Mit entsprechender Übung lösen wir durch geschicktes Kombinieren der nachfolgend beschriebenen Techniken auch viele andere Probleme. Weitere Kniffs und Tricks siehe S. 221.

Reepschnüre von mind. 6 mm Durchmesser mitführen.

Goldene Regeln der Kameradenrettung

- Gut überlegen, erst dann handeln.
- Seile nicht verdrehen, sonst erhöht sich die Reibung, und wir verlieren die Übersicht.
- Seile mit HMS und Blockierungsknoten fixieren. (Um einen «normalen» Knoten zu entlasten, benötigen wir jedes Mal einen Flaschenzug.)
- Freie Seilenden fixieren.
- Bei Übungen möglichst mit einem zusätzlichen Seil sichern.

Kanadier Flaschenzug

Der Kanadier Flaschenzug ist die einfachste Möglichkeit, einen Knoten zu entlasten. Um den Partner weiter hoch zu ziehen, muss er mit einer Rücklaufsperre ergänzt werden (siehe S. 279).
- Grossen Karabiner in Verankerung einhängen (A). Kurze Schlinge mit Klemmknoten am gespannten Seil befestigen und ebenfalls einen grossen Karabiner einhängen (B).
- Im einen Karabiner das Ende einer langen Hilfsreepschnur einhängen (C), und diese durch die beiden Karabiner aufwickeln (D).
- Am Ende der Hilfsreepschnur ziehen (E), bis der Knoten im Seil entlastet ist.
- Mit Blockierungsknoten fixieren (F).

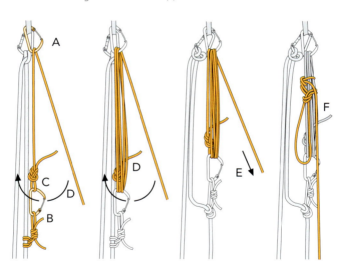

Karabiner verdoppeln, um die Reibung zu reduzieren und zu verhindern, dass sich die Aufwicklungen überkreuzen.

Toprope: Seil zu kurz

› Das wichtigste ist ein Knoten im Seilende (oder das Ende anderweitig zu fixieren), damit wir merken, wann das Seil fertig ist und das Seilende nicht aus Versehen durch die Bremse durchrutscht.

Erreicht der Kletterer noch den Fels, hängt er sich in einer (soliden!) Zwischensicherung ein, zieht das Seil oben ab und seilt von seiner Zwischensicherung aus weiter ab. Dabei bleibt in der Zwischensicherung normalerweise ein Karabiner zurück. An Stelle des Karabiners nur dann ein Maillon Rapide verwenden, wenn der Bohrhaken eine so grosse Öse hat, dass immer noch ein Karabiner direkt eingehängt werden kann – die nachfolgenden Kletterer danken es dir.
Kann der Kletterer den Fels nicht mehr berühren, seilt sich der Sichernde am anderen Seilende an und klettert den noch eingehängten Zwischensicherungen nach aufwärts (er wird dabei vom Seilzug des abgelassenen Kletterers unterstützt), bis der erste Kletterer den Boden erreicht. Danach seilt der zweite Kletterer an einer Zwischensicherung ab.

› Ist ein zweites Seil vorhanden, so seilt sich der Kletterer los, nachdem er wie oben beschrieben den Boden erreicht hat. Dann knüpft er die Seile zusammen, hängt die HMS ein und lässt den Sicherer von seiner Zwischensicherung her wieder runter.

Seilverlängerung

Mit der «Seilverlängerung» bremsen wir unseren Partner mit zwei zusammengeknüpften Seilen mehr als eine Seillänge am Stück ab. Die vorgestellte Methode funktioniert nur, wenn wir die Seile mit einem *Führer*knoten zusammenknüpfen und für die Halbmastwurf-Sicherung einen *grossen* HMS-Karabiner verwenden.

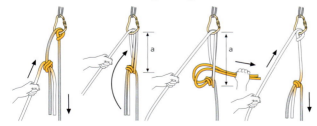

› «a» so kurz wie möglich. Damit halten wir den Schlag auf die Verankerung und den «Hüpfer» des Abgelassenen klein.

› Beim Durchziehen der Seilenden die Finger nicht einklemmen!

Abseilen über Knoten

In gewissen Situationen müssen wir über einen Knoten hinweg abseilen:
* Ein Steinschlag hat einen Seilstrang teilweise durchtrennt, wir müssen die beschädigte Stelle abknüpfen.
* Bei einem Rückzug reichen die Seile zusammengeknüpft bis ins flache Gelände. Nach dem Abseilen lassen wir die Seile hängen.

Wenn beim Knoten weder ein Tritt noch ein Haken vorhanden sind, empfehlen wir folgendes Vorgehen:
* «Normal» abseilen bis kurz vor dem Knoten.
* Oberhalb der Abseilbremse mit einer langen Hilfsreepschnur einen Prohaska ans Seil knüpfen (A).
* Einen Strang der Hilfsreepschnur lose mit Mastwurf im Karabiner des Prohaskas befestigen (B).
* Den anderen Strang der Hilfsreepschnur mit HMS und Blockierungsknoten am Klettergurt befestigen (C). Dieser Strang muss straff sein.
* Weiter abseilen, bis wir in der Hilfsreepschnur hängen (D).
* Selbstsicherung (auf dem Bild Kreuzklemmknoten) lösen und ca. 50 cm unterhalb des Knotens am unteren Seil neu erstellen (E).
* Abseilbremse lösen und unmittelbar unterhalb des Knotens ins untere Seil einhängen (F).
* Blockierungsknoten lösen und sich an der Hilfsreepschnur mit der HMS ablassen (G).
* Am anderen Strang der Hilfsreepschnur den Prohaska herunterziehen (H) und anschliessend lösen.

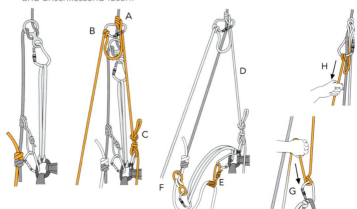

Aufstieg am Seil

Haben wir am falschen Ort abgeseilt, lässt sich nach
dem Abseilen das Seil nicht abziehen oder ist jemand in überhängendes Gelände gestürzt, so steigen
wir am Seil mit derselben Technik auf, wie nach
einem Spaltensturz (siehe S. 289).
Bei Materialmangel verzichten wir auf die Fussschlinge und wickeln stattdessen das Seil zweimal
um den Fuss herum.

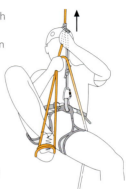

Hängt der Vorsteiger nach einem Sturz in einer
Mehrseillängenroute ausserhalb des Standplatzes
in der Luft, so werfen wir ihm ein Seil zu und ziehen
ihn daran zum Stand herein.

Aufziehen des Seilpartners

Ist der Partner verletzt oder in unkletterbares Gelände ausgependelt, bremsen
wir ihn wenn möglich ab. Ist dies nicht möglich, und kann er nicht selber am
Seil aufsteigen, so müssen wir ihn mit einem Flaschenzug hoch ziehen. Dies ist
sehr aufwändig.

Flaschenzug im Fels

Im Unterschied zur Spaltenrettung (siehe S. 282) ziehen wir bei diesem
Flaschenzug mit dem Körpergewicht nach unten.
- HMS mit Blockierungsknoten sichern (A, siehe S. 141).
- Zur Sicherheit vor Fehlmanipulationen das Seil *lose* am Stand fixieren (B).
- Möglichst nahe am HMS mit Prohaska Knoten anbringen (C) und mit gesichertem Karabiner am Standplatz einhängen (D).
- Blockierungsknoten lösen. Last auf Prohaska übertragen, danach HMS entfernen.
- Flaschenzug einrichten:
  - Seil knapp über dem Prohaska umlenken (E).
  - Mit je einer kurzen Prusikschlinge eine «Flasche» am Last- (F) und am Zugseil (G) fixieren.

- Hilfsreepschnur an der oberen Flasche fixieren (H. Wenn keine Reepschnur vorhanden, das lose Seilende verwenden).
- Mit der Hilfsreepschnur einen Kanadier Flaschenzug erstellen (I, siehe S. 276). Das lose Ende schaut nach unten (J).
- Zum Aufziehen am losen Ende der Hilfsreepschnur nach unten ziehen (J), am Besten mit «body holing»: Zugreepschnur mit Mastwurf und Karabiner am Anseilgurt befestigen und mit dem Körper hineinhängen. Dazu muss die Selbstsicherung verlängert werden.

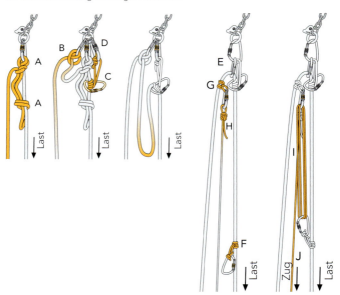

Der Prohaska samt Umlenkung kann ersetzt werden durch eine geeignete Seilbremse (z.B. Magic Plate, siehe S. 157) oder eine Rücklaufsperre (Ropeman siehe S. 76, Garda siehe S. 143).

Bei zu viel Seilreibung bauen wir näher an der letzten Umlenkung einen neuen Standplatz und richten den Flaschenzug dort ein.

Express-Flaschenzug

Nicht immer schaffen wir es, mit dem «Express-Flaschenzug» unseren Nachsteiger hoch zu ziehen. Aber wir können ihn durch Seilzug beim Hochklettern stark unterstützen.
Ideal für den Expressflaschenzug ist die Nachstiegssicherung mit einer autoblockierenden Bremse (Magic Plate, dafür vorgesehen Tuber, Sirius). Sichern wir mit der HMS, dürfen wir das Bremsseil nie loslassen.

«Klimmzugmethode» beim Sturz des Vorsteigers siehe S. 223.

Weitere Flaschenzüge siehe Abschnitt «Spaltenrettung».

Entlasten der Körpersicherung

Haben wir an unserem Körper gesichert, müssen wir für eine Rettung zuerst die Last auf den Standplatz übertragen:

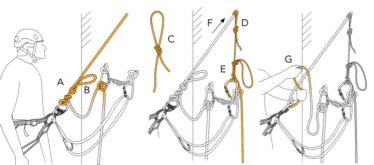

- Sicherungsgerät (hier HMS) mit Blockierungsknoten fixieren (A).
- Seil hinter dem Blockierungsknoten mit einem Mastwurf am Stand sichern (B). Dieser Knoten wird nicht belastet, er verhindert einen Unfall bei einer Fehlmanipulation.

- Am Ende einer Hilfsreepschnur eine Achterschlaufe von ca. 20 cm knoten (C). Mit dieser Schlaufe einen Klemmknoten (z.B. Prusik) am gespannten Partieseil anbringen (D).
- Hilfsreepschnur mit HMS und Blockierungsknoten am Standplatz fixieren (E).
- Klemmknoten so weit als möglich am Seil nach oben schieben (F).
- Mit Sicherungsgerät der Körpersicherung Seil geben (G), bis ganze Belastung auf Hilfsreepschnur.
- HMS der Körpersicherung entfernen.

[i] Lösen von autoblockierenden Sicherungsgeräten bei der Sicherung des Nachsteigers siehe S. 162.

Spaltenrettung

Der Gestürzte wird von seinen Kameraden herausgezogen (Flaschen- oder Mannschaftszug), oder er steigt am Seil selber aus der Spalte (Selbstaufstieg).

Material

Für Flaschenzug oder Selbstaufstieg benötigt jede Person einer Dreierseilschaft folgendes:
- 1 Handschlaufe (Reepschnur 6 mm, 150 cm lang).
- 1 Reepschnur 6 mm, ca. 5 m lang.
- 2 Schraub- und 3 normale Karabiner.
- Für Flaschenzug einige Meter Seilreserve.

⇨ Eine Reepschnur mehr mitnehmen (wenn etwas schief geht, die Handschlaufe an der Spaltenlippe verloren geht oder eine zusätzliche Verankerung nötig wird).

Spaltenrettung unter Aufsicht eines erfahrenen Leiters üben und folgende Sicherheitsstandards einhalten:
- Übungsgelände prüfen. Ideal sind steile Schneewände von Windlöchern oder andere Stellen, wo ein Absturz keine allzu gravierenden Folgen hätte. Schmale Spalten sind ungeeignet. Grosse Schneelippen können den Gestürzten erschlagen, wenn sie abbrechen.
- Der Stürzende trägt weder Steigeisen noch Pickel.
- Eine zusätzliche Sicherung schützt den Seilzweiten vor dem Nachstürzen in die Spalte (Seilschaft links). Nach dem Halten des Sturzes wird sie mit einem Klemmknoten ergänzt, um den Gestürzten vor Fehlmanipulationen seiner «Retter» beim Flaschenzugbau zu schützen (Seilschaft rechts).

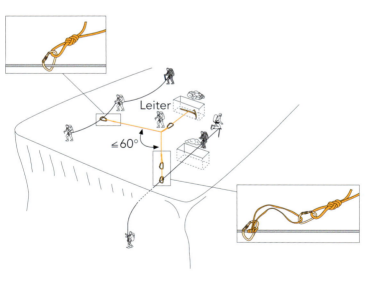

Verankerung erstellen

Die definitive Verankerung zu erstellen ist oft schwieriger als der eigentliche Flaschenzug, besonders bei einer Zweierseilschaft.

Dreierseilschaft

Hinterer hält.
Mittlerer steckt Pickel durch Handschlaufe als provisorische Verankerung und kniet auf den Pickel.

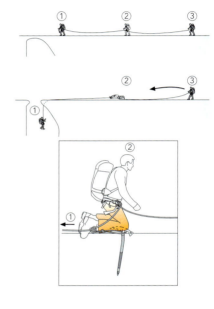

Hinterer macht davor definitive Verankerung, z.B. T-Schlitz.

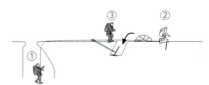

Definitive Verankerung
vorsichtig belasten:

A Prohaska am gespannten Seil, mit Schraubkarabiner in Zentralkarabiner einhängen.

B Provisorische Verankerung langsam lösen.

C Seil mit Mastwurf an Verankerung rückversichern.

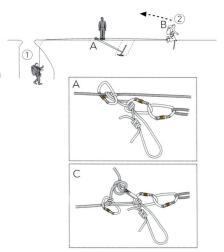

D Selbstgesichert Kontakt aufnehmen.

E Bei Bedarf Lippe sorgfältig abtragen.

F Pickel oder Treckingstock an Lippe unterlegen, um weiteres Einschneiden des Seils zu verhindern (bei Loser Rolle nicht nötig). Unterlegten Gegenstand sichern.

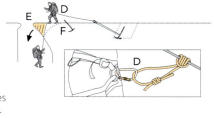

Wenn der Mittlere in der Spalte hängt, macht der weniger Geübte bzw. der unten im Hang stehende die provisorische Verankerung. Danach baut der andere einen T-Schlitz und macht daran den Flaschenzug.

Eine Spalte kommt selten allein. Wer sich während der Spaltenrettung auf dem verschneiten Gletscher bewegt, sichert sich am Partieseil.

Zweierseilschaft

- Verfügen wir nur über einen Pickel, so müssen wir mit diesem unter voller Last einen T-Schlitz für die definitive Verankerung graben.
- Wenn wir auf einer schwierigen Tour zwei Pickel mitführen, können wir den ersten als provisorische Verankerung durch die Handschlaufe stecken, darauf knien und den zweiten dahinter als T-Schlitz vergraben.

Bei weichem Schnee ist es manchmal möglich, für die provisorische Verankerung zwei Treckingstöcke einzustecken und davor zu knien.

Wenn der T-Schlitz im durchfeuchteten Schnee nicht absolut zuverlässig erstellt werden konnte, muss der Zentralkarabiner an eine zusätzliche Verankerung (zweiter T-Schlitz, z.B. mit Rucksack) zurückgespannt werden. Ohne zweiten Pickel müssen wir den Schlitz mit Füssen und Händen ausheben.

Doppelter oder Schweizer Flaschenzug

Der doppelte Flaschenzug ist universell einsetzbar, eine kurze Seilreserve genügt. Die Untersetzung beträgt 1:5, die Reibung ist gross.

Erst wenn der Flaschenzug fertig erstellt ist, wird die Rückversicherung gelöst und das Seil im Karabiner umgelenkt.

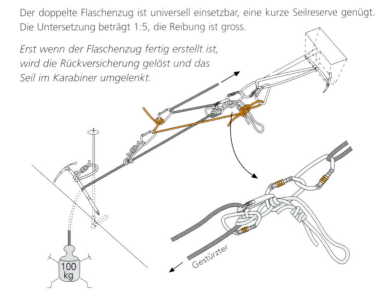

Rettung **287**

- Den Prohaska durch eine automatische Rücklaufsperre ersetzen (z.B. Ropeman).
- Die lange Hilfsreepschnur kann durch das Seilende ersetzt werden.

Flaschenzug bei Bremsknoten

Die bei einer Zweierseilschaft im Seil angebrachten Bremsknoten (siehe S. 148) behindern den doppelten Flaschenzug. Unmittelbar bevor ein Bremsknoten die Rücklaufsperre erreicht, entlasten wir mit einem Kanadier Flaschenzug (siehe S. 276).
Nach dem Lösen des nicht mehr unter Zug stehenden Bremsknotens entfernen wir den Kanadier Flaschenzug wieder.

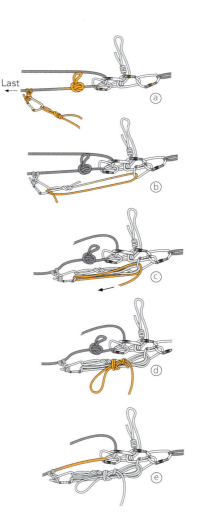

Lose Rolle (Österreicher Flaschenzug)

Die Reibung ist so gering, dass die Untersetzung von 1:2 genügt, und Bremsknoten im Seil stören nicht.

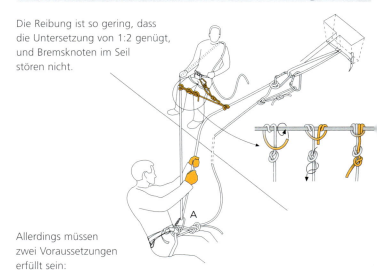

Allerdings müssen zwei Voraussetzungen erfüllt sein:
- Lange Seilreserve nötig (auch wenn der Mittlere oder Hintere in die Spalte gestürzt ist).
- Gestürzter muss die «Rolle» (A) im Gurt einhängen können.

Ganz vorne an der Lippe ziehen reduziert die Reibung. Der Gestürzte hilft durch Zug am verankerten Seil mit.

Mannschaftszug

Bei grossen Gruppen braucht es weder eine Verankerung noch einen Flaschenzug. Es genügt, wenn alle Leute am Seil ziehen.
- Mindestens zwei Personen binden sich am Zugseil an, damit das Seil nicht plötzlich losgelassen wird.
- Eine Person steht in der Nähe der Spalte und gewährleistet den Kontakt zum Gestürzten. Sonst droht die Gefahr, ihn an der Spaltenlippe zu erdrücken.

Selbstaufstieg aus Spalte

Ist der Gestürzte unverletzt und nicht
eingeklemmt, so ist ein Selbstaufstieg
meistens einfacher und schneller als ein
Flaschenzug.

- Rucksack ausziehen und mit einer
  langen Schlinge am Klettergurt befestigen.
- Handschlaufe mit Schraubkarabiner im
  Klettergurt einhängen (B). Evtl. vorgängig Prusik lösen und durch Prohaska ersetzen (A). Sehr kurze Handschlaufe evtl.
  durch längere Schlinge ersetzen.
- Unterhalb der Handschlaufe die Fussschlaufe anbringen (C).

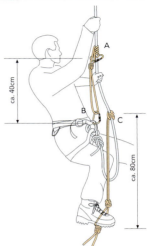

Vorgehen an Spaltenlippe

Ist das Seil stark in der Spaltenlippe eingeschnitten,
wird zuerst normal aufgestiegen (siehe oben).
Direkt unterhalb der Lippe wechseln wir auf das
nachfolgend beschriebene System. Es erlaubt,
näher an die Lippe heran zu kommen und diese
von unten abzutragen.

- In Handschlaufe hängen und Fussschlinge nach
  unten schieben.
- Ropeman zwischen den beiden Klemmknoten
  ins Seil einhängen (D) und mit Schraubkarabiner
  am Anseilring fixieren (E).
- Seil zwischen Ropeman und Fussschlaufe ergreifen und durch Karabiner oben in Handschlaufe
  umlenken (F).
- Sobald entlastet: Handschlaufe im Klettergurt
  aushängen (G).

Diese Methode funktioniert nur, wenn in der Handschlaufe unmittelbar hinter
dem Klemmknoten ein Achterknoten gemacht wurde.

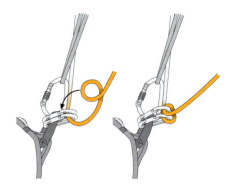

Der Ropeman kann durch eine Gardabremse ersetzt werden. Dabei bleibt die Handschlaufe als zusätzliche Sicherung im Klettergurt eingehängt (evtl. verlängern).

Organisierte Rettung

Die begrenzten Möglichkeiten der Kameradenrettung erfordern oft Hilfe von aussen. Wenn bei schlechtem Wetter keine Helirettung möglich ist oder sich Probleme bei der Alarmierung ergeben, kann es allerdings eine ganze Weile dauern, bis die organisierte Rettung vor Ort ist.

Alarmierung

Notfunk

- E-Kanal 161.300 MHz
  (benötigt spezielle Vorrichtung zum Öffnen der Relaisstationen)
- K-Kanal 158.625 MHz (vor allem im Wallis)

Telefon/Handy

- Rega 1414 (vom Ausland: +41 333 333 333)
- Sanitätsnotruf 144 (Kanton Wallis)

Schlechte Verbindung: Standort wechseln oder SMS an gleiche Nummern.

[i] weitere Alarmnummern siehe S. 299.

Folgende Fragen werden gestellt

- Was ist wann, wo (möglichst Koordinaten) geschehen?
- Wetter, Landemöglichkeit, Hindernisse?
- Wer alarmiert? – Für Rückfragen erreichbar bleiben.

Alarmierung zu Fuss

- Nicht überstürzt handeln, sich die nötige Zeit nehmen und Meldung aufschreiben.
- Keine unnötigen Risiken eingehen und wenn möglich nicht alleine alarmieren.

Alpines Notsignal

- 6 x pro Minute ein Zeichen geben (rufen, blinken, ...)
- Eine Minute warten, dann Zeichen wiederholen.

Antwort: 3 x in der Minute ein Zeichen geben, dann ebenfalls eine Minute warten.

Helikopter-Rettung

Zeichen

 YES   Ja, wir brauchen Hilfe

 NO   Nein, wir brauchen keine Hilfe

Landeplatz

- Hindernisfreier Platz ca. 25 x 25 m.
- Keine losen Gegenstände herumliegen lassen.
- Einweisen: Rücken gegen den Wind stehen und verharren, bis Heli gelandet.
- Sich nur von vorne dem Heli nähern (Blickkontakt mit dem Piloten).

Ist kein Landeplatz vorhanden:
- Bei der Alarmierung mitteilen, dass eine Winden- oder Longline-Rettung erforderlich ist.
- Gut zugänglichen Zentralkarabiner für Sicherung des Flughelfers vorbereiten.

SAC – Bergsport Sommer

Anhang

Literatur	294
Bildnachweis	296
Checklisten	297
Adressen und Linksammlung	299
Stichworte	301
Autoren	305

Literatur

Weiterführende Bücher zu einzelnen Themen

Akklimatisation (Höhenbergsteigen)
Berghold Franz, Schaffert Wolfgang (2004). *Handbuch für Trekking- und Expeditionsmedizin*. Deutscher Alpenverein DAV, München.

Bergsteigen allgemein
Semmel Chris (2005). *Ausbilderhandbuch – Praxis und Theorie*. Deutscher Alpenverein DAV, München. ISBN 3-937530-08-8

Beweglichkeit
Albrecht Karin, Meyer Stephan (2005). *Stretching und Beweglichkeit*. Haug-Medizinverlag, Stuttgart. ISBN 3-8304-7221-8

Erste Hilfe
Durrer Bruno, Jacomet Hans, Wiget Urs (2000). *Erste Hilfe für Wanderer und Bergsteiger*. SAC, Bern. ISBN 3-85902-191-5

Hochtouren
Cox Steven M. und Fulsaas Kris (ed.), 2004. *Mountaineering: The Freedom of the Hills*. The Mountaineers Books, Seattle. ISBN 0-89886-828-9

Kinder, Bergsteigen mit
Meier Ruedi (1995). *Bergsteigen mit Kindern*. SAC. ISBN 3-85902-150-8. Das Gesamtwerk besteht aus je einem separaten Buch für Erwachsene und Kinder.

Klettern: allgemein
Hoffmann Michael (2004). *Sportklettern*. Panico Alpinverlag, Köngen.
ISBN 3-926807-88-1

Klettern: Technik, Training, Kraft
Albesa Carles und Lloveras Pere (2001). *Klettertraining*.
BLV Verlagsgesellschaft mbH, München. ISBN 3-405-16110-X

Köstermeyer Guido (2005). *Peak Performance*. tmms, Korb.
ISBN 3-930650-01-0

Neumann Udo (2003). *Lizenz zum Klettern*. Udini, Köln.
ISBN 3-9804809-0-9. Das Standardwerk zum Klettertraining. Unterhaltsam!

Sigrist Hanspeter (2003). *Sportklettern*.
Bundesamt für Sport, Magglingen.

Sigrist Hanspeter (1999). *Sportklettern – LK 3B-Dossier.*
SAC und Bundesamt für Sport, Magglingen.

Klettersteig

Schubert Pit (2005). *Klettersteiggehen: Ausrüstung – Technik – Sicherheit.*
Bergverlag Rother, München. ISBN 3-7633-6019-0

Hüsler Eugen E. (2003). *Klettersteiggehen.* Bruckmann, München.
ISBN 3-7654-3975-4

Meteo

Albisser Peter (2001). *Wetterkunde für Wanderer und Bergsteiger.* SAC, Bern.
ISBN 3-85902-201-6

Natur und Umwelt

Gilliéron Jacques, Morerod Claude (2005). *Tiere der Alpen,* SAC, Bern.
ISBN 3-85902-238-5

Wüthrich Franziska (2001). *Alpen aktiv.* Sauerländer, Aarau.
ISBN 3-7941-4703-0

Wüthrich Franziska, Lüthi Markus, Meyer Jürg (2001). *Lebenswelt Alpen.*
Sauerländer, Aarau. ISBN 3-7941-4702-2

Orientierung

Gurtner Martin (1998). *Karten lesen: Handbuch zu den Landeskarten.*
SAC, Bern. ISBN 3-85902-137-0

Verwendete Literatur

Alpinschule Berg+Tal (2004). Sicher über Berg und Tal. *Merkblattreihe.*
Alpinschule Berg+Tal, Interlaken, www.bergundtal.ch/index_vorteile.htm

Britschgi Walter (2004). *Begreiflich – Sicherheit beim Sportklettern.*
Eigenverlag Britschgi, Hausen.

Charlet Jean-Franck (1996). *Ski et alpinisme,* ENSA, Chamonix

Engler Martin (2001). *Die weisse Gefahr.* Verlag Martin Engler, Sulzberg.
ISBN 3-9807591-1-3

Jugend und Sport. *Handbuch Jugend + Sport.* J+S, Magglingen.

Lutz Martin, Mair Peter (2002). AnseilART – Verletzungsmuster beim Sturz ins
Seil. *Bergundsteigen* 02/2: 50-53.

Möhrle Matthias (2003). Sonnenbrand. *Bergundsteigen* 03/1: 15-17.

Möhrle Matthias (2002). Durchgebrannt – Sonne auf unserer Haut. *Bergundsteigen* 02/1: 48-49.

Scheichenzuber Sepp (2004). GPS und Karte ohne Koordinaten. *Bergundsteigen* 04/2: 46-49.

Schirmer Herbert (2004). UTM, UPS, WGS-84. *Bergundsteigen* 04/2: 38-44.

Schubert Pit (2002). *Sicherheit und Risiko in Fels und Eis*. Band 2. Ed: DAV, München. Bergverlag Rother, München. ISBN 3-7633-6018-2

Schubert Pit (2001). *Sicherheit und Risiko in Fels und Eis*. Band 1. Ed: DAV, München. Bergverlag Rother, München. ISBN 3-7633-6016-6

Semmel Chris, Stopper Dieter (2005). Eiskalt und doch Brandheiss? *DAV: Panorama* 05/2: 91-95.

Sicherheitskreis DAV (2005). *Persönliche Mitteilung* von Chris Semmler.

Streicher Bernhard (2004). Entscheidungsfindung. *Bergundsteigen* 04/3: 16-22.

Wassermann Emanuel, Wicky Michael (2005). *Technik und Taktik für leichte Hochtouren*. Bergpunkt (ed.). Filidor, Reichenbach. ISBN 3-906087-25-5

Bildnachweis

Titelbild: Volken Marco

Fotos im Buch: Aebischer Christoph: 27
Anker Daniel: 115, 123
Archiv Gesellschaft für ökologische Forschung Deutschland: 25 unten
Archiv Schweizerisches Alpines Muesum: 25 oben
Gerber Martin: 293
Hasler Bruno: 65, 81, 105, 131
Iten Lucas: 265
Labhart Toni: 22
Meyer Jürg: 14, 15, 16, 17, 18 (alle), 19, 20 (alle), 21, 24 (oben, Mitte), 38 (alle), 39
Pro Natura Zentrum Aletsch: 24 (unten)
Strauss Florian: 13
Winkler Kurt: 23, 173, 202 (alle), 227, 305

Umschlag Rückseite: Gerber Martin (Foto 1)
Winkler Kurt (Fotos 2, 3)
Anker Daniel (Foto 4)
Hasler Bruno (Foto 5)
Strauss Florian (Foto 6)

Checklisten

Ausrüstung

Grundausrüstung

- Rucksack
- Bergschuhe
- Anorak
- Faserpelz oder warmer Pullover
- Touren- und Kletterhose
- Mütze mit Ohrenschutz
- Handschuhe
- Trinkflasche
- Lunch
- Taschenmesser
- Sonnenhut
- Sonnenbrille
- Sonnencreme, Lippenschutz
- persönliche Medikamente
- Geld, Ausweise
- Taschentücher
- WC-Papier
- evtl. Treckingstöcke
- evtl. Fotoapparat

Gruppenausüstung

- Karte
- Clubführer, Topos
- Kompass
- Höhenmesser
- evtl. GPS inkl. Ersatzbatterien
- Koordinatenmesser
- Schreibzeug
- Uhr / Wecker
- Handy, evtl. Funk
- Apotheke (siehe unten)
- evtl. Rettungsdecke oder Biwaksack
- evtl. Ersatzsonnenbrille
- Kabelbinder, Tape, evtl. Nähzeug
- Taschenmesser mit Zange («Multifunktionswerkzeug»)
- evtl. Gabel- und Inbusschlüssel zum Anpassen älterer Steigeisen, Ersatzschraube und Mutter

Technische Zusatzausrüstung

- Anseilgurt
- HMS-Karabiner
- evtl. Sicherungsgerät
- Schraubkarabiner _____ Stück
- Einzelkarabiner _____ Stück
- 6 mm Reepschnur, 1,5 und 5 m lang
- vernähte Bandschlingen _____ Stück
- evtl. Selbstsicherungsschlinge (Nabelschnur)
- Abseilbremse
- Kletterfinken
- Magnesia
- Pickel
- Steigeisen (angepasst) mit Antistoll
- Gamaschen
- Helm

Pro Gruppe / Seilschaft

- Seile: Typ _____ Länge_____ m
- Expressschlingen _____ Stück
- Klemmkeile und evtl. Grübler
- Friends
- Eisschrauben _____ Stück
- evtl. Abalakow Hooker
- evtl. Abalakow Schlinge

Hüttenübernachtung

- Stirnlampe
- Toilettenartikel (wenig)
- Ersatzkleider
- evtl. Seidenschlafsack
- evtl. Ohropax
- evtl. SAC-Ausweis

Apotheke

Bergsteiger bewegen sich in Gelände, wo rasche medizinische Hilfe oft nicht möglich ist. Pro Gruppe wird mindestens eine Rucksackapotheke mitgeführt. Sie darf nicht zu gross sein, damit wir sie auch wirklich mittragen. Apotheke wasserdicht verpacken und Verfalldaten der Medikamente aufschreiben. Verbandsmaterial können wir auch aus Kleidungsstücken improvisieren.

⇨ Persönliche Medikamente nimmt jeder selber mit.

👍 Weitere Medikamente, z.B. gegen Höhenkrankheit, sind nur sinnvoll, wenn wir auch in der Lage sind, die entsprechenden Diagnosen sicher zu stellen.

👍 Für Mehrseillängen-Klettereien ohne Rucksack existieren kleine Apotheken, die sich am Anseilgurt anhängen lassen.

- normales Schmerzmittel, z.B. Paracetamol
- starkes Schmerzmittel, z.B. Tramadol-Ampulle, die gespritzt oder sublingual verabreicht werden kann.
- Blasenpflaster (second-skin, z.B. Compeed).
- div. Wundschnellverbände (Pflaster)
- Steri Strip
- 2 selbstklebende, elastische Binden
- evtl. Sam Splint
- evtl. Signalpfeife
- evtl. Pinzette
- evtl. Desinfektionstinktur
- evtl. Lutschtabletten gegen Halsweh
- Schere (um Verbandmaterial aus Kleidern zu schneiden)

Adressen und Linksammlung

Wetterbericht

Allgemein

täglich 5 x aktualisiert, Prognose für folgende Tage nur 11.45 Uhr
Tel. 162 (Ausland[8]: +41 848 800 162)
www.nzz.ch/wetter (inkl. Radarbild)

Alpenwetterbericht

täglich 15.30 Uhr
Tel. 0900 552 138 (Fr. –.86/Min.)

Persönliche Wetterberatung

Meteo Schweiz:
Tel. 0900 162 333 (24h, Fr. 3.–/Anruf + Fr. 1.–/Min.)
Meteotest:
0900 57 61 52 (5–19 Uhr, Fr. 3.13/Min.)

www.meteo.ch	Linksammlung zu Wetterprognosen im In- und Ausland
www.meteo-chamonix.org	Wetterprognose für Westschweiz und Savoie, Links zu übrigen französischen Gebieten und Aostatal.
www.ecmwf.int	Wetter in Europa
www.westwind.ch	Europaweite Linksammlung zum Wetter

Notfallnummern

Heli-Rettung	Rega	1414 (Ausland[8]: +41 333 333 333)
		Funk 161.300 MHz
	Wallis	Sanitätsnotruf 144
		Funk 158.625 MHz (K-Kanal)
Polizei	117	

Bei schlechtem Handy-Empfang: Standort wechseln oder SMS an dieselben Nummern.

[8] Bei Anrufen aus dem Ausland sowie bei einem Mobiltelefon eines ausländischen Anbieters auch innerhalb der Schweiz.

Ausland	**vom Festnetz aus**	**mit dem Handy**
Deutschland	112, 19222	112
Österreich	140, Flugrettung: 1777	(Zugang in alle Netze nur
Italien	118	wenn kein PIN-Code bzw.
Frankreich		PIN-Code 112 eingegeben
Gendarmerie Chamonix: 0450 53 16 89		wird.)

Nützliche Adressen

www.sac-cas.ch	alles über den Schweizer Alpen-Club SAC, von der Hüttenadresse bis zum Wandertipp; Tourenplanungsformular; Schwierigkeitsbewertungen
www.alpenonlie.ch	Infos zu SAC-Hütten, inkl. Anreise mit ö.V.
www.pizbube.ch	die Fundgrube für alpine Literatur
www.4000plus.ch	Bergführer gesucht?
www.bergsportschulen.ch	professionell geführte Touren
www.alpin-koordinaten.ch	Bergkoordinaten weltweit

Verhältnisse

www.basislager.ch	vor allem Deutschschweiz
www.gipfelbuch.ch	vor allem Deutschschweiz
www.camptocamp.com	vor allem Romandie
www.ohm-chamonix.com	Verhältnisse im Mont Blanc-Gebiet
www.montagneinfo.net	vor allem Frankreich

⇨ Weil jeder schreiben kann, was er will, sind die Informationen mit Vorsicht zu geniessen.

Mobilität

www.sbb.ch	Fahrplan Schweiz (auch Bus)
SMS-Fahrplan:	222 (Swisscom, Orange), 999 (Sunrise), Fr. –.60/SMS.
	nächste Verbindung: *zürich.enge göschenen*
	Abfahrt 19 Uhr: *zürich.enge göschenen 1900*
	Abfahrt in ca. 3 Stunden: *zürich.enge göschenen 3* (0 bis 24)

www.fahrplan-online.de Linksammlung zu allen Fahrplänen, weltweit

Alpentaxi	Broschüre zu beziehen bei: Mountain Wilderness, Postfach 148, 8037 Zürich.

Stichworte

A
Abalakow – Hooker **240**
Abalakow – Pickelverankerung **236**
Abbremsen **171**
Abfahren auf Firn **233**
Ablassen **159 f.**, 162, 256
Abrutschgefahr 109, **116 f.**, **118 ff.**, 234, 243, 244, 258
Abseilen 86, **163 ff.**, 225, 255, 256, 278
Abseilpiste **169**
Absturz **55 f.**, 84, 117, 120, 234, 245 ff., 250, 251, 258
Abtransport s. Evakuieren
Adressen **299 f.**
Akklimatisation **262 f.**, 271
Alarmierung 266, 274, **290 f.**
Alpinwandern **115 ff.**
Anreise **26**, 300
Anseilen **144 ff.**, 241, 245 ff., 249 f., 254 f.
Anseilgurt **70**, **144 f.**
Ausgleichsverankerung 164, **251 f.**,
Ausrüstung 26, 54, **65 ff.**, 124, **297**
Azimut **44 f.**

B
Bandschlinge 73, **74 f.**, 139, 142 f., 166, 209, 251 f., 253
Bekleidung **66 ff.**
Bergschrund **22**, 259
Bergung s. Rettung und Evakuieren
Bergwandern **115 ff.**
Beweglichkeit **177**
Biwak 79, **273**
Blitz **37**, **58 ff.**, 128
Blockfeld 19, **119**
Bohrhaken 56, **208**, 215 ff., 218, 224, 225
Bremsknoten **148**, **287**, 288

C
Checklisten 94, **297 f.**

D
Doppel-V **220**
Dyneema Schlinge s. Polyäthylen Schlinge

E
Eislawine s. Eisschlag
Eispickel s. Pickel
Eissanduhr 78, **240**
Eisschlag **57**, 110
Eisschraube **78**, **239 f.**, 260 f.
Eiswand 22, **259 ff.**
Entscheiden 82, 85, 88, **94 ff.**, **100 ff.**
Entscheidungsfreiheit **95 f.**, 100
Entscheidungspunkte **85**, **95**, 101
Erste Hilfe 61, **266 ff.**
Evakuieren **274**
Expressschlinge **72**, **200 ff.**, 205 f., 217 f., 219 f., 221 f.

F
Fädeln **204 f.**
Felsarten 18 ff.
Felsrettung s. Rettung, Fels-
Felsverankerung s. Verankerung, Fels-
Firnverankerung s. Verankerung, Schnee-
Fixseil 244, **254**
Flaschenzug, doppelter 284, **286 f.**
Flaschenzug, Fels- 223, **279 ff.**
Flaschenzug, Kanadier **276**, 287
Flaschenzug, Österreicher 284, **288**
Friends **212 f.**
Führen 99, 101, **106 f.**, 108

G
Gefahren im Gebirge **52 ff.**
Geröllhalde **119**
Gewitter 30, 32, 35, **36 f.**, 38, **58 ff.**, **128**, 241
Gletscher **21 ff.**, **57**, **62**, 136, 146, **148 f.**, **241 ff.**, 282 ff.
Gletscher, anseilen auf 62, 146, **148 f.**, 243
Gletscher, Spuranlage **242**, 243
GPS 40, **46 ff.**, 58
Grashalde 55, **117**, **118**
Griffe 20 ff., **177 ff.**, 197
Grigri 152, 156, **157**, **158 ff.**, 163, 199
Gruppen, führen von 97 ff., 100 ff., **106 f.**, 108 ff., 255
Gruppen-Bergsteigen 63, **97 ff.**, **105 ff.**, 120
Gruppen-Entscheide **97**
Gruppen-Techniken 169, 215 f., **219 f.**, 254, 255, 288

H

Haken 200 ff., **208 f.**, 221 ff., 251 f.
Halbmastwurf **141**, **156**, 158 ff., 171
Handy 44, 79, 290, **299 f.**
Hängegletscher s. Sérac
Helikopter 274, 290, **291**, 299 f.
Helm 57, 61, **70 f.**, 110, 124, 128
HMS s. Halbmastwurf
Höhenkrankheit 262 f., **271 f.**, 298
Höhenmesser 32, 39, **42 f.**, 47, 49
Hubschrauber s. Helikopter

I

Informationsaufnahme **94 f.**
Informationsquellen 83, 90 f., **299 f.**
Informationsverarbeitung **95**, 97

K

Kälte **30 f.**, 66 ff., 112, 266
Kameradenrettung 274, **275 ff.**, 282 ff.
Kamin 57, 128, **193**
Karabiner **71 f.**, 125, 146, **200 ff.**, 205, **207**, 215, **224**
Karte s. Landeskarte
Kinder, Bergsteigen mit 107, **112 f.**, 116, 118, 126 f., **144**, 146, 151
Kleider s. Bekleidung
Klemmblock **211**
Klemmgeräte s. Friends
Klemmkeil **212**, 213, 219
Klettergarten 136, 138, 150, 174 f., **199 ff.**
Kletterhalle 136, 150, 155, 188, 197
Klettern, Eis- **228 ff.**, 259 ff
Klettern, Fels- 112 f., **173 ff.**
Klettersteig 14, 72, **123 ff.**, 133
Klettertechnik **174 ff.**, **228 ff.**
kN (kilo Newton) **133**
Knoten 73 ff., **139 ff.**, **144 ff.**, 148, 165 f., 167 f., 199, 254, 278, 287
Knoten-Festigkeit **73 ff.**
Kompass 40, **43 ff.**
Koordinaten **41 f.**, 46 ff., **48**, 50, 291
Kraft 133, **176**
Kurzes Seil s. Seil, kurzes

L

Landeskarte **40 ff.**, 44 ff., 46 ff., 83 ff., 258
Lawinen im Sommer **62**, 259
Leiter s. Tourenleiter
Literatur **294 ff.**
Lose Rolle s. Flaschenzug, Österreicher

M

Magic Plate **157**, **160 f.**, **162**, 163, 219, 280
Material s. Ausrüstung
Mensch 55, 83, 91, **94 ff.**
Meteorologie s. Wetter
Muniring **208**

N

Naturschutz **14 ff.**, 16, 17 f., 26 ff.
Nebel 39, **40 ff.**, 58, 94, 274
Notfallausrüstung 58, **79**
Notsignal **291**
N-Wand 259 ff., **261 f.**

O

Ödem 262 f., **271 f.**
Öffentlicher Verkehr **26**, 300
Orientierung **40 ff.**, 58, 91

P

Partnercheck 54, **199**
Pickel **77**, **231 ff.**, 234, **235 ff.**, 249
Pickelbremse s. Rutscher stoppen
Planung s. Tourenplanung
Polyäthylen Schlinge **74 f.**, 139, 252

R

Redundanz **54**, 215
Reepschnur **73**, 132, 142 f., 164, 207, 240
Rettung, Fels- **275 ff.**
Rettung, Kameraden- 274, **275 ff.**, **282 ff.**, 29
Rettung, organisierte 274, **290 f.**
Rettung, Spalten- 148 f., **282 ff.**
Risiko **52 f.**, 55, 57, 91 ff., 98, 244
Risikobox **91 ff.**
Rotpunkt klettern **174**
Routenführung 242, **258**, **259**
Rücklaufsperre **75 f**, **143**, 280
Ruhepunkte **194**
Rutscher stoppen **234**, **246 ff.**

S

Sanduhr, Eis s. Eissanduhr
Sanduhr, Fels **210**
Schlüsselstelle **84 f.**, 110, 194, 222, 225
Schneefeld **120 f.**, 228 ff., 233, 234
Schrofen 55, **120**
Schwierigkeitsbewertung 116, **129**
Seil 56, **132 ff.**, 244
Seil, direktes **248**
Seil, halblanges 244, **249 ff.**
Seil, kurzes 56, 243, 244, **245 ff.**, 254
Seilführung 135, **203**
Seilsicherung s. Sicherung
Seilverkürzung **147**
Seilverlängerung **277**
Selbstaufstieg 149, 279, 282, **289 f.**
Sérac **23**, 53, **57**, 260
Sicherheitsausrüstung **66**
Sicherheits-Check s. Partnercheck
Sicherung, Klettersteig **125 ff.**, 133
Sicherung, Nachsteiger 134, 150, **160 f.**, 162, 214, 219 f., 223, 245 ff.
Sicherung, Toprope **158 f.**, 204, 206 f.
Sicherung, Vorsteiger **150 ff.**, 158, 204 ff., 253
Sicherungsgeräte **156 f.**, **158 ff.**, 199
Sicherungstechnik 151 ff., 155, 158 ff., **244**
Skistöcke s. Treckingstöcke
Sonnenbrand **63**
Sonnenbrille **68**
Spaltenrettung s. Rettung, Spalten-
Spectra Schlinge s. Polyäthylen Schlinge
Sportklettern s. Klettern, Fels
Sportklettern, alpines 135, 136, **214 ff**
Spuranlage **242**, 243
Standardbewegung **184 f.**, 187
Standplatz, Ausgleichsverankerung **251 ff.**, 260
Standplatz, Bohrhaken 56, **215 ff.**
Standplatz, Eis **260**
Steigeisen 66, **78**, 121, **229 f.**, 241, 257, 259
Stirnlampe **69**
Sturzangst **196**
Stürzen 70 f., 127, 132 f., 150, **155**, **196 f.**, **203**, 209, 234
Sturztraining **155**, 196
SwissMap **40**, **50**

T

Taktik (Felsklettern) **194 f.**
T-Anker s. T-Schlitz
Tatzelwurm s. Doppel-V
Technikelemente **186 ff.**
Top Rope **158 f.**, 164, 174, **206 f.**, 277
Tourenauswertung 83, **88**
Tourenleiter 28, 91, 97 ff., **101 f.**, **106 ff.**, 255
Tourenplanung 40, 49 f., 58, **82 ff.**, **101**, 116
Treckingstöcke 69, **118**, 231, 241, 274
Tritte 116 f., 120, **180 f.**, 228 f., 230, 232, 245
T-Schlitz **235**, 249, 260, 286
Tuber **157**, **158 ff.**, 163, 218 f., 260

U

Umfädeln s. Fädeln
Umlenkung 157, **204**, **206 f.**, 218, 252

V

Vegetationsstufen **15 f.**
Verankerung, Eis- 78, **239 f.**
Verankerung, Fels- **208 ff.**, 253
Verankerung, Schnee- **235 ff.**
Verschneidung 178, **192**, 194
Vorstieg **158**, 174, 199 ff., 203, 214, 215 ff.

W

Wandern s. Bergwandern
Wechte **63 f.**, **247**
Weiche **146**, **246**, 248
Wetter **29 ff.**, **58**, 83, 90, 299
Wetterbericht **33 f.**, 36, 58, **90**, 128, **299**
Windchill **31**

Autoren

Kurt Winkler, Autor

Geboren 1966, Bauingenieurstudium, 10 Jahre Forschungsarbeit und Dissertation an der ETH Zürich. Sportklettertrainer, J+S Experte, seit 2001 als Profibergführer für die Alpinschule Berg+Tal unterwegs. Allround-Bergsteiger mit Vorlieben für Skitouren abseits des Rummels und alpines Sportklettern.

Hans-Peter Brehm, Co-Autor

Geboren 1966, Betriebsökonom FH, Präsident der SAC Sektion Homberg. Seit 2003 als Profibergführer und im Marketing für die Alpinschule Berg+Tal tätig.

Jürg Haltmeier, Co-Autor

Geboren 1961, Lehre als Maschinenmechaniker, Produktmanager im Bergsportbereich und seit 1988 Profibergführer. Gründer und Geschäftsführer der Alpinschule Berg+Tal und Vizepräsident des Verbandes der Bergsportschulen Schweiz.

Jacques Gilliéron, Claude Morerod

Tiere der Alpen
Die Wirbeltiere

Ersmals werden in einem Buch fast alle in den Alpen vorkommenden Wirbeltiere vorgestellt. Es handelt sich dabei um 300 Arten, die in die systematischen Gruppen Säugetiere, Vögel, Reptilien, Amphibien und Fische eingeteilt sind. Die wisssenschaftlich fundierten Texte sind allgemein verständlich geschrieben und fassen das wichtigste über eine Art zusammen. Ergänzend werden die Informationen mit 215 in der Natur aufgenommenen Farbfotografien illustriert. Dieses Buch ist ein unentbehrlicher Führer für alle, die sich in den Bergen bewegen und ihr Wissen über die Fauna der Alpen vertiefen wollen.

368 Seiten, gebunden
ISBN 3-85902-238-5
Jetzt im Buch- und Fachhandel!

Bergsport Winter

Technik / Taktik / Sicherheit

mit Skizzen und Zeichnungen; An diesem einmaligen Werk haben alle im Bergsport tätigen Verbände der Schweiz mitgearbeitet. Es bildet die Grundlage für jede Bergsportausbildung und richtet sich an Anfänger, Fortgeschrittene, Touren- und J+S-Leiter. Alles was Sie über Lawinen, Tourenplanung, Ski-, Snowboard- und Schneeschuhtouren Steileis- und Mixedklettern, Ausrüstung, Natur und Umwelt wissen möchten, wird hier gut verständlich und reich illustriert vermittelt.

Ein erstklassiger Ratgeber für alle Bergbegeisterten!

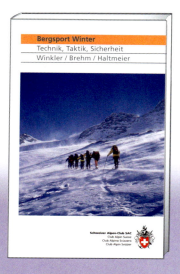

256 Seiten, gebunden
ISBN 3-85902-241-5

Das Buch entstand:

In Zusammenarbeit mit:

Mit Unterstützung von:

Jürg von Känel
   Plaisir Ost